A VIDA NUNCA MAIS SERÁ A MESMA

Adriana Negreiros

A vida nunca mais será a mesma
Cultura da violência e estupro no Brasil

Copyright © 2021 by Adriana Negreiros

Grafia atualizada segundo o Acordo Ortográfico da Língua Portuguesa de 1990, que entrou em vigor no Brasil em 2009.

Capa
Alceu Chiesorin Nunes

Imagem de capa
Frank Bowling, Drift II, 2017, acrílica sobre tela impressa (165,9 × 87,2 cm).
© Bowling, Frank/ AUTVIS, Brasil, 2021.
Foto de Jeffrey Sturges. Cortesia de Alexander Gray Associates © Frank Bowling. Todos os direitos reservados, DACS/ Artimage 2021.

Preparação
Julia Passos

Revisão
Clara Diament
Julian F. Guimarães

Dados Internacionais de Catalogação na Publicação (CIP)
(Câmara Brasileira do Livro, SP, Brasil)

Negreiros, Adriana
  A vida nunca mais será a mesma : Cultura da violência e estupro no Brasil / Adriana Negreiros. — 1ª ed. — Rio de Janeiro : Objetiva, 2021.

  ISBN 978-85-470-0134-6

  1. Estupro – Brasil 2. Mulheres – Crimes contra – Brasil 3. Violência contra as mulheres I. Título.

21-70824   CDD-362.8830981

Índice para catálogo sistemático:
1. Brasil : Cultura da violência : Estupro :
    Problemas sociais   362.8830981

Cibele Maria Dias – Bibliotecária – CRB-8/9427

[2021]
Todos os direitos desta edição reservados à
EDITORA SCHWARCZ S.A.
Praça Floriano, 19, sala 3001 — Cinelândia
20031-050 — Rio de Janeiro — RJ
Telefone: (21) 3993-7510
www.companhiadasletras.com.br
www.blogdacompanhia.com.br
facebook.com/editoraobjetiva
instagram.com/editora_objetiva
twitter.com/edobjetiva

Para Lira

O único modo de encontrar uma visão mais ampla é estando em algum lugar em particular.

Donna Haraway

Sumário

Prólogo 11

1. A baleia é mais segura que um grande navio 15
2. Agora mexe, mainha 29
3. Se ele morresse, eu ficaria livre 45
4. Aconteceu uma coisa ruim 59
5. Você gosta, não é? 74
6. Um rosto que queima 89
7. Quantos homens fizeram isso com você? 103
8. Resistência 117
9. O maior escândalo dos nossos tempos 130
10. Nervosa, mas nem tanto 144
11. A vida nunca mais será a mesma 158
12. É créu nelas 173
13. Silêncio e dor 187
14. Segurem as cabras, pois os bodes estão soltos 202
15. Tempo das trevas 215
16. Minha roupa não é um convite 229
17. Eu não mereço ser estuprada 244

Epílogo 259

Este livro 267
Fontes 273
Notas 279

Prólogo

"Boa tarde, desculpe-me se a chamada está ruim. Estou fora do Brasil, ligando pelo Skype."
"Pois não."
"Preciso falar com a dra. Christianne. Ela foi minha advogada há anos. Dei um Google no nome dela e encontrei este telefone."
"Deixe seu número e peço a ela para entrar em contato."

"Adriana?"
"Sim."
"É a Christianne Carceles. O pessoal do escritório de contabilidade me passou o seu recado."
"Dra. Christianne, há quanto tempo... Não sei se a senhora se lembra do meu caso, já se passaram quase vinte anos."
"Eu nunca esqueci."

De: Christianne Carceles
Enviada em: 27 de julho de 2020 13:37
Para: Adriana Negreiros
Assunto: ENC: Processo Adriana Negreiros

Adriana, bom dia

Localizamos suas pastas e selecionei aqui o que imaginei ajudar o seu relato. O e-mail que você havia me enviado está aí.

Conte comigo para o que precisar. Força e coragem. É o que você tem de sobra. E certamente esses sentimentos serão constantes na sua escrita. Me deixe saber sobre o lançamento do livro.

Beijo com carinho,
Chris

De: Adriana Negreiros
Enviada em: quarta-feira, 25 de junho de 2003 17:15
Para: Christianne Carceles
Assunto: Relato dos fatos

Dra. Christianne,

 Desculpe-me a demora em enviar este relato. Peço desculpas antecipadas pela longa extensão do texto. Imaginei que mais detalhes poderiam ser úteis ao seu trabalho. Uma coisa que você ainda não sabe: meu carro foi encontrado. Ainda não vi o estado dele, mas, segundo a polícia, o ladrão levou apenas o som.

Na terça-feira, dia 2, estou em SP. Chego à hora do almoço. Meu telefone de casa é 3873-8789. Na *Veja* é 3037-6129.

Deve haver muitas coisas que deixei passar. Nesse caso, escrever é um pouco mais chato do que falar, porque acabo relendo tudo, e essa história, você deve imaginar, é um pouco cansativa para mim.

De todo modo, não me importo, de jeito nenhum, de falar sobre isso.

Um abraço,
Adriana

1. A baleia é mais segura que um grande navio

Desde que tudo aconteceu, não há um único 24 de maio em que eu não repasse os eventos daquele sábado. Foi em 2003. As anotações em uma agenda preta ordinária, com folhas brancas pautadas e um conjunto de mapas ao fim, eternizaram os detalhes que talvez se perdessem nos abismos da memória. Outros foram documentados em trocas de e-mails, registros policiais e hospitalares, matérias na imprensa. Naquele dia, eu tinha acordado tarde porque, às sextas-feiras, sempre deixava a redação da revista em que trabalhava perto da meia-noite. Bebi café e comi torradas com requeijão em frente à TV, deixei a louça suja dentro da cuba da pia e separei a roupa para usar após o banho: uma saia preta, acima do joelho, justa; uma regata vermelha, com alças largas; uma calcinha preta, de algodão; um sutiã bege, do mesmo tecido; uma meia-calça preta, fio quarenta, pois temia sentir frio. Por isso, também reservei um casaco de couro preto da Levi's, recém-comprado no cartão de crédito, em seis prestações de setenta reais.

Eu vivia em São Paulo havia sete meses. Aterrissara na cidade em plena primavera, no dia 30 de outubro de 2002, uma semana após meu aniversário de 28 anos. Antes, só trabalhara em cidades quentes: Fortaleza e Salvador. Nasci na capital paulista, mas me mudei para o Nordeste ainda criança, de modo que nunca precisara me preocupar em como me vestir no frio. Para ser totalmente honesta, nem sabia como fazê-lo. À medida que a temperatura caía no Sudeste, mais me convencia de que sandálias, vestidos floridos e camisas com decote em V eram inadequados — talvez ridículos, ou assim alguns olhares na empresa em que trabalhava me diziam — para a vida nova na metrópole. Assim, decidi ir ao Shopping Center Eldorado — o mesmo onde comprara o casaco preto, numa noite após o trabalho — para investir algum dinheiro em blusas de manga comprida, suéteres de lã e jaquetas.

De lá, retornaria ao apartamento, guardaria as sacolas de compras e telefonaria para duas amigas para combinar o horário de encontro em frente ao Clube Caravaggio, onde ocorria uma das festas mais populares da noite paulistana: a Trash 80's. "Os DJs Eneas Neto e Tonyy são os residentes da festa que apresenta um repertório de hits dos anos 80", informava a nota no guia do jornal *Folha de S.Paulo* daquele 24 de maio. Desde que chegara à cidade, eu ainda não tinha comprado um telefone celular. Um pouco por falta de dinheiro, muito por não gostar da ideia de ser encontrada pelos meus chefes quando estivesse de folga. Portanto, precisava passar em casa para usar o telefone fixo.

Aquele era o plano. Entrei embaixo do chuveiro, lavei os cabelos e sobre a pele molhada derramei algumas gotas de óleo bifásico com cheiro de uva. Já vestida, calcei um par de sapatos pretos, estilo Anabela, pus as lentes de contato para miopia, penteei-me e passei desodorante — não usava maquiagem nem tinha secador. Separei dois CDs para ouvir no carro, a trilha sonora do filme *Durval Discos*, que eu vira havia poucos dias em um cinema de rua em Pinheiros, e o álbum *Elis & Tom*. Durante os sete quilômetros que separavam meu apartamento no bairro da Pompeia até o Shopping Eldorado, em Pinheiros, ambos na zona oeste de São Paulo, escutei mais de uma vez minhas músicas preferidas dos dois discos: "Mestre Jonas", de Sá, Rodrix & Guarabyra; e "Retrato em branco e preto", na voz de Elis Regina. Só voltaria a escutar essas músicas mais de uma década depois. Voluntariamente, e do começo ao fim.

"Dentro da baleia a vida é tão mais fácil/ Nada incomoda o silêncio e a paz de Jonas/ Quando o tempo é mau, a tempestade fica de fora/ A baleia é mais segura que um grande navio."

"Ainda volto a lhe escrever/ Pra lhe dizer que isso é pecado/ Eu trago o peito tão marcado/ De lembranças do passado."

Para o trabalho, eu lia todos os dias os três principais jornais brasileiros: *O Estado de S. Paulo*, *Folha de S.Paulo* e *O Globo*, este do Rio de Janeiro. Minha função na revista *Veja*, onde iniciava uma carreira como repórter, era produzir a seção "Datas", em que os fatos mais importantes da semana — mas não relevantes o bastante para se transformar em matéria — eram narrados em textos curtos. De segunda a sexta, chegava ao prédio da Editora Abril, onde funcionava a redação da *Veja*, por volta das onze horas da manhã. Os jornais do dia já se encontravam sobre minha mesa, uma bancada em fórmica amarelada na qual estavam um computador, bloquinhos verdes com o símbolo da editora — uma árvore —, um dicionário e uma caneca na qual guardava canetas, uma tesoura e cola bastão. Minha rotina consistia em abrir os jornais sobre a bancada, grifar as notícias mais importantes e recortá-las. Depois, os recortes eram colados nos bloquinhos, em cujas páginas anotava a fonte e a data da notícia. Na sexta, depois de passar a semana inteira lendo os jornais da primeira à última página, recorria ao bloquinho e escrevia a seção.

Detestava aquele trabalho. Julgava-o medíocre, burocrático e frustrante. Quando fui transferida para a sede da revista em São Paulo, depois de um breve período como correspondente no Nordeste, imaginava que me envolveria na apuração de grandes investigações jornalísticas, não ser paga para reescrever notícias velhas. Um efeito colateral positivo da rotina enfadonha era o fato de estar sempre bem informada sobre o que acontecia no Brasil e no mundo. Como efeito negativo, precisava lidar, diariamente, com toda a sorte de notícias trágicas que ocupavam as páginas dos jornais. Na época, não era exatamente um problema — aos 28 anos, quase nada me abalava. Mas, depois do que aconteceu comigo, aquilo se tornaria praticamente um impeditivo profissional.

Fui viver em São Paulo num período em que se verificava uma tendência crescente de nordestinos voltando a morar em suas cidades natais. Com os investimentos dos governos locais em industrialização — por meio, principalmente, da concessão de incentivos fiscais —, grandes empresas haviam se estabelecido em regiões como Ceará, Bahia e Pernambuco, atraindo profissionais dos estados mais ricos do Brasil. Muitos deles eram nordestinos que, duas décadas antes, migraram para o Sudeste em busca de melhores empregos. Havia também paulistas e cariocas interessados em fugir da violência das grandes metrópoles para viver em cidades menores, mais seguras e onde as crianças ainda podiam brincar na rua. Na segunda metade da década de 1990, a região Sudeste concentrava o maior índice de homicídios do Brasil — 34,04 por 100 mil habitantes, em 1996, contra 18,15 no Nordeste. No ano 2000, a taxa de homicídios do estado de São Paulo era de 42,89 para cada 100 mil habitantes. No Rio de Janeiro, 52,75.[1] Entre 1995 e 2000, 1,1 milhão de brasileiros retornou a seus estados de origem. Mais da metade deixou São Paulo.[2]

Entre os muitos nordestinos que fizeram o caminho de volta estava um casal conservador, religioso e marcado por uma tragédia. Desde que haviam se mudado para São Paulo, no final dos anos 1950, dona Nara e seu Sérgio sonhavam em voltar para Pernambuco. Eles viviam com os três filhos em uma casa ampla no bairro do Tatuapé, na zona leste da capital, mas sentiam falta do calor do Nordeste, do peixe fresco na mesa, da proximidade da família. Em 1996, decidiram botar o plano em prática.

A família levava uma vida boa, confortável. Em São Paulo, o casal havia se dedicado aos estudos e conseguido bons empregos. O marido, em uma multinacional americana do ramo alimentício. A esposa, como servidora pública concursada. Na década de 1960, tiveram um casal de filhos. E, no final dos anos 1970, dona Nara engravidou acidentalmente. Gisele, a filha temporã, cresceu sentindo-se sozinha. Na infância, tinha irmãos adultos e pais a quem via como idosos — não toleravam brincadeiras, risadaria, mundanismo. Evangélicos, sempre levavam a caçula aos cultos de quartas, sábados e domingos. Proibiam-na de frequentar festas, dançar ou namorar.

Agiam assim com a menina porque já tinham perdido o controle sobre os outros filhos. O mais velho não concordava com a interpretação que os pais faziam da Bíblia. Recusava-se a acompanhá-los aos encontros na igreja do Evangelho Quadrangular. A outra filha, para imenso desgosto dos pais, engravidara de um namorado.

A casa onde viviam ficava em uma rua residencial, em que os vizinhos se conheciam e incentivavam os filhos a serem amigos entre si. Aos dez anos, Gisele gostava de brincar com Vera, que tinha a mesma idade e era irmã de Isaac, de catorze anos. Embora os pais de Gisele ganhassem bem, ela não tinha tantos brinquedos quanto a amiga — os irmãos eram tidos como os mais ricos da vizinhança e agiam como tal. Isaac, sobretudo.

Gisele nunca gostou da forma como o garoto a seguia sempre que ia ao banheiro ou quando permanecia de pé, encostado na porta, enquanto as meninas brincavam de bonecas no quarto. "Quando você crescer, vou ser seu namorado", costumava dizer. Aos treze, ela tomou um susto num dia em que ele — àquela altura com dezessete anos — segurou com força seu braço e disse: "Você tá muito gostosa com esses peitinhos. Já tem pentelho?". Ela não conhecia o termo "pentelho", mas pelo tom do vizinho, e pelo olhar direcionado à sua vagina, deduziu que se referisse aos seus primeiros pelos pubianos, aqueles com os quais ainda tentava descobrir como lidar. Jamais conversara com a mãe sobre as mudanças no corpo provocadas pela puberdade

Com o irmão, Gisele se sentia mais à vontade para tratar de temas proibidos. Bon-vivant, ele a incentivava a seguir seus passos na busca de uma vida mais prazerosa, longe das amarras da igreja. No dia 24 de junho de 1994, uma sexta, na primeira fase da Copa do Mundo nos Estados Unidos, convidou Gisele para assistir ao jogo entre Brasil e Camarões no bar Pilequinho, um dos mais famosos do bairro do Tatuapé. Ela disse "sim, claro". Depois se arrependeria profundamente.

Em junho de 1994, o Brasil estava distraído demais com o desempenho da seleção de futebol na Copa do Mundo para se dar conta da programação da Organização dos Estados Americanos, a OEA, em Belém do Pará, no usualmente esquecido Norte do país. No dia 9, a grande imprensa — os jornalões do Rio de Janeiro e de São Paulo — ignorara a "Convenção interamericana para prevenir, punir e erradicar a violência contra a mulher", a chamada "Convenção de Belém do Pará".

O acordo internacional elaborado a partir do encontro seria considerado por muitos defensores dos direitos humanos o mais importante acerca da violência contra a mulher, uma discussão que, no início dos anos 1970, começara a despertar especial atenção de ativistas e acadêmicas.[3] O tema do estupro, que ficara em segundo plano na primeira onda do feminismo *mainstream* — na qual as principais reivindicações eram por direito ao voto, salários iguais aos dos homens e liberdade sexual —, tornara-se central na cena feminista de vanguarda dos Estados Unidos (muito embora, para as mulheres negras, a luta contra o estupro remontasse à escravidão). Em 1976, as livrarias americanas ofereciam aos leitores uma boa variedade de publicações sobre estupro, quase todas fundamentadas em duas premissas: a de que a violência contra a mulher consiste em um modo de controle social por parte dos homens; e a de que as mulheres que experimentaram tal forma de violência devem passar do estágio de vítimas para o de sobreviventes.

As discussões em torno do estupro se tornaram tão presentes na sociedade americana que, em 1976, a revista *Time* elegeu a jornalista Susan Brownmiller uma das doze mulheres do ano, alguém que "fez a diferença". Seu grande mérito havia sido publicar, no ano anterior, um profundo estudo sobre a violência sexual, *Against Our Will: Men, Women and Rape* [Contra a nossa vontade: homens, mulheres e estupro]. O livro impressionou pelos relatos de mulheres violadas por soldados em períodos de guerra — para além da defesa de que o casamento tem raízes históricas no medo do estupro — e foi definido pela *Time* como "a mais rigorosa e provocadora peça acadêmica que já surgiu no movimento feminista", capaz de "mudar significativamente" o diálogo entre homens e mulheres.[4] Por outro lado, entre as feministas negras, como a filósofa Angela Davis, a obra foi criticada por restaurar, em alguns de seus trechos, o "velho mito racista do estuprador negro".[5]

Mesmo entre seus críticos, no entanto, o estudo de Brownmiller foi celebrado por iluminar um tema ainda tratado de forma obscura, aos sussurros, como tabu ou excentricidade. A escritora contrariou o pensamento corrente segundo o qual as mulheres também eram culpadas pela violência sexual — afinal, despertavam os instintos de seus algozes. Esse mesmo senso comum defendia que os homens, biologicamente sedentos por sexo, eram por vezes incapazes de recusar o chamado da natureza.

Brownmiller também tocou em assuntos delicados, como o abuso sexual de crianças por familiares e o estupro no casamento. Assim, estava em sintonia com as feministas radicais que, desde o começo daquela década, chamavam a atenção para o fato de que a violência contra a mulher não se dava apenas no espaço público. O recôndito dos lares tinha uma dimensão política — e podia ser um ambiente opressor. Ali, protegido da interferência do Estado, cabia ao chefe (o marido) agir como bem entendesse com seus subordinados (esposa e filhos) — inclusive, se assim lhe apetecesse, estuprando-os.

"O pessoal é político", slogan que animava as ativistas americanas dos anos 1970, não ecoava com a mesma força no Brasil, em pleno enfrentamento de uma ditadura militar. Na época, dois dos principais atores da cena progressista eram a Igreja católica e o Partido Comunista. No primeiro, divergências no campo da moralidade impediam o avanço da pauta relacionada ao direito ao aborto e à liberdade sexual. No segundo, vigorava o pensamento de que havia um inimigo maior a ser combatido — o autoritarismo —, de modo que a luta das mulheres, tida como singular, não deveria ser prioridade.[6] Assim, o movimento feminista brasileiro permanecia na retaguarda do que ocorria nos Estados Unidos e em parte da Europa, como França e Bélgica. Foi nesta última que, em 1976, durante o Tribunal Internacional de Crimes contra as Mulheres, na cidade de Bruxelas, a socióloga Diana Russell, uma sul-africana radicada nos Estados Unidos, utilizou pela primeira vez a palavra feminicídio para se referir ao assassinato de mulheres pelo simples fato de serem mulheres.[7]

Apenas no final daquela década, já no processo de abertura política, as discussões feministas ligadas às relações de poder da intimidade passaram a florescer com mais desenvoltura no Brasil. Isso se devia, em parte, ao retorno de feministas brasileiras do exílio. Durante a temporada no exterior, muitas delas entraram em contato com o que havia de mais avançado em termos de teoria e prática de luta pelos direitos das mulheres. Além disso, em plena transição para a democracia, o país oferecia terreno mais seguro para manifestações contra a dominação masculina. Uma das mais emblemáticas, "Quem ama não mata" — que inspiraria um seriado homônimo da TV Globo —, foi lançada um ano após o primeiro julgamento de Raul Fernandes do Amaral Street, o Doca Street, condenado, em 1979, a 24 meses de prisão (com direito a suspensão condicional da pena) por matar com quatro tiros a namorada, a socialite mineira Ângela Diniz.[8] Citada durante um evento promovido pelas feministas de Belo Horizonte contra o assassinato de três mulheres pelos maridos, a frase logo se popularizou e começou a ser pichada nos muros de outras capitais.[9]

Desse modo, as brasileiras conseguiam, com rapidez, recuperar o pequeno atraso em relação à luta contra a violência promovida pelas colegas do hemisfério Norte — muito embora a batalha delas ainda não tivesse produzido os resultados esperados nas instâncias internacionais. Em 1979, a Cedaw — sigla em inglês para "Convenção sobre a Eliminação de Todas as Formas de Discriminação contra a Mulher" — havia anunciado uma agenda de ação por parte dos países-membros da Organização das Nações Unidas (ONU) para promover a igualdade entre os sexos.[10] Mas não tratava, para frustração das ativistas radicais, do tema da violência.

No segundo julgamento de Doca Street, em 1981, ele recebeu nova condenação — a pena passou de dois anos para quinze. "As feministas fizeram bom trabalho", reconheceria o próprio réu, tempos depois.[11] Fizeram mesmo. A pressão de grupos organizados para defender as mulheres da violência resultou em conquistas históricas, como a criação das Delegacias das Mulheres, em 1985. A primeira unidade foi instalada em São Paulo, no mês de agosto.[12]

As organizações internacionais também colocaram a violência no radar, de forma mais explícita. O relatório da Conferência de Nairóbi, promovida pela ONU, em 1985, no Quênia, estabelecia que os governos devem assegurar atenção especial para o treinamento em criminologia envolvendo mulheres que foram vítimas de crimes violentos — incluindo aqueles que violam seus corpos e resultam em prejuízos físicos e psicológicos. Recomendava, ainda, a criação de instrumentos legais para pôr fim à violência sexual.[13] Mais tarde, em 1992, a ONU faria uma espécie de mea-culpa em relação ao texto final da Cedaw, com o acréscimo da "Recomendação Geral n. 19": "A definição de discriminação inclui a violência de gênero, ou seja, manifestações de violência dirigidas contra as mulheres enquanto mulheres ou que afetam desproporcionalmente as mulheres. Essas manifestações incluem atos que infligem danos ou sofrimento físico, mental ou sexual, ameaças de tais atos, coerção e outras formas de limitação da liberdade".[14] No ano seguinte, a II Conferência Mundial sobre os Direitos Humanos, em Viena, na Áustria, declararia estar "profundamente preocupada com as diversas formas de discriminação e violência às quais as mulheres continuam expostas em todo o mundo".[15]

O relatório final da Conferência de Viena, a propósito, seria usado como base para o documento produzido durante a Convenção de Belém do Pará, aquela que ocorria no Brasil, a despeito de todos os interesses estarem voltados para a Copa do Mundo. A peça paraense foi inovadora, entre outros aspectos, por assumir o caráter democrático da violência, que "permeia todos os setores da sociedade, independentemente de classe, raça ou grupo étnico, renda, cultura, idade ou religião". Reconheceu, ainda, que "constitui ofensa contra a dignidade humana e é manifestação das relações de poder historicamente desiguais entre mulheres e homens". Estabeleceu como dever dos Estados-membros "agir com o devido zelo para prevenir, investigar e punir a violência contra a mulher".[16]

Pareciam determinações pertinentes para o Brasil. Em 1994, somente o estado de São Paulo registrava uma média de 136,7 estupros por mês, ou 4,5 por dia.[17] O número considerava apenas as vítimas que haviam procurado uma delegacia e dado queixa do crime. Ignorava as meninas e mulheres acuadas pelo medo.

Gisele, a filha caçula de dona Nara e seu Sérgio, tinha catorze anos, mas como sempre fora uma criança alta e corpulenta, parecia mais velha. Ao chegar ao bar Pilequinho, tomou um copo de cerveja, incentivada pelo irmão. Aquela era a primeira vez que experimentava uma bebida alcoólica. Depois, bebeu caipirinha. Logo ficou tonta. Não lembraria dos gols de Bebeto, Márcio Santos e Romário contra os camaronenses, mas jamais se esqueceria da sensação de desespero ao se dar conta de que, após o jogo, o irmão enchera o carro de amigos e partira, deixando-a para trás. Na euforia pela vitória de 3 x 0 do Brasil, e já bêbado, esquecera que estava responsável pela menina.

Isaac, porém, continuava no bar. "Eu te levo para casa", disse, ao vê-la sozinha. O rapaz tinha, à época, dezoito anos. Com a ajuda de um amigo, outro rapaz da vizinhança, acomodou-a no carro. Ela ficou imprensada entre os dois, com a coxa esquerda disputando espaço com a alavanca do câmbio — o carro era uma Fiat Fiorino, sem bancos traseiros. A cada vez que trocava a marcha, Isaac passava a mão em suas pernas.

"Você quer, não quer?"

"Quero ir pra casa", ela respondeu, enjoada.

"Nós vamos para casa. Mas, antes, vamos fazer uma parada."

Pouco depois, o motorista estacionou em um terreno baldio, desligou o motor do carro e pediu ao amigo que a segurasse pelos braços. "Eu disse que ia namorar você, não disse?" Ao entender o que estava prestes a acontecer, ela começou a gritar. "Não grite, vai ser rápido", ele avisou, colocando a mão em sua boca.

E foi. Para ele, pelo menos. Após poucas estocadas, rompeu o hímen de Gisele, que era virgem, e ejaculou dentro dela. Isaac se voltou para o amigo e, à guisa de agradecimento, perguntou: "Você também quer?". "Ah, não, isso aí é coisa sua", esquivou-se o rapaz.

Isaac ordenou que a vizinha vestisse a calça jeans e, no caminho até a rua em que moravam, parasse de chorar e não comentasse sobre o ocorrido com ninguém. "Não se esqueça que sou rico. Se você abrir a boca, te mato", ele repetia. Ao pararem em frente à casa da menina, viram seu Sérgio se aproximar aos gritos. O homem ficara em pânico ao ver seu primogênito voltar para casa sem a irmã. Os três saíram do carro, Isaac segurava a mão dela. "Fique calmo, sua filha está segura. Bebeu um pouco, mas está bem", ele explicou, sorrindo. Aliviado, o homem deu um forte abraço em Isaac. "Obrigado, meu filho, muito obrigado."

Gisele entrou correndo em casa, trancou-se no quarto e acordou no dia seguinte com sede e medo de morrer. Suportou em silêncio as broncas dos pais por ter ficado bêbada. Mais do que as reclamações, doía ouvi-los agradecer a Deus pelo cuidado de Isaac. Não fosse o vizinho, comentavam, algo pior poderia ter acontecido. Com as ameaças de morte feitas pelo jovem a rondar-lhe a mente, achou melhor tentar esquecer tudo.

No final de julho, estranhou o fato de não ter ficado menstruada naquele mês. Embora tivesse uma mínima educação sexual — das aulas de ciências da escola e das conversas aos sussurros com as amigas —, não lhe ocorrera, até então, que pudesse ter engravidado durante o estupro. Em sua cabeça romântica de adolescente, gravidezes estavam necessariamente relacionadas a noites de amor entre marido e mulher — não a uma penetração forçada, sem beijos, com braços imobilizados por um terceiro. Pelo sim, pelo não, resolveu conversar com uma conhecida.

"Você estava bêbada, isso não aconteceu, é coisa da sua imaginação", disse a garota. "Isaac nunca faria isso."

Em agosto, seus seios cresceram como nunca. Em setembro, ela já não entrava nas calças, por causa do tamanho dos quadris, mais arredondados. Em outubro, procurou uma vizinha, de vinte e poucos anos. Contou-lhe que não sangrava desde junho. Na semana seguinte, a moça levou a adolescente até a casa da bisavó, uma antiga parteira. A idosa apalpou seu ventre. "Você está grávida de uns quatro meses e meio." Pela forma da barriga, apostou a velha, de uma menininha.

"Não é possível", ela reagiu. "Deus não ia me castigar desse jeito."

Na dúvida, conversou com outra amiga, mais jovem. A garota tinha uma prima que trabalhava em um laboratório de análises clínicas. Orientou-a a urinar em um potinho. No dia seguinte, pediu à prima para levar a amostra ao laboratório e, poucos dias depois, bateu à porta da casa de Gisele. "Deu positivo", disse. "E a gravidez já está bem avançada."

Nos quatro meses decorridos entre o estupro e a descoberta da gravidez, continuou a conviver com Isaac na rua em que moravam. O garoto agia como se nada houvesse acontecido. Na verdade, não. Olhava-a cheio de desejo, como sempre, mas também tal qual fossem cúmplices de uma aventura proibida, um segredinho, algo que não podiam, nunca, contar a ninguém. Seguia-a pela rua, com o carro em marcha lenta, com o cotovelo para fora da janela, no trajeto entre a casa e a parada do ônibus, a caminho da escola. Soltava gracejos, cantadas, termos libidinosos. "Você não tem medo de morrer atropelada?", dizia, entre um "gostosa" e um "peituda", como a lembrá-la do imperativo de se manter calada sobre o estupro no terreno baldio.

Mas, uma vez que estava grávida, não dava mais para esconder aquele segredo. "Vai ser como jogar uma bomba em casa", pensou Gisele — afinal, os pais já haviam precisado lidar com a gravidez da filha mais velha e depositavam na caçula as esperanças de uma vida decente, conforme os preceitos da Bíblia. De alguma maneira, sentia-se culpada.

2. Agora mexe, mainha

O céu ainda estava claro quando estacionei meu Renault Clio 2000, quatro portas, cinza, no piso térreo do estacionamento do Shopping Eldorado, em uma área ao ar livre. Lamentei que não houvesse uma vaga melhor, mais perto de alguma das portas que davam acesso às lojas. Guardei o tíquete do estacionamento na bolsa, saí do veículo, travei as quatro portas com o botão do alarme e memorizei a localização: M3.

Já dentro do shopping, dirigi-me ao caixa eletrônico do Unibanco, também no térreo. Tirei o extrato da conta. Estava duríssima: o saldo era de 150 reais. A situação só não era pior porque, no final do mês, receberia o valor das férias. E ainda contava com um bom limite para compras no cartão Visa. Saquei todo o dinheiro e subi até a praça de alimentação pelas escadas rolantes. Já passava das cinco da tarde, quase hora do jantar, e eu ainda não havia almoçado. Passei os olhos pelos cardápios nos letreiros das franquias de fast food e me decidi pelo quilo do restaurante Viena. Enchi um prato com arroz, feijão, beterraba cozida em cubos, cenoura crua ralada, coxinhas e uma fatia de carne vermelha grelhada. Peguei uma lata de coca-cola light na geladeira, um potinho de plástico com um pudim de leite, pesei o prato, paguei a conta com o cartão de crédito e me sentei sozinha a uma mesa da praça de alimentação.

Em maio de 2003, eu pesava 64 quilos. Tenho 1,63 metro de altura. Pagava a mensalidade de uma academia de ginástica na avenida Pompeia, mas quase não ia. Nos últimos tempos, preferia tomar chopes em um bar frequentado por jornalistas na Vila Madalena — o Filial, na rua Fidalga — a fazer agachamentos e séries no aparelho de supino. Com os quilos a mais, minhas roupas, além de impróprias para o inverno que se aproximava, ficaram também apertadas — justas, curtas e coloridas, o que levaria uma colega a me apelidar de "suicida corporativa", pela total incapacidade em seguir a máxima "vista-se para o cargo que almeja, não para o cargo que ocupa".

Quando terminei de almoçar, passei no banheiro, escovei os dentes e perambulei por alguns minutos pelos corredores. Entrei na loja da Hering, comprei uma camisa básica, de malha, mangas compridas, na cor azul — conselho de uma amiga, que me incentivara a investir em peças sóbrias. Depois, fui até a Renner, examinei as araras de roupas, escolhi duas jaquetas, uma jeans e outra de brim amarelo. Antes de pagar as compras, demorei-me admirando os relógios expostos em um mostruário.

Desci até o térreo pelas escadas rolantes, paguei o estacionamento em um guichê e, com o tíquete na mão, deixei a área interna do shopping. Surpreendi-me ao constatar que já anoitecera. Tinha lido em algum lugar que a arquitetura dos shoppings, com sua ausência de luz natural, era pensada para que os clientes perdessem a noção do tempo. Olhei para o letreiro que indicava a hora e a temperatura no alto do prédio de mais de vinte andares do Unibanco, ali ao lado, na avenida Eusébio Matoso: 19h20, 17°C. Teria que ir bem agasalhada para a festa Trash 80's. Sempre fui do tipo que sente muito frio.

Como estava escuro, caminhei rápido por entre as fileiras de carros até avistar a placa com a indicação M3. A cerca de dez metros de distância do meu Clio, acionei o botão do alarme. O carro emitiu um sinal sonoro, os faróis piscaram e as quatro portas foram destravadas. Abri a porta, sentei-me no banco e me preparava para afivelar o cinto de segurança quando alguém entrou pelo lado do carona. Foi tudo muito rápido. Antes que pudesse gritar, uma mão grossa e pesada tapou minha boca. A outra mão segurava um revólver.

Por um instante, pensei que meu carro tivesse sido invadido por algum conhecido querendo me pregar uma peça, uma piadinha sem graça. Foram um ou dois segundos em que tudo pareceu confuso, borrado, até finalmente ganhar nitidez. Nenhum de meus amigos iria tão longe em uma piada, seria tão agressivo, apertaria minha boca de forma a me fazer sentir dor. Admiti que estava, de fato, sob o domínio de um criminoso. "Se não quiser morrer com um tiro na cabeça, faça tudo o que eu mandar. Aqui tem seis balas", disse o homem, uma fala rápida, nervosa. "Se gritar ou olhar para mim, morre." Então tirou a mão da minha boca, mandou-me colocar o cinto e conduzir o carro até a última guarita do estacionamento. A única sem segurança, informou.

Procurei manter a calma, embora sentisse muito medo. Liguei o motor, tirei o carro da vaga com cuidado e segui as ordens do bandido. Na guarita, girei a manivela para abaixar meu vidro, inseri o tíquete de estacionamento e, tão logo a cancela subiu, fechei rapidamente a janela e deixei o shopping no sentido da marginal Pinheiros.

"É o seguinte, eu quero grana."
"Na minha carteira tem 150 reais."

O homem me orientou a seguir reto pela marginal. Pegou minha bolsa, retirou a carteira com o dinheiro, vasculhou todos os bolsos, duvidou quando eu disse não ter um telefone celular. Procurou pelo aparelho no porta-luvas. "Ainda não comprei um, moro há pouco tempo em São Paulo", tentei explicar, embora reconhecesse que aquilo não fazia sentido, como uma pessoa tem um carro e não tem um celular? Tive medo de morrer por causa daquele meu capricho, uma birrinha infantil, arrependi-me de gastar dinheiro com besteiras, chopes, e ainda não ter comprado um aparelho; eu era mesmo uma suicida, e não só corporativa. Passei em frente ao prédio da Editora Abril, pensei como seria bom se pudesse fazer uma manobra rápida, avançar a cancela da entrada do trabalho e pedir ajuda aos colegas de firma, os seguranças sisudos da guarita. Mesmo que tivesse coragem para reagir, não havia como — trafegava pela via expressa e a entrada do prédio era pela pista local.

"Seu carro tem radar?"

"Não."

"Se algum carro da polícia nos seguir, você morre."

"O.k."

"Em que banco você tem conta?"

"Unibanco. Mas não tenho dinheiro."

"E o cheque especial?"

"Não tenho cheque especial."

Mais um arrependimento. Por que eu sempre pedia ao banco para cancelar o limite do cheque especial, não teria sido mais fácil simplesmente não usá-lo, ou fazê-lo apenas em uma emergência, como num sequestro?

"Você tem filhos? Quer voltar a ver seus filhos?"

"Não tenho filhos."

"E seus pais? Quer voltar a ver seus pais?"

"Fique com o carro, com o cartão de crédito, eu passo a minha senha."

"Encoste o carro aqui."

Parei em um trecho que nunca saberia precisar qual foi. De São Paulo, conhecia apenas os trajetos de casa para o trabalho, além da Vila Madalena e da região da avenida Paulista. "Troca de lugar comigo. Se você tentar qualquer gracinha ou olhar no meu rosto, morre." Dentro do veículo mesmo, com a arma em punho, passou por cima de mim. Arrastei-me para o banco do passageiro. Vislumbrei seu corpo. Era magro e parecia jovem, se tivesse de arriscar apostaria em uns 25 anos, pouco mais novo do que eu. A calça jeans não lhe marcava as formas, devia ter pernas finas. Ele assumiu o volante e passou a dirigir em alta velocidade, ziguezagueando entre as faixas; eu tinha que me segurar firme no banco para não ser jogada de um lado para o outro, bater a cabeça na janela. Enterrei, definitivamente, a ideia de abrir a porta e saltar do veículo. Morreria na certa. O homem pegou o caminho da Universidade de São Paulo, no bairro do Butantã, e depois a rodovia Raposo Tavares, que liga São Paulo ao Paraná – eu saberia disso ao ler uma sinalização no asfalto indicando o caminho para Curitiba.

No painel do Clio, uma luzinha amarela indicava que o carro estava na reserva de combustível. O rapaz me avisou que ia parar em um posto de abastecimento. Repassou o combinado: se gritar, correr, reagir, olhar para o lado, seis tiros na cabeça. Fomos atendidos por uma frentista de voz risonha. Permaneci olhando para baixo, as mãos unidas sobre as coxas, os ombros caídos, na esperança de que a moça notasse algo estranho, uma tensão qualquer, chamasse a polícia. Se acreditasse em Deus, teria rezado. Só então tive certeza de que era uma mulher sem fé — sempre ouvira de amigos que, no primeiro sufoco, pediria ajuda ao Todo-Poderoso. Mas eu só poderia contar com a sorte.

A frentista tirou a bomba de combustível do tanque do Renault Clio, o sequestrador lhe entregou uma nota de vinte reais. Ela nos desejou boa viagem.

A Raposo Tavares, em São Paulo, é conhecida como a rodovia do amor, pela alta quantidade de motéis que funcionam ali. São dezenas de estabelecimentos comerciais destinados a encontros íntimos, concentrados principalmente no trecho próximo a São Paulo. Ao avisar os letreiros luminosos pela estrada, pensei, pela primeira vez desde o início do sequestro, que poderia ser estuprada.

Se estivesse em condições de raciocinar com clareza, jamais consideraria a hipótese de um sequestrador me levar para um motel. Ele teria que se apresentar na entrada, mostrar os documentos — ainda que os dele fossem falsos, os meus não eram — e, ao final, ainda pagar pela estada. Um tempo depois, ao repassar aquele momento específico do sequestro — o instante em que a palavra estupro me veio à cabeça —, imaginei que a ideia talvez tivesse relação com um fato ocorrido nos anos 1990, quando eu cursava o ensino médio em um colégio privado de Fortaleza.

Uma das minhas melhores amigas do colégio era Suzana, com quem gostava de estudar para as provas. Costumávamos dormir na casa uma da outra, para repassar os resumos das matérias até a madrugada. Eu tinha dezesseis anos, cabelos castanhos compridos e ondulados, usava óculos para miopia e era magra. Uma vez, na praça Coração de Jesus, no centro de Fortaleza, a caminho do curso de inglês, ouvimos de um homem qualquer que cruzou nosso caminho: "Eu comia as duas, mas a loira é mais gostosa".

Aos quinze anos, minha amiga já estava acostumada a ouvir comentários libidinosos sobre suas formas arredondadas; deu uma gargalhada. Fiquei sem graça, um pouco chateada por ter sido posta em segundo lugar.

Certa vez, um dos nossos professores, um rapaz de vinte e poucos anos, nos convidou para sair. Disse que queria entregar um presente. Precisava ser pessoalmente e fora do colégio. Logo depois do anoitecer, passou na minha casa — meus pais estavam viajando e a Suzana me fazia companhia. Havia convidado um amigo, que também era nosso professor. Um pouco mais velho, uns trinta anos.

Sentei-me no banco da frente e Suzana foi atrás. Estávamos em êxtase. Adorávamos os professores, embora não os considerássemos bonitos. Um era excessivamente magro, alourado, os olhos com pupilas saltadas; o outro tinha um corpo atarracado, a pele opaca de quem nunca se expõe ao sol, poucos fios negros a emoldurar um rosto redondo. Mas eram engraçados, contavam piadas nas aulas e citavam Bertolt Brecht.

Eles disseram que nos levariam para um restaurante e só lá receberíamos o tal presente. Paramos em uma churrascaria barata na avenida Washington Soares, perto da casa onde eu morava, em um bairro periférico da zona sul de Fortaleza. Entregaram-nos uma fita cassete, o nome "Ivan Lins" anotado na etiqueta, a mesma letra de fôrma que o professor mais jovem usava para fazer os registros na lousa — o L, de Lins, com a base barriguda. Uma só fita para as duas, embora não morássemos juntas. Provavelmente estava ali mesmo no carro, esquecida no porta-luvas, nem fora embrulhada em papel de presente.

Tomamos algumas cervejas, fomos ao banheiro mais de uma vez, juntas, os dois permaneceram na mesa. Não comemos nada, dividimos a conta em quatro — Suzana levara dinheiro. Voltamos para o carro e os professores nos orientaram a sentar no banco de trás. Depois de dirigir por cerca de quatro quilômetros por um caminho que não era o da minha casa, o mais jovem pediu que nos deitássemos e permanecêssemos escondidas, em silêncio — levemente embriagadas, ríamos sem parar. Obedecemos. O carro embicou em uma entrada mal iluminada, uma espécie de beco, onde trocaram poucas palavras com uma voz que saía de uma guarita. Era um motel.

Era a minha primeira vez em um lugar daquele, nunca tinha feito sexo. Suzana já estivera em um antes e acompanhou o professor mais velho até o banheiro — talvez quisesse finalmente fazer o xixi que segurara no restaurante. Suzana tripudiava. Ele fechou a porta com minha amiga lá dentro. O mais jovem tentou me segurar pela cintura, de muito perto o rosto dele parecia achatado, um sorriso estático de dentes ligeiramente tortos, o queixo acinzentado pelos pontos pretos da barba por fazer, os olhos brilhantes e meio caídos. Escapei com a desculpa de que precisava subir na cama de colchão redondo e vermelho, parecia um pula-pula. Minha amiga saiu do banheiro, aos risos, fazendo piadas escatológicas com o outro professor diante de sua tentativa de beijá-la ao lado de uma privada. Juntou-se a mim nos saltos, dávamos gritinhos, os dois ficaram com medo de serem ouvidos; estávamos descontroladas, decidiram sair dali o quanto antes.

Pagaram a conta — Suzana não se ofereceu para arcar com a nossa parte — e nos deixaram em casa. Antes de dormir, ouvimos um pouco da fita de Ivan Lins, conhecíamos quase todas as músicas. Ninguém fez questão de ficar com o presente.

Naquela época, estávamos encantadas por João Gilberto — cujo LP recém-lançado, *João*, Suzana ganhara de outro professor, junto com uma calça jeans, uma camiseta e um convite para jantar. Era um quarentão rechonchudo de cabelos ralos e grisalhos, baixinho e míope, que com frequência repetia a história de como fora preso pelos militares durante a ditadura. Logo, os dois começariam a namorar e, pouco a pouco, Suzana acabaria por se afastar dos amigos da sua idade, inclusive de mim. Por alguma razão, ela achava o novo namorado parecido com João Gilberto.

Na nossa última foto juntas, eu e Suzana estávamos no Icaraí, praia do litoral oeste do Ceará, distante vinte quilômetros de Fortaleza, onde o tal professor quarentão gostava de passar os finais de semana. O ano é 1992, eu tinha dezessete anos. Visto um biquíni cor de vinho; ela, um azul. Estamos sentadas lado a lado, com o mar ao fundo. Temos a pele bronzeada e suja de areia, os cabelos jogados para o lado, olhando de forma provocante para um fotógrafo cujos rosto e nome não guardei na memória.

A partir da segunda metade dos anos 1990, o tema da violência contra a mulher seria efetivamente incorporado por organismos internacionais. Em 1995, durante a IV Conferência Mundial sobre a Mulher, promovida pela ONU em Pequim, na China, a primeira-dama dos Estados Unidos Hillary Clinton declarou, em um discurso que se tornaria histórico: "Não é mais aceitável se discutir os direitos das mulheres como separados dos direitos humanos", disse, sob aplausos. Com os cabelos loiros impecavelmente penteados de lado, um conjunto rosa-bebê de saia e blazer com botões dourados e o tom de voz suave, Clinton não correspondia, em nenhum aspecto, ao estereótipo da feminista descabelada e agressiva que ainda se via representado na mídia. "É uma violação dos direitos humanos quando mulheres são estupradas em suas próprias comunidades e quando milhares de mulheres são vítimas de estupro como tática ou prêmio de guerra", prosseguiu.[1] Eram os novos tempos que se anunciavam, de um feminismo mais institucionalizado.

O Brasil seguiria a mesma tendência. Naquele período, parte dos movimentos feministas se estruturaria em torno de organizações não governamentais, as ONGs. Com dinheiro e estrutura profissional, o trabalho das ONGs acabaria por fortalecer a luta das mulheres — e dar visibilidade à agenda contra a violência sexual, pressionando o governo a tomar medidas a respeito. Em 1996, durante a presidência de Fernando Henrique Cardoso, do Partido da Social-Democracia Brasileira (PSDB) — que, assim como o presidente americano Bill Clinton, do Partido Democrata, também era casado com uma feminista, a socióloga Ruth Cardoso —, elaborou-se o Programa Nacional de Prevenção e Combate à Violência Doméstica e Sexual, que previa, entre outras ações, campanhas para sensibilizar a opinião pública sobre o tema.[2]

Comover os brasileiros para a violência contra as mulheres — não apenas a real, como também a simbólica — era, de fato, uma urgência.

"Deu em cima, deu em baixo, na dança do tchaco, e na garrafinha deu uma raladinha." A câmera foca três meninas dançando de forma desajeitada, com as mãozinhas para cima, ao som da música "A dança do bumbum". Aparentam ter cerca de dez anos e usam faixas nos cabelos com o nome Xuxa. Fazem parte da plateia do programa *Xuxa Park*, infantil da TV Globo que ocupava parte da programação matutina da emissora e que naquele dia recebia a visita do grupo baiano É o Tchan.[3]

"Bota a mão no joelho, dá uma abaixadinha", continua a cantar Compadre Washington, o vocalista da banda, vestindo calça preta e blusa azul. A câmera procura Carla Perez, a dançarina loira do grupo. A negra é ignorada. Carla usa um conjunto de top e short curtos azul e branco, que deixam a barriga e parte das nádegas à mostra. Nos poucos instantes em que é possível vislumbrar seu rosto, vê-se que mantém um sorriso hirto. Na plateia, há crianças às gargalhadas, como um menino com a camiseta do Flamengo e uma garotinha de sandálias pretas infantis, que leva a mão à boca para esconder o riso que o remelexo das dançarinas parecia lhe despertar.

"Agora mexe, mexe, mexe, mainha." Carla Perez continua em sua dança hipnotizante, frenética, em agachamentos ligeiros e contínuos até o momento em que os integrantes do grupo, bem como Xuxa, se alinham em um trenzinho. "Vai mexendo gostoso, balançando a bundinha", canta Compadre Washington, em playback, as mãos repousadas nos quadris sacolejantes de Carla. A câmera se volta para um outro espaço da plateia, aparentemente reservado para crianças pequenas. Uma menina com não mais do que oito anos e chapeuzinho amarelo pula fora do ritmo da música enquanto balança um pompom verde.

No Brasil de 1996, dançarinas seminuas obedecendo a ordens de homens de calças compridas eram presença frequente nos programas infantis da televisão. Pouco antes de se apresentar no *Xuxa Park*, Carla Perez havia realizado uma performance no programa de auditório comandado por Silvio Santos (de terno e gravata), proprietário do canal SBT, que consistia em rebolar, com as pernas abertas, até quase encostar a vagina no gargalo de uma garrafa — tratava-se da coreografia da música "Na boquinha da garrafa". Na ocasião, o apresentador incentivou seis crianças — quatro meninas e dois meninos —, com idade média de cinco anos, a dançar como Carla. Luana, uma garota de óculos e poucos sorrisos, com um conjuntinho de short e blusa cor-de-rosa e botinhas brancas, aceitou o desafio. A garrafa quase ultrapassava a altura dos joelhos da criança, de modo que ela mal se agachava para ter o gargalo a poucos centímetros de sua região íntima. A plateia respondia ao espetáculo com risadas altas e palmas. "Chega", disse Silvio. "Você já ganhou o seu prêmio." Pela exibição, Luana foi recompensada com cinquenta reais.[4]

Ao mesmo tempo que, na televisão, crianças e mulheres jovens eram celebradas pela desinibição e desenvoltura, na vida privada eram corriqueiros os casos de moças agredidas pelos mesmos motivos. De mais de uma frequentadora da igreja do Evangelho Quadrangular, Gisele ouviu que sua gravidez precoce não era surpresa — afinal, diziam, sempre desfilara pelas ruas do Tatuapé vestindo shortinhos, a provocar os meninos. Gisele era a adolescente que havia sido estuprada pelo vizinho, Isaac, em um terreno baldio, aos catorze anos, após o jogo Brasil x Camarões, na Copa do Mundo de 1994.

Assim que ouviu da caçula que Isaac a pegara à força, seu Sérgio foi até a casa do rapaz tomar satisfações. Ele confirmou que fizera sexo com a garota, mas negou que não tivesse seu consentimento. "Sua filha é uma vagabunda, se oferece para todo mundo", defendeu-se. Na família de Isaac, todos ficaram do lado dele — inclusive Vera, a amiga de infância de Gisele.

Indignado, o homem levou a adolescente ao 31º Distrito Policial da Vila Carrão, também na zona leste de São Paulo. Passados cinco meses do estupro, não seria possível detectar, por meio de exame de corpo de delito, qualquer resquício da agressão. Isaac e o rapaz que segurou Gisele foram convocados para prestar depoimento e sustentaram terem sido provocados pela menina, a quem descreveram como vulgar, sedenta por sexo e disposta a engravidar de jovens com boa condição financeira para ascender economicamente. "Eu quero muito te ajudar", disse a delegada responsável pelo caso com os olhos fixos na vítima. "Mas não temos provas contra o Isaac." De todo modo, recomendou que se apressasse caso fosse optar pelo aborto. "Não", rejeitou a gestante. "Ingeri bebida alcoólica e tenho que suportar o castigo de Deus."

São Paulo era, à época, a única cidade do Brasil onde era possível fazer um aborto pela rede pública em caso de estupro. O procedimento é autorizado no país desde 1942, quando o Código Penal de 1940 entrou em vigor, mas o texto da lei foi escrito em termos genéricos, sem informações sobre data limite para o procedimento, tampouco sobre para onde as vítimas devem ser encaminhadas. Na ausência de uma regulamentação do Ministério da Saúde que valesse para todo o país, apenas municípios e estados com regras — e local — definidos para a prática conseguiam oferecer o aborto como opção para mulheres e garotas violadas. Em 1989, quase cinquenta anos após a entrada em vigor do Código, uma portaria da prefeitura de São Paulo — na época ocupada por uma mulher, Luiza Erundina, do Partido dos Trabalhadores (PT) — obrigou a rede hospitalar do município a atender as vítimas.[5]

Na lei, ainda vigorava a concepção segundo a qual a violência sexual consistia em um crime contra os costumes. Havia o entendimento de que a mulher fora atingida em sua honra — que, no caso, dizia mais respeito aos homens com os quais estava envolvida do que a ela própria. Mulheres estupradas poderiam ser rejeitadas por seus parceiros, caso tivessem se relacionado com outros (ainda que contra a própria vontade) ou enfrentar dificuldades para arrumar um marido. Tanto era assim que o Código Penal previa a extinção da punibilidade do crime caso o estuprador se casasse com a vítima.[6]

Gisele estava no primeiro ano do ensino médio quando sua filha Elisa nasceu de parto cesáreo, no começo de abril, dias após

Isaac se mudar do Tatuapé. Recusou-se a amamentar a bebê, entregue aos cuidados de dona Nara. Um mês após dar à luz, voltou a frequentar a escola. Nos intervalos entre as aulas, vez por outra, caía no choro. Detestava a filha, as novas responsabilidades, os olhares enviesados de amigos e vizinhos, as modificações no corpo — ganhara muito peso, tornara-se uma adolescente obesa.

Durante as férias de julho, sentiu o despertar de algum afeto pela bebê. Pouco a pouco, aproximou-se de Elisa. Passou a levá-la para passear pelas ruas do bairro, frequentava as lojas da vizinhança, conversava com os mais próximos. Entre os vizinhos, quase ninguém conhecia as circunstâncias da gravidez — à exceção das moças com quem compartilhara a preocupação sobre o atraso na menstruação e de sua própria família. Mas, apesar de algum retorno gradativo à normalidade, a vida se tornara estranha, pesada. Sempre que podia, dona Nara lembrava à filha: "Se, no dia do jogo, em vez do bar, você estivesse na igreja, nada disso teria acontecido".

Uma noite, cheia de vergonha e angústia, ela triturou comprimidos de Diazepam e Gardenal, surrupiados do armário de sedativos e ansiolíticos da mãe, e os ingeriu com coca-cola. Foi parar no pronto-socorro, e o caso foi tratado como tentativa de suicídio — na verdade, só queria dormir por alguns dias seguidos.

A vida, decididamente, transformara-se num inferno. Na esperança de um recomeço, a família decidiu vender tudo o que tinha em São Paulo e se mudar para o Nordeste. Antes, seu Sérgio foi com a caçula à delegacia para pedir o arquivamento do caso contra Isaac. "Vamos deixar isso tudo para trás e seguir em frente", ele decidiu.

Quando desembarcou no Aeroporto Internacional dos Guararapes, no Recife, aos dezesseis anos, com uma bebê de colo e uma mistura de medo, culpa e raiva a lhe dominar a alma, Gisele sabia que seguir em frente não seria, exatamente, uma tarefa simples.

* * *

    Embora a insegurança nas grandes metrópoles do Sudeste fosse um dos motivos para muitos nordestinos voltarem para casa, Pernambuco estava longe de ser um oásis de sossego. Em 1996, era o único estado da região cujas taxas de homicídio superavam as de São Paulo e do Rio de Janeiro. Os crimes ocorriam principalmente no chamado "polígono da maconha", no sertão e às margens do rio São Francisco, onde se cultivava a droga, e na Região Metropolitana do Recife. Acertos de contas entre traficantes e atuação de esquadrões da morte rapidamente fizeram o estado se destacar nas estatísticas de violência. Em 1998, Recife iria se tornar a capital campeã em homicídios no país — 114 por 100 mil habitantes.[7]

    Naquele ano, a má fama de Recife corria o Brasil. Em nada ajudavam os crimes sanguinários pormenorizados nas páginas dos jornais, ou os relatos de situações tão grotescas que chegavam a soar inverossímeis. Uma delas, ocorrida no dia 30 de agosto de 1998, dava uma mostra de como a exacerbação da violência acabava por naturalizá-la. G., uma mulher de 27 anos, estava sentada em um dos bancos do fundo de um ônibus quando Ednaldo Nascimento entrou no veículo, com um revólver escondido sob a camisa. Ele se aproximou da passageira, puxou a arma e encostou-a na barriga da mulher, dizendo: "Arreie a calça, sente no meu colo e solte o cabelo".

    G. obedeceu às ordens de Ednaldo, que passou a estuprá-la durante a viagem, diante dos demais passageiros e do trocador — quinze pessoas assistiram passivamente à cena. Diriam, depois, pensarem estar diante de um casal exibicionista. Não conseguiam ver a arma, manuseada com alguma discrição, mas podiam notar que a mulher chorava enquanto era obrigada a rebolar no colo do rapaz. Em determinado momento, quando o motorista diminuiu a velocidade do ônibus por causa de uma lombada, G. conseguiu se desvencilhar do estuprador, que, atônito, deixou a arma cair no chão. Ednaldo acabou preso. G. contraiu sífilis. Tinha um bebê, que ainda mamava, e devido à doença precisou interromper a amamentação. Entrou em depressão, separou-se do marido, largou o trabalho e rasgou todas as suas fotos, da primeira infância até a época do estupro. Queria apagar a si mesma, de todas as maneiras.[8]

O espetáculo da criminalidade no espaço público, tratado muitas vezes de forma jocosa, acabava por abafar um outro tipo de violência. Muito mais sutil e silencioso, ocorria em ambientes onde as mulheres, teoricamente, deveriam se sentir protegidas.

3. Se ele morresse, eu ficaria livre

Depois de trafegar por uma linha reta que parecia não ter fim, o sequestrador entrou em um viaduto e pegou uma sucessão de vias secundárias. Olhei para a frente ao perceber a aproximação de um ônibus — um ato irrefletido, uma reação ao susto provocado pelo barulho do transporte coletivo. Linha Embu, informava o letreiro. O homem percebeu o movimento e deu um berro. Nervoso, tirou as mãos do volante e apontou o revólver para a minha cabeça. Se olhasse para a frente mais uma vez, levaria um tiro na boca. Fechei os olhos.

Permaneci assim até notar uma mudança na maneira como os pneus do carro deslizavam no chão — estávamos em uma estrada de terra, já não era asfalto. Abri os olhos e foi quase como se não o tivesse feito. Apenas os faróis do carro iluminavam uma ruazinha em meio a um matagal, sem nenhuma iluminação, um único poste, nada. Em dado instante, o homem apagou os faróis. Permaneceu dirigindo às escuras, devagar, com cuidado, mas finalmente calmo, como se conhecesse o caminho tão bem que pudesse fazê-lo, literalmente, de olhos fechados.

Parou o carro. Desligou o motor e passou um tempo em silêncio, talvez a se certificar de que não havia ninguém por perto. Então disse algo como "pode gritar à vontade, que aqui ninguém vai te ouvir", e concluí que só um milagre me livraria de ser assassinada e ter o corpo desovado naquele fim de mundo. Quanto tempo o Lira levaria até descobrir que eu estava morta?

Lira é o meu marido. Havíamos passado juntos a virada do ano, um melancólico Réveillon em uma padaria metida a chique em Fortaleza. Comemos uma pizza, tomamos chopes quentes e aguados e dormimos nas primeiras horas de 2003. Dali a pouco, no mesmo 1º de janeiro, ele tomaria posse como assessor de comunicação social de Lúcio Alcântara, recém-eleito governador do Ceará, pelo PSDB. Eu voltaria para São Paulo e assim iniciaríamos uma nova fase do relacionamento, à distância, com visitas quinzenais que direcionariam parte considerável dos nossos salários para as companhias aéreas.

Estávamos juntos havia cerca de três anos, conhecíamo-nos de vista desde os tempos da faculdade de Comunicação Social, na Universidade Federal do Ceará, mas éramos ambos comprometidos. Eu tinha um namorado possessivo, de comportamento violento, que chegara a me bater algumas vezes, chamava-me de "putinha", "piranha", palavras afins — depois, aos prantos, pedia desculpas, dizia que a culpa era minha por fazê-lo perder a cabeça. Ninguém sabia sobre as surras, aquilo me envergonhava profundamente — eu não conseguia pôr fim ao namoro, mas torcia muito para que, um dia, como num milagre, ele desaparecesse para sempre.

O relacionamento acabou quando, depois de me esquecer de desligar o celular após uma conversa com ele, engatei um papo com uma amiga sobre um relacionamento com outro homem. Era uma manhã de domingo de 1998, eu estava dirigindo a caminho da praia, joguei o celular no console do carro, ele continuou na linha e me ouviu contar detalhes de um encontro íntimo ocorrido na véspera. Enlouquecido, foi até minha casa, trancou-se no meu quarto, vasculhou o computador em busca de evidências da traição — eram muitas —, mostrou tudo para a minha mãe, "sua filha não presta".

Ele esperou eu voltar para casa. Eu sabia que ele estava lá, minha mãe me ligara no celular, assustada. Pedi a um amigo que ficasse de sobreaviso. Se precisasse de ajuda, telefonaria. E precisei. O sujeito foi embora quando Danilo, meu amigo, ligou para avisar que estava a caminho, com a polícia.

Mas naquele 24 de maio de 2003, no breu do matagal, não adiantava pedir socorro. O homem abriu a porta do motorista, a luz interna do carro se acendeu e iluminou meu corpo. Eu permanecia acuada, com as mãos unidas e próximas ao joelho.

"Tire a roupa."

O vento que entrava pela porta era gelado. Mesmo de casaco de couro, eu tremia de frio. Não tentei negociar, resistir, desobedecer, fugir. Havia um revólver apontado para mim. Em questão de segundos, estava despida. Ele me mandou posicionar o banco na posição horizontal e permanecer deitada. Lembrou-me que não deveria, em hipótese alguma, olhar para seu rosto.

Então depositou a arma no console do carro e abaixou as calças. "Você malha?", ele perguntou, ao passar a mão nas minhas pernas.

"Sim."

"Agora, vamos trepar gostoso."

"Tá com vontade sexual? Tá bom. Estupra, mas não mata." Aquele era o primeiro debate do segundo turno da eleição para governador de São Paulo, em outubro de 1998, entre Mário Covas, disputando a reeleição pelo PSDB, e Paulo Maluf, do Partido Progressista Brasileiro (PPB). De manhã, o Instituto Datafolha havia divulgado uma pesquisa que apontava uma boa vantagem de Maluf sobre Covas — 46% contra 39%. Com o risco de ser derrotado em sua campanha pela reeleição, Mário Covas recuperou a frase dita por seu adversário quase dez anos antes, durante a corrida presidencial de 1989, em uma palestra feita na Faculdade de Ciências Médicas de Minas Gerais, em Belo Horizonte.[1] "O senhor ainda pensa dessa maneira?", provocou Mário Covas.[2]

Estupro, morte e desejo sexual eram assuntos sensíveis no Brasil de outubro de 1998, principalmente em São Paulo. Pouco mais de dois meses antes, o motoboy Francisco de Assis Pereira, de trinta anos, confessara o assassinato de nove mulheres no Parque do Estado, na zona sul da capital paulista. Passando-se por fotógrafo de uma marca de cosméticos, Pereira atraía as vítimas para o matagal com a promessa de fotografá-las e transformá-las em modelos profissionais. Matava-as estranguladas, por vezes após violentá-las.[3] Mordia e lambia seus corpos mortos e nus. Pelas características assombrosas dos crimes, passou a ser chamado de "Maníaco do Parque".[4]

Em vez de constranger Paulo Maluf, a pergunta sobre o "estupra, mas não mata" deu a ele a oportunidade de acusar a polícia comandada pelo governador Mário Covas de incompetência na captura do motoboy. "Você soltou o maníaco sexual depois da primeira morte", disse Maluf. Ele se referia ao fato de Francisco de Assis Pereira ter sido interrogado pela polícia, em fevereiro, após o desaparecimento da primeira vítima, e liberado na sequência.[5] "Isso é um crime seu", afirmou, em meio a aplausos e gritos de incentivo de seus apoiadores. Desconversou sobre a frase polêmica de 1989. "O que eu disse muito claro foi o seguinte: estuprar é um crime hediondo. No caso do maníaco, inclusive, seria o caso de ter prisão perpétua."

A prisão perpétua para estupradores era um desejo não apenas de Paulo Maluf, mas de inúmeros brasileiros que enviavam cartas para o Ministério da Justiça solicitando a inclusão da pena no anteprojeto de reforma do Código Penal — aquela era a sétima tentativa de modernização da lei desde 1961, quando o presidente Jânio Quadros decidiu modificá-la pela primeira vez.[6] No dia 24 de março, uma comissão formada por oito juristas (entre eles, uma única mulher, Ela Wiecko Volkmer de Castilho) havia entregue ao ministro Iris Rezende um documento com propostas de mudanças na legislação.[7] O objetivo era atualizar o Código, fazer com que respondesse às exigências do momento — e, na avaliação de uma parcela da população, o momento exigia penas mais duras para criminosos sexuais. Na Câmara dos Deputados, em Brasília, o clamor popular se traduzia em ações parlamentares. "Um delinquente que mata pelo prazer é irrecuperável e precisa ser afastado do convívio social", escreveu o então deputado federal Enio Bacci, do Partido Democrático Trabalhista (PDT), do Rio Grande do Sul, para justificar o seu projeto de emenda constitucional sobre prisão perpétua com trabalhos forçados para bandidos que matassem suas vítimas em circunstâncias de sequestro e estupro.[8]

Mas o anteprojeto de mudança do Código Penal, para frustração de alguns, não tornou mais duras as condenações para estupradores. Aliás, por muito pouco, os juristas não chegaram a recomendar uma redução do tempo de cadeia para quem cometesse violência sexual. No início dos trabalhos, em janeiro daquele ano, a comissão sugeriu que as penas para casos de estupro passassem a ser de três a oito anos de reclusão, em vez de seis a dez anos, conforme estabelecia a legislação em vigor. O argumento era o de que tais crimes não poderiam ser equiparados aos de homicídio, cuja pena também começa em seis anos. Porém, a pressão de grupos feministas dividiu a comissão revisora. Luís Vicente Cernicchiaro, presidente da comissão, defendia a diminuição da pena. "É justo que quem cometeu um estupro e não matou tenha a mesma pena de quem matou?", questionou, em frase reproduzida pelo jornal *O Estado de S. Paulo*. Ao final, venceu a ala defensora do seguinte argumento: propor um abrandamento para o estupro não soa razoável em um país em que meninas e mulheres são violentadas todos os dias. Muitas delas, inclusive, dentro de casa.[9]

Em 1998, só faltava o estágio curricular para Naima concluir a licenciatura em música na Universidade Federal de Pernambuco quando seu namorado, Tiago, decidiu que era hora de morarem juntos. Embora já tivesse uma boa renda como dentista, ele achava um desperdício gastar dinheiro com celebrações. Ela queria se vestir de noiva, fazer uma festa para os mais chegados, mas não estava em condições de negociar: o pai enfrentava um câncer no pâncreas, a família passava por dificuldades financeiras.

Naima sonhava ser cantora. Admirava as vozes de Leny Andrade e Nana Caymmi, mas gostava de praticar com as músicas de Milton Nascimento e Elis Regina. Tinha verdadeira fascinação pelo maestro e compositor Antônio Carlos Jobim, sobre quem consumia, além da obra, informações a respeito da vida pessoal. Mas apesar de estar a um semestre de conseguir o diploma universitário que, de muitas maneiras, a aproximaria do universo adorado, abandonou a faculdade tão logo Tiago a convocou para viver com ele.

O jovem dentista considerava desnecessário investir em mais seis meses de estudos. Dizia que, afinal de contas, isso de ser cantora era uma grande bobagem. Na melhor das hipóteses, afirmava, sairia dos bancos escolares para os banquinhos dos palcos improvisados nos bares do Recife. E estava convencido de que as cantoras de bares eram fáceis, vulgares, praticamente umas prostitutas. Antes, a mãe da moça já tentara demovê-la da ideia. Comentava, inclusive, que a filha era gasguita, tinha uma voz feia e estridente a ponto de incomodar os vizinhos quando cantava alto, no quarto.

Visto que iam viver juntos, Tiago também determinou que não precisavam mais da tabela, método anticoncepcional utilizado pelo casal desde que começaram a fazer sexo. Ela engravidou aos 28 anos, dias antes de se mudar para o apartamento do namorado.

Aos doze anos, Naima havia sido diagnosticada com obesidade grau 1, o primeiro estágio da doença. Embora fosse gorda, sua bunda era pequena, "para dentro", como caçoava a mãe. Ao entrar na adolescência, deu um estirão, chegou a 1,74 metro e se tornou uma moça esguia. Pesava por volta de sessenta quilos, mas continuava com gordura acumulada no abdômen. Começou a correr. Impôs-se uma rotina de exercícios, participou de meias maratonas no Recife, emagreceu ainda mais, mas a cintura permanecia larga, uma pequena protuberância na altura do umbigo, as dobrinhas a constrangê-la na praia. Em compensação, todo o resto do corpo — coxas, seios e nádegas — definhou. Sentia-se feia e desproporcional, ainda mais depois de ouvir de um personal trainer de uma academia de ginástica que, para corpos como o dela, só cirurgias plásticas davam jeito.

Foi com essa autoestima que, aos 23 anos, ficou nua pela primeira vez diante de um homem — o próprio Tiago. Aos 25, recém-formado em odontologia, ele não era um jovem que chamasse atenção pela beleza. Fazia um tipo comum, com cabelos castanhos, olhos muito juntos, nariz ligeiramente adunco e lábios finos. Nutria, porém, uma verdadeira obsessão pelo físico. Praticava musculação e corrida diariamente, de modo que o corpo se assemelhava ao de um atleta. Naima podia sentir os músculos saltados no abdômen do rapaz, duro como uma pedra, sem qualquer evidência de gordura. Estava sempre com a pele bronzeada e mantinha uma postura ereta, fazendo-o parecer mais alto do que seu 1,75 metro. Nas ocasiões em que elogiava os atributos do namorado, ele respondia que ela deveria se esforçar mais para melhorar a própria aparência.

Como largara os estudos, passava o dia em casa, lidando com o tédio e os enjoos constantes da gravidez. Comia pouco, pois temia engordar. Sentia-se inferior ao marido em tudo, mas suas maiores inseguranças estavam relacionadas à estética. Um dia, ele voltou do trabalho e a encontrou sentada à penteadeira do quarto, arrumando os longos cabelos escuros que caíam sobre os ombros, em ondas suaves. Pelo espelho, ela viu refletida a imagem dele, os lábios e os olhos apertados e as mãos fechadas, com os nós dos dedos saltados. "Você é tão horrorosa que minha vontade é de te bater", disse, dando cascudos no ar. "Não tem vergonha de ser tão feia?", gritou.

A imagem dos punhos fortemente cerrados, os braços balançando com nervosismo, como se tentassem se livrar de um ataque repentino de insetos, fez com que, a partir daquele instante, ela sentisse enjoo à mais fugaz lembrança das mãos do marido. Quando, mais tarde, ele usou as mesmas mãos para percorrer o corpo de Naima, ela desejou morrer por alguns instantes.

Durante o namoro, Naima já tinha ouvido Tiago reclamar inúmeras vezes de sua fisionomia. Mas protestava de um jeito que, para ela, parecia uma tentativa de querer ajudar. Pensava ter culpa em ser "deformada", pois, ao contrário dele, não batalhava o bastante para se transformar em alguém apresentável. Ele a fizera acreditar que não ostentar um abdômen perfeito equivalia a uma distorção de caráter, possuía status de defeito moral. Ao ser sincero a respeito do visual da namorada, sugeria o dentista, fazia-lhe um favor, pois a incentivava a tentar melhorar.

Depois do casamento, a situação mudou. Ele passara a tratar a aparência da esposa como imutável. "Pode esquecer, nem cirurgia plástica resolve", o homem repetia. Apesar da repugnância que dizia sentir da mulher, do asco que afirmava lhe provocar a barriga de grávida, quase todas as noites queria fazer sexo. Ela não sentia desejo pelo marido, mas transava mesmo assim. Quando tinha oportunidade, fingia estar dormindo. Foi o que fez naquela noite, após ser chamada de horrorosa e ameaçada de levar uma surra diante da penteadeira. Ele arrancou-lhe a roupa e a penetrou, chamando-a de vagabunda e prostituta. Findo o ato, a mulher correu para o banheiro e chorou, embaixo do chuveiro.

Em novembro, Naima deu à luz o primeiro filho. Ela pesava setenta quilos — dez a mais do que quando engravidara —, e Tiago decidiu levá-la a uma nutricionista. Pediu a palavra nos instantes iniciais da consulta e manifestou desejos. "Quero que ela perca gordura, quero que ganhe massa muscular, quero que fique sarada", começou. A nutricionista o deixou falar à vontade e, ao fim da palestra, afirmou: "O senhor já falou tudo o que queria. Mas me interessa saber o que ela quer". A paciente se sentiu vingada. No entanto, com medo, reforçou os pedidos do marido.

Passado o período de resguardo, ele voltou a procurá-la para o sexo diário. Em vez de fingir estar adormecida, ela passou a recusar o contato físico. Alegava cansaço, pois cuidava sozinha da casa e do bebê. Então a violência, aos poucos, foi se tornando maior. No auge do abuso, pressionava os polegares no pescoço da esposa e, quando ela estava sem forças, segurava-a pelos punhos.

Afirmava que a falta de vontade não era motivo suficiente para não transarem — bastava ele querer. Com frequência, apertava-lhe o abdômen, com expressão enojada, dizendo odiá-la pelas dobras e gorduras, e fazia isso com tanta intensidade que ela tinha ânsia de vômito.

Um dia, a mulher perguntou ao marido por que ele simplesmente não ia embora com uma bonitona de abdômen reto. Recebeu como resposta uma gargalhada. Disse que não o fazia por saber que a esposa, "horrorosa" como era, jamais arrumaria outro homem. Ainda mais porque tinha um filho, era velha — aos 29 anos. Afirmava manter o relacionamento por pena — e manifestava sua certeza de ser digno de um sentimento de gratidão.

O agradecimento que julgava merecer da esposa o levava a exigir, por exemplo, que passasse suas camisas sociais, usadas por baixo do jaleco de dentista. Estabelecia metas, impunha prazos exíguos para o cumprimento da tarefa. "Se, no sábado, esta roupa não estiver engomada, você vai se arrepender de ter nascido", disse-lhe, numa quinta-feira.

Nas ocasiões em que precisava passar roupa, Naima não podia se dedicar a duas ações que aproveitava para executar na ausência de Tiago: ler e comer bolo. Ao flagrá-la com um livro à mão, chamava-a de parasita. Tomava o hábito da leitura como manifestação de preguiça, lerdeza, falta de empenho. "Você nunca vai ter nada na vida, não vai ser ninguém", esbravejava. Quanto ao bolo, sua implicância se devia ao fato de o alimento ser muito calórico. "Por isso você é desse jeito, deformada, come essas porcarias", dizia-lhe.

No começo de 1999, uma tragédia rompeu a linha fina que a separava do precipício: o tio preferido morreu, em um acidente de carro. A tristeza pelo falecimento do parente evoluiu para um quadro de depressão e síndrome do pânico. Tinha ataques repentinos de choro, sentia um medo incontrolável de perder o filho, viu desaparecer o interesse por tudo — inclusive pela comida. Em seis meses, emagreceu 25 quilos. Caíram-lhe tufos de cabelo, a pele ficou seca, desenvolveu tiques nervosos — piscava os olhos com força, a todo instante. Tiago dizia que ela conseguira o impossível, ficar ainda mais feia. Mesmo assim, continuava a violentá-la, quase todas as noites.

"Se ele morresse, eu ficaria livre", ela sonhava.

O termo "estupro marital" ou "estupro conjugal" começou a ser utilizado com mais frequência no início dos anos 1990 — em 1993, a violência sexual dentro do casamento passou a figurar no rol das violações contra os direitos humanos estabelecidos pelas Nações Unidas.[10] No Brasil, a expressão dificilmente aparecia em jornais e revistas. Um desses momentos raros foi em 1994, quando a imprensa nacional repercutiu o julgamento da equatoriana Lorena Bobbitt, que cortou o pênis do marido, o americano John Bobbitt, e explicou que não aguentava mais ser estuprada por ele. Ainda assim, as alusões à violência sexual eram ligeiras — o foco estava no inusitado da situação, um pênis cortado a faca pela própria esposa da vítima. "Nada justifica que se faça uma coisa dessas! E logo com o instrumento mais importante do homem", disse um proprietário de bar, ouvido por um jornal carioca sobre o caso dos Estados Unidos.[11] Em uma revista, um articulista citou Freud e sugeriu que a mulher agredira o marido porque tinha "inveja do pênis".[12]

A ideia segundo a qual o estupro no casamento constituía uma excentricidade, algo tão absurdo a ponto de nem ser levado a sério — o *Jornal do Brasil*, do Rio de Janeiro, abriu uma página para perguntar se "o ciúme é um mal que deve ser cortado pela raiz", assumindo de maneira jocosa que era disso que se tratava o caso de Lorena Bobbitt e outros similares —, encontrava apoio no entendimento de juristas acerca da legislação em vigor.[13] Mais precisamente, sobre o inciso II do artigo 231 do Código Civil de 1916, que estabelecia como um dos deveres dos cônjuges a "vida em comum, no domicílio conjugal".

Havia quem identificasse, nesse trecho da lei, a presença do chamado "débito conjugal", instituto que remonta às Ordenações Filipinas, de 1603. Raiz da tradição jurídica brasileira, as Ordenações foram promulgadas em Portugal pelo rei Filipe I. Esse código legal, por meio do qual a Coroa administrava a colônia, definia as normas da vida em sociedade.[14] No trecho relativo ao patrimônio de um casal, estabelecia como obrigatoriedade para a divisão igualitária dos bens a "cópula carnal". "A falta de cópula torna o casamento [...] não consumado."[15] Mais adiante, ao tratar sobre "Como a mulher fica em posse e cabeça de casal por morte de seu marido", as Ordenações condicionavam a herança a ela ter sido "teúda e manteúda" do falecido.[16]

A exigência do sexo no casamento sobreviveu à Consolidação das Leis Civis de 1858, elaborada pelo jurista baiano Augusto Teixeira de Freitas. "Para dar-se a comunhão legal é necessário que haja entre os cônjuges cópula carnal depois da celebração solene do matrimônio", dizia o artigo 117 da lei.[17] Alcançou também o decreto 181, de 24 de janeiro de 1890, da presidência do marechal Deodoro da Fonseca. Segundo o artigo 57 do decreto, os bens dos cônjuges pertencem aos dois já no dia seguinte ao casamento, "salvo se provar-se que o matrimônio não foi consumado entre eles".[18]

Embora a intervenção do governo em assuntos de alcova não fosse tão explícita no Código Civil de 1916, o posicionamento de juristas como o mineiro Nelson Hungria, nascido em 1891, reforçava um pensamento corrente que vinculava sexo a dever. Hungria, que trabalhara como delegado de polícia antes de se tornar juiz federal, participou da elaboração do Código Penal de 1940. Onze anos depois, foi indicado a uma vaga no Supremo Tribunal Federal (STF) pelo presidente Getúlio Vargas. Em meio às atividades como ministro, escreveu alguns livros que influenciariam gerações de advogados e juízes, como *Comentários ao Código Penal*, em oito volumes.[19]

Nelson Hungria, que faleceu em 1969 e entrou para a história como o "príncipe dos penalistas brasileiros", não aceitava a existência jurídica do estupro marital. Considerava o sexo um direito do marido, uma prestação de serviço estabelecida no contrato de casamento — ainda que, para fazer a esposa cumprir o dever, o consorte apelasse para a ignorância. "Questiona-se sobre se o marido pode ser, ou não, considerado réu de estupro, quando, mediante violência, constrange a esposa à prestação sexual. A solução justa é no sentido negativo", escreveu no volume VIII de seus *Comentários*. "O estupro pressupõe cópula ilícita (fora do casamento). A cópula *intra matrimonium* é recíproco dever dos cônjuges [...]. O marido violentador, salvo excesso inescusável, ficará isento até mesmo da pena correspondente à violência física em si mesma [...], pois é lícita a violência necessária para o exercício regular de um direito", prosseguiu. Hungria admitia a ocorrência do estupro, no entanto, em circunstâncias nas quais o homem, "atacado de moléstia venérea", empregasse a força física para copular com a esposa. "Já aqui, o marido, ao invés de pretender exercer um direito, está incidindo na órbita do ilícito penal", concluiu.[20]

A interpretação de Nelson Hungria encontraria oposição na leitura da lei feita por juristas como o paulista Damásio de Jesus, cujos comentários ao Código Penal, nos anos 1980, foram adotados por algumas das principais faculdades de direito do país.[21] Jesus, que nasceu em 1935, era da opinião de que o direito à relação sexual contemplado pelo casamento não autorizava o uso da violência para exercê-lo. Assim, maridos poderiam, sim, ser penalizados pelo crime de estupro contra suas esposas.[22]

Enquanto, na esfera pública, os juristas, quase todos homens, duelavam na disputa de interpretações sobre a lei, no recôndito do lar as mulheres continuavam a ser violentadas de forma silenciosa por seus parceiros. Em 1999, os jornais noticiaram, sem alarde, a morte de uma senhora de 73 anos, em decorrência das lesões sofridas após ser estuprada pelo marido, no Rio de Janeiro.[23] No Recife, pouco antes das festas de Natal daquele ano, Naima, mulher do dentista Tiago, deu entrada no hospital, levada por uma amiga que se chocou, durante uma visita, ao encontrá-la encolhida em um canto do sofá, os olhos fundos em um rosto quase cadavérico. Pesava 35 quilos.

4. Aconteceu uma coisa ruim

O sequestrador enfiou a mão em um dos bolsos da calça arriada e tirou de lá um preservativo. Disse que não tinha doença nenhuma, fazia aquilo para não pegar nada de mim. Era uma cena totalmente inusitada, um homem avisando que vai se prevenir para estuprar uma mulher — era algo tão deslocado quanto uma pessoa de moletom em uma festa de gala. Mas me encheu de esperanças. Imaginei que se estivesse disposto a me assassinar não faria aquilo — muito embora esse fosse um pensamento ingênuo, a intenção certamente era não deixar vestígios de sêmen no meu corpo, vivo ou morto. Lembrou-me, mais uma vez, de não olhar para o seu rosto. Puxou meu corpo para mais próximo do seu, ficamos ambos sentados. Exigiu um beijo e usou uma língua áspera para abrir minha boca, os dentes dele colidindo contra os meus. Antes de colocar a camisinha, pôs a mão sobre a minha cabeça, empurrou-a para baixo e deu uma ordem que me fez querer vomitar; usou um termo chulo, imprimindo na voz um tom de desejo. Passou-me pela mente a ideia de usar os dentes como alicate. Seria um risco imenso, não levei a empreitada adiante, obedeci de forma mecânica.

Foram momentos nauseantes, mas não fisicamente dolorosos. Dor, mesmo, eu experimentaria quando ele se deitasse sobre mim, já com o preservativo, as mãos com cheiro de látex. Meu corpo estava travado pelo medo, com os músculos contraídos ante o pavor absoluto da violência. Esse corpo, que seria invadido com brutalidade de todas as maneiras possíveis, rasgado e jogado de um lado para o outro, de qualquer jeito, já não parecia me pertencer. Por alguns instantes, confusa — às vezes, nem sabia que parte do meu corpo estava sendo atingida —, esqueci de fechar os olhos. Vi um rapaz de cabelos curtos, crespos e claros, tão empenhado em me violentar que foi incapaz de notar que o mirava com as linhas d'água à mostra, úmidas; logo eu que nunca fui chorona e sempre tive resistência à dor. Tempos depois, eu ficaria surpresa ao constatar que o estuprador parecia fisicamente o meu antigo professor do colégio, o mais jovem, de olhos caídos e esbugalhados, que me levara para o motel.

Passaram-se longos minutos até, finalmente, o homem ejacular. Acomodou-se no banco do motorista, arrancou o preservativo, vi quando o jogou pela porta. Subiu a calça. "Pode vestir a roupa", disse. Ligou o motor, afivelou o cinto de segurança, deu marcha a ré e fez uma manobra para pegar o sentido contrário. Como resposta à minha pergunta, informou que estávamos a caminho do Shopping Eldorado.

Permaneci de olhos abertos, apontados para a frente, calada, até que o carro deixou a região do matagal e entrou em uma rua iluminada. Dali a pouco já estávamos em uma rodovia e, pelo que sinalizavam as placas, a caminho de São Paulo. É estranho pensar que alguém sentiria alegria logo após um estupro, mas foi algo bem próximo disso que experimentei. Se ele tivesse que me matar e desovar meu corpo, teria feito isso na mata, não voltaria para a cidade. Por incrível que possa parecer, vou escapar com vida, vou sobreviver, pensei.

O sequestrador parecia relaxado. Mantinha o revólver entre as pernas, dirigia mais devagar. Puxou conversa. Quis saber se eu trabalhava, onde morava. Respondi de maneira genérica, esforcei-me para ser agradável. Disse ter um emprego em uma editora, viver em um apartamento na Pompeia. "Sozinha?", indagou. Temi que quisesse ir para a minha casa, menti; disse que era uma espécie de república, dividia o espaço com um grupo de amigos.

"Vou te dar um conselho", ele disse. "Nunca mais volte ao Shopping Eldorado, porque você está marcada." Em seguida, narrou sua história. Contou que cursava computação em uma faculdade particular de São Paulo e, até meses atrás, estava empregado na indústria automobilística. Conciliava trabalho e estudo com os campeonatos de caratê dos quais participava — alguns deles internacionais. Após ser demitido, inconformado ante a ideia de perder o padrão de vida de classe média, ingressou em uma quadrilha especializada em sequestros-relâmpago. Eram cerca de quinze jovens que atuavam em shoppings da cidade, calculou, o Eldorado entre eles. Por mês, com o crime, dizia faturar entre 5 mil e 6 mil reais. Não acreditei em nada, mas fingi que sim; durante suas pausas, eu dizia uma palavra ou outra para demonstrar interesse.

Havia algo de muito esquisito naquela viagem de volta para São Paulo. Ele agia não como um sequestrador e estuprador, mas como um rapaz que acabara de conhecer uma garota e queria impressioná-la. Essa evidência se tornou mais forte quando começou a explicar como escolhia as vítimas com quem "trepava". Disse ter me seguido durante parte do tempo que passei no Eldorado. Que resolveu me seguir ao me encontrar andando sozinha, observando as vitrines. Nesse momento, lembrei de ter visto um rapaz parado ao meu lado na loja Renner, enquanto olhava os relógios, mas é provável que estivesse sugestionada pelo que acabara de ouvir. Culpei-me terrivelmente por ter ficado de bobeira no shopping, talvez, se tivesse comido rápido e voltado logo para casa, aquela desgraça toda não teria acontecido; para que pegar sobremesa, beber refrigerante, escovar os dentes, demorar tanto tempo para escolher umas roupas tão simples, o que eu vira naqueles relógios? Indiferente à minha autoflagelação, ele continuou a se vangloriar, afirmou ser assediado com frequência pelas mulheres, mas "trepar", mesmo, só com algumas escolhidas — as "fáceis", que se jogavam em seus braços, eram dispensadas. Destas, pegava apenas dinheiro. "Você é a minha terceira de hoje", afirmou. "Mas das outras duas só quis a grana."

Disse isso como se me fizesse um elogio. Eu não olhava para ele, mas pelo tom de voz dava para notar que sorria. Felicitou-me por não ter reagido, ou "teria que te matar", o que faria por necessidade e um pouco a contragosto, não gostava de apagar mulher, pois tinha irmã e mãe. Reclamou, porém, do meu desempenho. Ao contrário de outras mulheres que estuprara — ele não usou esse termo mas um sinônimo, "feito sexo", como se a violência a que eu acabara de ser submetida fosse uma transa casual —, eu não demonstrara prazer, parecia fria, distante, "você não sabe mexer".

Enquanto ele se jactava e me acusava de frigidez, espiei, com o canto do olho, sua mão direita sobre o câmbio. Usava uma argola prateada no dedo anelar. Parecia uma bijuteria barata, dessas compradas de hippies na praia. Concluí que aquilo seria útil caso fosse à polícia e precisasse descrever o criminoso. Foi como se ele pudesse ler meus pensamentos, porque uma de suas últimas recomendações foi para que não o denunciasse. "Não vá na delegacia, fico sabendo e mato você", disse, ao parar o carro em uma rua perpendicular ao Shopping Eldorado.

Pegou minhas sacolas no banco de trás, conferiu o conteúdo, não se interessou pela camisa nem pelas jaquetas, me devolveu as compras. Entregou-me uma nota de vinte reais para pagar um táxi, garantiu que no dia seguinte meu carro seria encontrado em um estacionamento privado do bairro de Pinheiros. Disse que o levaria para arrancar o aparelho de som, não tinha interesse em um carro popular, de motor 1.0. Não quis ficar com minha bolsa, ofereceu-me a carteira com os documentos. "Obrigada", foi minha última palavra, na descida do veículo.

Permaneci de pé, observando o Clio se distanciar rapidamente, até entrar em uma rua e sumir do meu campo de visão. Só então corri. Alcancei a avenida Rebouças e, contrariando as orientações do estuprador, voltei ao Shopping Eldorado, o primeiro lugar aberto que encontrei. Avistei um segurança, perguntei onde podia tomar um táxi. Eu devia estar com uma aparência péssima; ele me indagou se estava tudo bem, se acontecera alguma coisa. "Acabei de ser estuprada", eu disse, "por um homem que me sequestrou aqui no estacionamento." O segurança puxou um papel de um dos bolsos da calça, mostrou-me a impressão de uma foto em preto e branco de um rapaz e perguntou se o sujeito era aquele. "Acho que não, não sei", respondi, "preciso de um táxi."

Ele recomendou que não fosse para casa naquele estado, melhor seria me acalmar um pouco antes de qualquer coisa. Acompanhou-me até o guichê de atendimento ao cliente, contou a história para a funcionária do balcão, ela decidiu me levar ao ambulatório da empresa. Lá, ofereceram-me água, perguntaram para quem poderiam telefonar, algum familiar, minha mãe. Disse que morava sozinha na cidade, senti um desamparo como nunca havia sentido ou viria a sentir igual, mas contei que tinha acabado de fazer uma amiga, Fernanda, e tinha telefonado tanto para ela nos últimos dias a ponto de saber seu número de cor.

Com Fernanda na linha, a moça do shopping me passou o telefone. "Será que você pode vir me buscar aqui no Eldorado? Estou no ambulatório. Acabei de ser estuprada durante um sequestro."

Durante os anos 1980, no Brasil, apenas gente muito rica tinha medo de ser sequestrada. Na década de 1990, com o aparato de segurança fortalecido, os milionários se tornaram um alvo excessivamente arriscado para os criminosos. Diante disso, alguns bandidos identificaram um outro mercado a ser explorado: a classe média distraída, que andava em veículos sem blindagem ou rastreamento, com seus cartões de crédito a tiracolo. Em 1999, um morador de São Paulo era vítima de sequestro-relâmpago a cada cinco horas.[1] Os ladrões abordavam suas presas em lugares comuns como na saída do trabalho, em cruzamentos ou na porta do restaurante. Levavam-nas a caixas eletrônicos, exigiam que sacassem a maior quantia possível de dinheiro, ou se dirigiam a lojas caras, adquirindo objetos valiosos que eram pagos pelos reféns.

Se a vítima fosse mulher, não era incomum que, ao fim do roubo, ainda sofresse violência sexual. Com frequência casos assim eram encontrados nos jornais. Uma mulher estuprada por dois homens no banco de trás de um Fiat Palio, em Ribeirão Preto (SP), na presença do marido.[2] Outra, em Brasília, também violentada diante do esposo, igualmente por dois homens.[3] Uma secretária de 26 anos capturada enquanto passeava no BarraShopping, na zona oeste do Rio de Janeiro, e levada para uma casa em São Conrado, na zona sul, onde foi estuprada repetidas vezes.[4]

Um fator complicador para as vítimas dessa nova modalidade de crime que prosperava nas grandes cidades brasileiras era o fato de serem cometidos por bandidos amadores, ao contrário dos profissionais que comandavam os sequestros de grande porte, contra gente dos altos círculos sociais. Nervosos e por vezes atrapalhados, podiam partir para a violência por desespero ou pura satisfação. As estatísticas mostravam que os alvos preferenciais dos bandidos eram homens dirigindo carros importados, sem dúvida por parecerem mais promissores financeiramente.[5] Mas, se calhasse de sequestrar uma mulher, o criminoso podia ver nela uma vantagem adicional: rendida e assustada, tornava-se presa fácil para um estupro. Ainda que estivesse sem grana, possuía o próprio corpo para eventual compensação do bandido.

Fernanda tinha uns trinta anos e era minha melhor amiga na cidade. Conheci-a na Editora Abril, ela prestava serviço para diversas redações como jornalista freelancer. Também havia se mudado havia pouco tempo para São Paulo, vinha de Florianópolis. Logo descobrimos outras afinidades, como o gosto por chopes com espuma e lascas finas de presunto cru. Quase todas as noites, depois do trabalho, nos encontrávamos no Filial, o bar da rua Fidalga, na Vila Madalena, e íamos embora quando os garçons começavam a recolher as cadeiras.

Quando vi Fernanda entrar no ambulatório, quase apaguei. Não de modo visível. Continuei acordada, com os olhos abertos. Mas se, até então, eu estivera totalmente alerta para o que me acontecia — a ponto de reter os mínimos detalhes —, ao ver a amiga foi como se minha mente se desse conta de que chegaram reforços, podia dividir tarefas, trabalhar num ritmo menos intenso. Foi como se meu corpo e minha cabeça estivessem tão cansados que dissessem chega, agora só pegamos no empurrão. Mesmo para quem tem dificuldade em pedir ajuda, vergonha de incomodar os outros, há ocasiões em que a autossuficiência é incompatível com a vida. Os momentos depois de um estupro podem ser uma dessas circunstâncias.

Fernanda assumiu o comando da situação. Conversou com uma funcionária do ambulatório, as duas conseguiram me convencer a prestar queixa na delegacia. Eu resistia a isso por causa das ameaças do bandido, mas também por achar que tinha tido sorte. Tinha sobrevivido, sem ter minhas roupas rasgadas, o rosto esmurrado, hematomas visíveis pelo corpo. O sequestrador foi bonzinho, usou preservativo — lembro-me de pronunciar essa frase de maneira pausada, com calma, e do ar de espanto da funcionária do shopping, de um semblante que me pareceu de descrédito, como se eu fosse uma desmiolada.

Um segurança que se apresentou como policial militar decidiu nos acompanhar até a delegacia, em um veículo do shopping. Fiquei aflita ao me dar conta de que o carro da Fernanda ficaria ali e, na volta, ela teria que pegá-lo no estacionamento. E se ela também fosse sequestrada, se o sujeito já estivesse ali de volta? A caminho da delegacia, enquanto eu continuava a manifestar meu incômodo com aquela situação de perigo iminente, o segurança achou uma boa ideia provar que eu não deveria ter medo, pois estávamos seguros; então, me mostrou um revólver. Eu tinha acabado de ser estuprada sob a mira de um, e aquela cena parecia me jogar para uma realidade paralela em que revólveres brotavam do nada; será que nesse novo mundo eu viveria sendo confrontada com uma arma?

O boletim de ocorrência lavrado no 15º Distrito Policial de São Paulo, no bairro do Itaim Bibi, informou que fui atendida por uma delegada e uma escrivã de polícia. Não guardei nenhuma lembrança do depoimento, do rosto dessas mulheres, tampouco da minha permanência na delegacia. Não sei se demorei para ser atendida, se aguardei sentada em cadeiras de plástico ou em pé, se tomei café ou água. Sei o que disse à polícia porque está ali, impresso em três páginas, com minha assinatura ao final, aos 34 minutos do dia 25 de maio, uma assinatura garranchosa, feia, que não serviria para reconhecer firma em cartório, de tão diferente que ficou do traço original.

"Vítima orientada a comparecer ao hospital Pérola Byington, junto ao Programa Bem-Me-Quer, sito à avenida Brigadeiro Luís Antônio, próximo ao Teatro Imprensa, a fim de obter assistência psicológica, clínica, bem como para ser submetida a exame clínico-sexológico", registrou o boletim de ocorrência, em sua última folha.

O Bem-Me-Quer era um programa do governo do estado de São Paulo que oferecia atendimento público e gratuito para mulheres, crianças e adolescentes vítimas de violência sexual. Em 1998, o Ministério da Saúde havia publicado a norma técnica "Prevenção e tratamento dos agravos resultantes da violência sexual contra mulheres e adolescentes". Com 59 anos de atraso, o país finalmente definia as normas para o exercício do aborto em caso de estupro, direito previsto pelo Código Penal de 1940. Uma das principais recomendações do governo federal era a de que os serviços públicos de saúde fossem ágeis no acolhimento às vítimas.[6]

Antes da criação do Bem-Me-Quer, o hospital Pérola Byington já ofereceria o acolhimento, mas com um nome menos gracioso: Programa de Atendimento Integral à Mulher Sexualmente Vitimada. Foi no Pérola que, em 1994, uma adolescente de dezesseis anos fez um aborto depois de ser estuprada por dois homens em um barraco; e, em 1998, uma menina de nove anos passou por uma cirurgia na vulva após ser atacada por dois vizinhos.[7]

Pérola Byington, a mulher que dá nome ao hospital, era uma paulista de Santa Bárbara d'Oeste, de família americana, considerada uma das pioneiras da assistência social no Brasil. Apesar de ter tido uma vida dedicada a defender os direitos de crianças e mulheres, sua trajetória é pouco conhecida — são raros os registros a seu respeito em livros, enciclopédias e dicionários de história. Ela nasceu em 3 de dezembro de 1879, concluiu o curso normal e, aos 21 anos, casou-se com o milionário industrial americano Albert Byington. Morou por um tempo nos Estados Unidos e durante a estada no exterior trabalhou na Cruz Vermelha. De volta ao Brasil, ingressou na Cruz Vermelha de São Paulo e, em 1930, junto com a educadora sanitária Maria Antonieta de Castro, fundou a Cruzada Pró-Infância, uma organização social cujo objetivo era combater a mortalidade infantil.

Rica, culta e bem-educada, Pérola Byington conseguiu atrair a atenção da alta sociedade paulistana para a questão da mortalidade infantil, um tema que a sensibilizava em particular. Reunia empresários, jornalistas e políticos em suntuosos almoços em seu nobre endereço — o número 400 da avenida Paulista — para prestar contas da sua atuação à frente da Cruzada. Deu visibilidade ao drama das gestantes sem assistência médica e oferecia a elas atendimento pré-natal, bem como acompanhamento pós-parto. Era uma defensora de causas avançadas para a época, como a educação sexual, e fazia questão de contratar mulheres para os cargos mais altos da Cruzada.[8]

Em 1959, o trabalho de Pérola foi intensificado com a inauguração do Hospital Infantil e Maternidade da Cruzada Pró--Infância, que também funcionava como centro de formação para profissionais de saúde — sem perder o foco na criança e, cada vez mais, na mulher. Dedicou-se à causa até morrer, em 1963, depois de fraturar a bacia em uma queda no hotel Barclay, em

Nova York, onde estava a passeio.[9] Um mês após sua morte, o hospital mudaria o nome para Pérola Byington.

No hospital Pérola Byington, à espera do atendimento, Fernanda tentou me distrair. Pediu para ver o que havia nas sacolas de compras; elogiou minhas escolhas, embora tivéssemos gostos bastante diferentes e eu soubesse que ela dizia aquilo para me agradar. O espaço tinha um tom amarelado, luzes quentes, não parecia um hospital. Sentadas perto de nós, havia uma mãe com a filha de cinco anos, a menininha tinha sido estuprada e segurava uma pelúcia. Brincava com movimentos lentos, estava machucada.

Usei um telefone público e digitei o número do meu marido, a cobrar. Já corria a madrugada, mas ele atendeu a ligação, a voz sonolenta. Estava dormindo num quarto de um hotel na cidade de Ipu, no interior do Ceará. Naquele final de semana, viajara com o governador, a trabalho. "Aconteceu uma coisa ruim", eu disse. Não entrei em detalhes, mas revelei que tinha sido estuprada e que estava em um hospital para fazer os tais exames de corpo de delito. Mais tarde eu saberia que, após desligar o telefone, ele deixou o quarto, bateu na porta do chefe de gabinete do governador, pediu demissão do cargo e seguiu para o aeroporto, em Fortaleza, distante mais de 250 quilômetros dali.

O médico que me atendeu era bonito, de voz suave e olhar algo piedoso. Lembro-me de ter ficado incomodada com esse olhar, um pouco desconfiada. Meu caso não era nada, lá fora tinha uma criança de cinco anos com a roupa suja de sangue. Eu era uma mulher de 28 anos, conhecia o sexo, entendia o que tinha acontecido. Aquela criança devia estar totalmente confusa.

Por causa do preservativo, o médico não identificou vestígios de sêmen no meu corpo. Mas apontou "três rágadas de aspecto recente e sangrantes, localizadas em quadrantes posteriores de borda anal". Depois de tomar vacina contra hepatite B e uma série de medicamentos, deixei o hospital com um saquinho cheio de potes de comprimidos, o coquetel antiaids. Alertaram-me para os efeitos colaterais dos remédios: náuseas, vômitos, falta de apetite, erupções na pele. Perguntei se aquilo era mesmo necessário, já que o criminoso usara camisinha. Garantiram-me que, sim, eu tinha chances de ter contraído o vírus HIV, além de engravidar. Mas a pílula do dia seguinte, que eu acabara de ingerir, iria me prevenir desse último drama. E, ainda que o remédio não fizesse efeito, a lei me autorizava a fazer um aborto.

A definição de regras para a prática do aborto (nos casos previstos por lei) por meio da norma técnica do Ministério da Saúde foi uma das conquistas dos movimentos feministas dos anos 1990 — naquela década, institucionalizados e profissionalizados, os grupos de defesa dos direitos das mulheres foram responsáveis por importantes conquistas em termos de políticas públicas. Se, por um lado, o movimento organizado teve esse mérito, por outro acabou por silenciar feminismos mais plurais — lutas tidas como periféricas ou segmentadas, cujos atores careciam de destaque na cena pública. Na virada do século, outros grupos de mulheres — que não se sentiam representadas pela figura elegante e bem-educada de Hillary Clinton na ONU, por exemplo — passaram a disputar a hegemonia do espaço político.

Essa novidade revigorou o debate entre as mulheres. Extrapolou as reivindicações feministas para além dos direitos ao aborto, à igualdade salarial ou ao rompimento do teto de vidro — a dificuldade que profissionais encontravam de ascender em determinadas áreas. Havia muitas outras personagens cujas questões precisavam ser postas na discussão. Era o caso das trabalhadoras rurais do Brasil, para quem parte do discurso das jovens das classes médias urbanas não fazia muito sentido.

No dia 10 de agosto de 2000, 20 mil trabalhadoras rurais foram a Brasília para denunciar as dificuldades enfrentadas pelas mulheres no campo. O evento foi batizado de Marcha das Margaridas em homenagem a Margarida Maria Alves, assassinada em 12 de agosto de 1983 a mando de fazendeiros da cidade de Alagoa Grande, na Paraíba. Margarida presidia o sindicato de trabalhadores rurais da região e já havia movido mais de seiscentas ações trabalhistas contra os poderosos locais. Foi morta com um tiro no rosto, aos cinquenta anos, na frente do marido e do filho de oito anos. O crime permaneceria sem punição.[10]

A Marcha das Margaridas foi o ponto alto de uma ação maior, que mobilizou ativistas de mais de 150 países — a Marcha Mundial das Mulheres, cuja primeira edição ocorria naquele ano, com o lema "2000 razões para marchar: contra a fome, a pobreza e a violência sexista". O ato tinha origem em uma manifestação realizada em 1995, na cidade de Quebec, no Canadá, quando 850 mulheres caminharam duzentos quilômetros exigindo aumento do salário mínimo e uma vida melhor para as imigrantes, além de incentivo à economia solidária. Nos anos seguintes, as canadenses formaram uma rede com feministas de outros cantos do planeta, cujo objetivo era planejar uma mobilização internacional. Em 1998, em um encontro em Quebec, mulheres de 65 países, incluindo o Brasil, elaboraram uma plataforma com as reivindicações do grupo e uma agenda de atividades para o ano 2000, como protestos em frente à sede do Banco Mundial e do Fundo Monetário Internacional, em Washington — o combate à política econômica neoliberal era um dos pilares do movimento.[11] Se, em um passado recente, as feministas brasileiras andavam alguns passos atrás das colegas da Europa e da América do Norte, na virada do século elas compunham a linha de frente da luta mundial.

A entidade que organizou a Marcha das Margaridas, a Contag (Confederação Nacional dos Trabalhadores na Agricultura), preparou um documento explicando as razões do evento. Em um dos trechos, narrava como viviam as mulheres do campo. Nas áreas de irrigação e sequeiro, a maioria delas trabalhava dezoito horas por dia, entre atividades agrícolas e afazeres domésticos. Muitas chegavam a percorrer doze quilômetros entre a residência e o serviço. Tinham, no máximo, quinze minutos para almoçar — e precisavam levar a comida de casa e consumi-la fria, eventualmente estragada, pois trabalhavam o dia inteiro embaixo do sol. Sem um local apropriado para fazer a refeição, usavam sacos de adubo e venenos químicos como mesa e cadeira.

Também não tinham acesso a água potável ou instalações sanitárias. Era comum que bebessem água contaminada por agrotóxicos e caramujos. Trabalhavam muito tempo de cócoras, de modo que suas vaginas ficavam próximas de substâncias químicas. Em consequência disso, desenvolviam doenças ginecológicas, como corrimento e coceira vaginal. Na tentativa de se proteger, vestiam duas calcinhas e duas calças. "A maioria [...] desconhece que as substâncias nocivas dos produtos agrícolas têm efeito cumulativo e irreversível, atingindo [...] cérebro, intestinos e mamas", apontou o texto da Marcha.

As denúncias sobre a rotina de trabalho das camponesas não tiveram grande repercussão na mídia. As matérias sobre a Marcha das Margaridas destacavam aspectos menos chocantes, como a reivindicação das mulheres por maior participação no processo de reforma agrária. Tampouco davam atenção a um outro problema denunciado pelas camponesas, e que as aproximava das mulheres dos grandes centros urbanos — a violência sexual. O texto elaborado para apresentar as razões do evento apontava a questão: "A maioria dos casos de violência e abuso sexual não são denunciados. [...] Além de não dispor de lugares e profissionais especializados para atendimento às vítimas de violência, os familiares ou membros da comunidade que se dispõem a ajudar a vítima desconhecem quais são os serviços existentes e como proceder para ter acesso a esse tipo de assistência".

O documento trazia ainda uma denúncia sobre o abuso sexual de crianças e adolescentes nas zonas rurais. Citava algo corriqueiro, que ocorria em pequenos prostíbulos no Centro-Oeste e nas regiões de fronteiras: os leilões de virgens. Meninas, muitas delas ainda sem os pelos pubianos, eram compradas por homens adultos que aceitavam pagar mais caro para desfrutar de carne fresca, novinha em folha.[12]

5. Você gosta, não é?

Relacionamentos entre homens maduros e mocinhas inexperientes são uma espécie de fetiche antigo da literatura e do cinema ao qual a indústria do entretenimento recorreu com força no começo dos anos 2000. Em duas ocasiões, na TV Globo, o personagem do coroa irresistível foi interpretado pelo ator José Mayer. Na novela *Laços de Família*, iniciada em junho de 2000, ele atuou como Pedro, o dono de um haras que se envolve com Iris, papel da atriz Deborah Secco, então com 20 anos. Mayer tinha cinquenta. O ator emendou o trabalho com outro em que fazia um tipo parecido. Em *Presença de Anita*, viveu um romance com a personagem interpretada por Mel Lisboa, de dezenove anos.

Também em 2000, *Beleza americana* ganhou o Oscar de melhor filme com a história de um senhor — papel do ator Kevin Spacey — que se apaixona pela amiga da filha adolescente. Na publicidade, uma marca de refrigerantes fez sucesso com a campanha em que um homem assedia uma mocinha no elevador, na lanchonete e na porta da casa da garota. O "Tio da Sukita", como o personagem ficaria conhecido, era interpretado por Roberto

Arduim, um ator de 49 anos. Michelly Machri, a atriz, tinha vinte anos, embora passasse por quinze.

Não é à toa que homens de cabelos brancos a conquistar jovenzinhas sejam usualmente classificados como "sedutores". Na lei penal que estava em vigor no início do século XXI, o crime previsto para quem fizesse sexo com meninas era o de "sedução", definido como o ato de "seduzir mulher virgem, menor de dezoito anos e maior de catorze, e ter com ela conjunção carnal, aproveitando-se de sua inexperiência ou justificável confiança". A pena era de prisão de dois a quatro anos.[1]

Uma década após o Estatuto da Criança e do Adolescente (ECA) entrar em vigor, o Brasil registrava uma média de 50 mil casos de violência sexual contra menores de idade por ano. Os dados oficiais, divulgados à época pelo Ministério da Justiça, foram vistos com cautela por especialistas — acreditava-se que representavam 10% do total, pois crimes sexuais, ainda mais com crianças, costumam ser subnotificados. Em especial porque, em 74% dos casos, conforme o estudo, o agressor era o pai, o irmão ou o padrasto.[2]

Em um sonho que se repetiria diversas vezes ao longo da infância e da adolescência, Carolina está em um parque aquático com a amiga Gabriela. As duas se deixam levar pela correnteza artificial de uma piscina, que fica dentro de um túnel. Nas paredes, há imagens de pacotes de fraldas. Avançam pela galeria, cruzando pranchinhas de isopor, boias de braços e aquelas compridas, conhecidas como macarrão. De repente, Gabriela some, levada pela correnteza. Carolina deixa a piscina por uma escada, que dá em uma praça de alimentação. Então vê seu pai, sentado em uma cadeira de rodas.

Na cena seguinte, ela está de volta à piscina, cujo túnel deságua no quintal de sua casa. Reencontra Gabriela. As duas tentam entrar na casa, mas há um polvo azul bloqueando a passagem. A amiga consegue passar por cima do molusco e fecha a porta atrás de si, deixando Carolina do lado de fora, sozinha. O bicho corre na direção da menina e tenta beijá-la.

Em outro sonho, Carolina está em casa, andando de skate. Há uma maleta ali. Um homem desconhecido aparece para resgatar o objeto. Com uma mão, pega a valise. Com a outra, segura a menina. Ela grita, mas a voz não sai. Seus pais e irmãos estão na sala, vendo TV, e não escutam o pedido de socorro.

Por mais que o tempo avançasse e os sonhos ganhassem novas versões, com suaves alterações no enredo e nos personagens secundários, dois aspectos permaneciam imutáveis: a presença impotente do pai, incapaz de protegê-la dos perigos; e o fato de estar sempre na pele de uma criança atacada por um tipo mais forte — um polvo gigante ou um homem — durante uma brincadeira.

Quando tinha uns seis anos, Carolina gostava de dormir na casa dos avós maternos, em uma cidade do litoral paulista. Ela, os irmãos e os primos dividiam o mesmo quarto, faziam bagunça até tarde, ganhavam paparicos da avó. Com o avô, a relação era mais fria. O velho se mantinha distante dos netos, raramente puxava conversa, parecia não ser chegado a beijos e abraços. Gostava mesmo era de futebol. Acompanhava as partidas pela TV, mesmo que seu time não estivesse em campo.

No começo do corredor onde ficava o quarto das crianças havia uma sala de estar, com televisão — e pela qual era preciso passar para chegar à cozinha. Certa noite, Carolina acordou com sede, levantou-se para ir até a geladeira e cruzou com o avô esparramado no sofá, assistindo a uma partida qualquer. Era tarde, todos dormiam, mas ele a convidou para ficar ali, ao seu lado. Não era preciso se preocupar, ao fim do jogo ele a levaria de volta para a cama.

A menina se sentou junto do avô. Espantou-se com o comportamento do homem, surpreendentemente afetuoso. Tomou por carinho as passadas de mãos em suas pernas e seus braços magricelos, os afagos nos cabelos loiros e lisos num corte chanel com franjinha.

A cena se repetiu outras noites. Em dias de jogo, a menina deixava o quarto, cruzava o corredor e se sentava com o avô diante da TV, os sons do futebol como trilha sonora — a voz do narrador, o barulho das arquibancadas, os gritos de gol, os slogans das propagandas de cerveja, carro e banco que passavam no intervalo entre o primeiro e o segundo tempos. Uma das mãos do avô, seca e pesada, percorria o corpo da menina, por baixo do pijama com estampa infantil. A outra massageava o pênis. Carolina pensava que, quando o avô pedia para que botasse a mãozinha entre as pernas dele, queria um carinho. "Você gosta, não é?", ele perguntou para a neta, pelo menos uma vez.

Ela só notou que havia algo esquisito naquilo tudo numa noite em que a avó se levantou e flagrou a cena, o velho e a criança deitados no sofá. A mulher disse para Carolina voltar para o quarto; falou séria, brava, no tom de uma bronca. O avô respondeu que a garota ia permanecer ali, pois "queria", e o casal começou a discutir. Ele ganhou a briga. A mulher voltou para o quarto e a menina continuou com o avô. Quando o dia amanheceu, as crianças foram mandadas de volta para suas casas. Para tristeza e incompreensão de todas, a avó de Carolina nunca mais permitiria que dormissem ali.

Durante anos, Carolina guardaria mágoas da avó por, naquela noite, não tê-la arrancado dos braços de um pedófilo. Até compreender que, das vítimas do homem, a avó talvez fosse a maior de todas. Dividia a vida com um abusador havia décadas, tivera com ele filhos e netos, não conseguia se desvencilhar do pesadelo; a impotência da idosa, concluiria a neta, era consequência do medo.

Na mesma época em que Carolina enfrentava a perversão do avô em uma pequena cidade do litoral paulista, deputados e senadores discutiam, em Brasília, maneiras de diminuir a epidemia de violência sexual contra crianças e adolescentes. Em 2000, uma lei federal instituiu 18 de maio como o Dia Nacional de Combate ao Abuso e à Exploração Sexual de Crianças e Adolescentes.[3] A ideia foi da deputada federal Rita Camata, que tinha doze anos quando um crime chocou o Brasil — em especial Vitória, capital do seu estado, o Espírito Santo.

A tragédia aconteceu em 1973, justamente em 18 de maio. Naquele dia, a estudante Araceli Cabrera Sanchez Crespo deixou a escola por volta das dezesseis horas e pegou o caminho que a levava ao ponto de ônibus, em frente a um bar. Araceli tinha oito anos e voltava para casa sozinha. Era uma criança fofíssima. Tinha cabelos longos, com franja, bochechas salientes e uns olhos vivos que davam a ela um ar de sapeca — parecia uma menina bastante feliz, sempre sorrindo em fotos ao lado de flores, bonecas, revistas, além da mãe e do irmão.

Apesar da pouca idade, Araceli era considerada uma menina "desenvolvida", conforme seria descrita, depois, pelos jornais.[4] Suas fotos, no entanto, revelam apenas uma garotinha com aparência saudável, as perninhas roliças como as de uma criança bem alimentada que ainda está distante do estirão da adolescência.

Araceli já chamara a atenção dos frequentadores do bar defronte ao qual tomava o ônibus. Um deles era o economista Paulo Helal, conhecido como "o papa-anjo da praia do Canto" por sua preferência por garotas jovens. Helal, de uma família rica e influente de Vitória, tinha por hábito rondar as escolas da região para flertar com as jovens estudantes.[5] Segundo apontariam as investigações, já fazia algum tempo que o economista estava de olho na criança de oito anos. Referia-se a ela como "minha menina" e, com a ajuda de uma amiga — também menor de idade, com quem tinha um romance —, vinha investindo em ganhar a sua confiança. Enviara-lhe doces e sorvete, presentes do "tio Paulinho", conforme pedia para que fosse dito a Araceli.

Ainda de acordo com a versão da acusação, naquele dia 18 de maio, Paulo ofereceu uma carona para a menina em seu Mustang branco. Porém, em vez de levá-la para casa, conduziu-a até o sótão de outro bar, propriedade de um amigo também endinheirado e íntimo dos militares que comandavam a ditadura em vigência no país, Dante Michelini, o Dantinho. No sótão, Araceli foi drogada até perder a consciência. Depois, espancada e estuprada pela dupla. Laudos médicos chamariam a atenção para as marcas de dentadas na vagina e no que seria identificado como os seios da menina, embora ela ainda não tivesse chegado à puberdade. Estima-se que a tortura tenha durado dois dias, ao fim dos quais ela não resistiu às agressões e morreu.

O corpo da criança foi jogado em um terreno baldio na zona urbana de Vitória, perto de um hospital infantil, e encontrado no dia 24 de maio, totalmente desfigurado. Antes de se livrar de Araceli, os assassinos a mergulharam em um recipiente com ácido, na tentativa de dificultar sua identificação.[6]

Embora todas as investigações apontassem para a participação de Paulo Helal e Dante Michelini no crime — bem como o envolvimento de outros personagens secundários, que se negaram a socorrer a garota e ainda ajudaram a encobrir o crime —, os dois nunca foram punidos. Em 1980, foram condenados pela

Justiça, mas recorreram e, em 1991, foram absolvidos por "falta de provas".[7] Durante a apuração do assassinato de Araceli, um mínimo de sete testemunhas importantes morreu em circunstâncias suspeitas.[8]

O sequestro, a tortura, o estupro e o assassinato de uma menina de oito anos permaneceriam para sempre impunes — 27 anos depois, nas matérias que explicavam a escolha de 18 de maio como o dia dedicado ao combate ao abuso de crianças, os jornais errariam sua idade (dez anos, em vez de oito) e grafariam seu nome errado (Araceli Santos, e não Sanchez). O certo seria dizer que, em 18 de maio de 1973, Araceli Cabrera Sanchez Crespo deixou de existir — aos oito anos — porque alguns "papa-anjos" acharam que a vida dela não tinha valor.

Quem tivesse estômago para ler as notícias do caso Araceli podia até pensar que histórias de terror como a dela eram uma exceção, uma assombrosa excentricidade, um desvio. Mas o fato é que outras meninas e mulheres enfrentavam situações cuja crueldade podia se equiparar à sofrida pela garotinha de Vitória. Das sobreviventes, poucas conseguiam tirar seus dramas da obscuridade — para assim tentar obter, na impossibilidade de dar fim ao trauma e à dor, alguma justiça.

Uma dessas tragédias demorou dezoito anos para vir à tona; mas, quando veio, obteve grande repercussão.

No dia 4 de abril de 2001, a dramática história de vida da biofarmacêutica cearense Maria da Penha Maia Fernandes, sobrevivente de duas tentativas de homicídio, começou a se espalhar para além das fronteiras de Fortaleza. Naquela data, a Comissão Interamericana de Direitos Humanos, entidade ligada à OEA, publicou o relatório número 54, no qual acusava o governo brasileiro de não cumprir dois acordos internacionais dos quais era signatário, a saber, a Convenção Americana sobre os Direitos Humanos e a Convenção Interamericana para Prevenir, Punir e Erradicar a Violência contra a Mulher — a chamada Convenção de Belém do Pará.[9]

Segundo a Comissão, o Estado brasileiro desrespeitou os acordos ao permitir que o agressor de Maria da Penha continuasse sem punição, quase dezoito anos após o crime. Em 29 de maio de 1983, seu marido, o economista colombiano Marco Antonio Heredia Viveros, simulou um assalto e atirou nas costas da esposa enquanto ela dormia. A bala de espingarda atingiu a terceira e a quarta vértebras torácicas, deixando Maria da Penha paraplégica. Nos quatro meses em que permaneceu internada no hospital, as três filhas do casal ficaram sob os cuidados do pai. Nesse período, ele torturou as crianças. Deixava-as com sede e fome e lhes aplicava castigos físicos. As meninas tinham entre um e cinco anos.[10]

Na volta de Maria da Penha para casa, o marido, após se oferecer para ajudá-la no banho, tentou eletrocutá-la embaixo do chuveiro. Depois desse episódio, já desconfiada de que o assalto havia sido uma farsa, ela conseguiu escapar de casa com as três filhas e denunciar o agressor para a polícia. No entanto, em 2001, mesmo condenado em dois julgamentos diferentes, Marco Antonio Heredia Viveros continuava solto, desfrutando uma boa vida como professor universitário em Natal, capital do Rio Grande do Norte, enquanto a ex-esposa permanecia presa a uma cadeira de rodas. Viveros chegou a se casar de novo, teve outras duas filhas e adotou um menino — que também tratou de torturar.[11]

Inconformada com o sucesso do ex-marido em driblar a Justiça e conseguir se manter livre, Maria da Penha procurou ajuda fora do sistema judiciário. Em 1998, junto com o Centro pela Justiça e o Direito Internacional (Cejil) e o Comitê Latino-Americano de Defesa dos Direitos Humanos, apelou à OEA. Na denúncia, Penha e as duas entidades acusaram o governo brasileiro de ser tolerante com a violência contra a mulher — e não tomar providências para erradicá-la, contrariando o compromisso firmado nos acordos internacionais.

No relatório, a Comissão Interamericana de Direitos Humanos recomendou ao governo brasileiro que tomasse providências para punir Marco Antonio Heredia Viveros, bem como medidas específicas contra a violência de gênero. "As agressões domésticas contra mulheres são desproporcionadamente maiores do que as que ocorrem contra homens. Um estudo do Movimento Nacional de Direitos Humanos do Brasil compara a incidência de agressão doméstica contra mulheres e contra homens e mostra que, nos assassinatos, havia trinta vezes mais probabilidade de as vítimas do sexo feminino terem sido assassinadas por seus cônjuges do que as vítimas do sexo masculino", registrou um trecho do relatório — um texto enfático, duro, produzido para causar impacto.[12]

Embora a OEA não tivesse poder para obrigar o Brasil a nada, tratava-se de uma pressão e tanto para que, finalmente, fosse feita justiça para a cearense. Um chamado daqueles gerava forte constrangimento para o governo; era uma vergonha internacional. A bronca pública colocou Maria da Penha no centro do debate sobre as questões ligadas ao gênero. Em pouco tempo, ela se tornaria um símbolo mundial do combate à violência contra a mulher.

"Qual a graça do bordão 'Cala a boca, Magda'? Por que uma loura falsa que rebola o tchan ganha quase cem vezes mais do que uma engenheira? Por que as mulheres, se todas concordamos que não nascem mais burras do que os homens, estão tão abaixo na escala social brasileira? Por que, mesmo casado com uma feminista de carteirinha, o presidente Fernando Henrique nunca implementou uma política séria de controle de natalidade?"

No dia 27 de outubro de 2001, um sábado, o suplemento de literatura do *Jornal do Brasil* trazia um desabafo da jornalista Cristiane Costa, que assinava a resenha do livro *Backlash: O contra-ataque na guerra não declarada contra as mulheres*, da americana Susan Faludi, recém-lançado no Brasil pela editora Rocco. Costa se referia à dançarina Carla Perez (a loura falsa), à socióloga Ruth Cardoso (esposa do então presidente FHC) e à personagem Magda, do programa de humor da TV Globo *Sai de Baixo*, interpretada pela atriz Marisa Orth. A personagem era uma mulher infantil e abobalhada, cujas parvoíces serviam de escada para o bordão "Cala a boca, Magda", proferido pelo marido, Caco Antibes — papel do ator Miguel Falabella. Apesar de burra, Magda era fogosa — e se redimia com o marido ao praticar uma modalidade sexual denominada "canguru perneta".

O livro de Susan Faludi — uma ex-repórter de economia que cansara de ouvir piadas sobre a dificuldade das mulheres mais escolarizadas de conseguirem um casamento ou o quanto as profissionais bem-sucedidas eram histéricas — chegava ao Brasil dez anos após o lançamento nos Estados Unidos. A despeito do intervalo de uma década, as questões apresentadas pela escritora continuavam válidas tanto na América do Norte quanto no hemisfério Sul. Em diversas partes do mundo, popularizava-se o discurso segundo o qual o feminismo trouxera mais prejuízos do que ganhos às mulheres; funcionara como uma armadilha, obrigando-as a abrir mão da satisfação pessoal para prosperar na carreira. Escapava aos críticos o fato de que essa escolha — amor ou carreira — não era imposta aos homens. O *backlash* descrito pela jornalista seria, portanto, o movimento de contra-ataque às conquistas feministas — uma onda em sentido contrário, um refluxo, uma tentativa de frear o avanço das mulheres.

Na introdução do livro, intitulada "Tudo por culpa do feminismo", Susan Faludi citou trechos de publicações americanas com acusações contra os movimentos que lutavam por igualdade de gênero. A mensagem subliminar era sempre a mesma — a emancipação, no final das contas, deixava as mulheres infelizes, solitárias e amarguradas. Ela reproduziu frases ditas por uma estudante de direito na revista conservadora *National Review*. "Ao distribuir os seus despojos, o movimento feminista deu à minha geração altos rendimentos, os nossos próprios cigarros, a opção de ser mãe solteira, delegacias para cuidar de mulheres violentadas, linhas de crédito pessoal, amor livre e mulheres ginecologistas. Em compensação, tirou de nós aquilo sobre o qual repousa a felicidade da maioria das mulheres — os homens." Lembrou ainda uma frase escrita pela jornalista Elizabeth Mehren no jornal *Los Angeles Times*: "A nossa geração foi o sacrifício humano exigido pelo feminismo".[13]

O que mais parecia surpreender Susan Faludi era o fato de que, aos olhos dos críticos do feminismo, as mulheres haviam conquistado a igualdade de gênero. Para se contrapor a essa falsa impressão, apresentava números mostrando a baixa representatividade feminina no mercado de trabalho e na política, bem como a desigualdade na divisão das tarefas domésticas, ainda vistas como uma obrigação feminina. Denunciava, além disso, a crescente violência de gênero — e, como declarações a jornais e revistas americanos deixavam bastante evidente, o recrutamento de mulheres para lutarem contra elas próprias.

"O que tornou as mulheres infelizes nestes últimos anos [...] não foi a 'igualdade' — da qual elas ainda não desfrutam —, mas sim a pressão cada vez maior para deter, e até reverter, a busca feminina da igualdade. A 'falta de homens' e a 'epidemia de infertilidade' não são o preço da liberação; na verdade, elas nem existem", denunciou a jornalista americana, com base em certo senso comum, disseminado entre as próprias mulheres, de que faltava homem no mercado. "Mas estas quimeras são os cinzéis de um retrocesso que atinge toda a sociedade. Elas participam de um incansável processo corrosivo — uma boa parte do qual não passa de descarada propaganda — que serviu para exacerbar as angústias íntimas femininas e quebrar a sua vontade política", escreveu. E concluiu: "Qualificar o feminismo como inimigo das mulheres só disfarça os motivos do golpe contra a igualdade da mulher, desviando ao mesmo tempo a atenção do papel central do *backlash* e angariando recrutas para que lutem contra sua própria causa".[14]

Nas livrarias brasileiras, o livro de Susan Faludi dividia as gôndolas com *Absolvendo a Cinderela ou o direito de voltar a ser mulher*, publicado no segundo trimestre de 2001 pela jornalista Cátia Moraes. O livro da brasileira ilustrava perfeitamente o conceito de *backlash* descrito por Faludi dez anos antes. Na obra, a autora defendia a tese de que as mulheres, nas últimas décadas, haviam estado muito ocupadas competindo com os homens, quando lhes deveriam dedicar amor. "Aqui entre nós: é bom ter autonomia para decidir a própria vida, certo? Mas, também, não é uma delícia ser paparicada por aquele homem que bota a mão no teu ombro, te abraça com força e faz você se sentir a primeira e mais protegida das mulheres?", indagava, dando respostas em forma de novas perguntas: "Sim, protegida pelo carinho, pela atenção e pela virilidade, por que não? Lembra como isso era bom: ser docemente dominada e não oferecer resistência?".[15]

Cátia Moraes criticava as "patrulhas barulhentas" que tentavam impedir os homens de serem "másculos, e as mulheres, femininas".

Explicava-se: "Em outras palavras, será que não temos o dever de (re)descobrir a nossa feminilidade e o direito de (voltar a) conjugar o verbo cuidar — cuidar de si, do filho, do marido, da casa, da harmonia, que são, enfim, a nossa especialidade — sem medo de estar traindo os ideais revolucionários?". Não tinha meias palavras: "Bem, meninas, chega daquele papo de igualdade entre os sexos".

O livro trazia depoimentos de anônimas e famosas a respeito das conquistas femininas. V. C., uma jornalista de quarenta anos que se definiu como "solteira, moderna, ousada e absolutamente independente", reclamou que as mulheres fazem cara feia para os homens, em vez de dispensar a eles "o olhar, a atitude, o sorriso feminino". "Depois de trabalhar o dia inteiro e dar duro para sobreviver, eles querem relaxar, se desarmar, e aí encontram uma guerreira, que mais parece um soldado, na frente deles", desabafou.[16] A atriz Betty Faria confirmou a tese de que o feminismo trazia prejuízos às mulheres. "A mulher ficou negando tanto os sentimentos, achando que tudo é machista e careta, que acabou se enforcando com a própria corda. Hoje, ela está sozinha e não sabe dividir, ser atenciosa. Não reconhece o seu lado meigo, delicado, gerador." Concluía defendendo que, ao buscar competir com o homem, as profissionais terminavam por adoecer. "Isso não dá sorte, dá câncer de mama."[17]

A única competição aceitável era entre as próprias mulheres — todas disputando entre si a atenção dos homens. "Por mais que queiramos negar — e como temos tentado, né, meninas? —, a verdade é que vivemos para seduzi-los. E, de vez em quando, também trabalhamos, fazemos compras, cuidamos da casa, das obras, das infiltrações etc. etc.", escreveu Cátia Moraes. "O.k., o.k., provocações à parte, o fato é que cuidar da própria aparência continua a ser o calcanhar de aquiles de todas as mulheres, deusas ou não, modernas ou antigas. E como a competição hoje em dia, nessa área, é coisa de 'profissionais', há que se estar com tudo em cima para não fazer feio nessa briga", concluiu.[18]

Por mais que, ao ouvir tais absurdos, as feministas tivessem ímpetos de sair quebrando tudo — para fazer jus ao estereótipo de loucas —, esse discurso de busca por uma tal feminilidade perdida ressoava com alguma força na virada do século. Em entrevistas, um clichê costumava ser reproduzido por mulheres cujas conquistas só foram possíveis por causa do feminismo. "Sou feminina, não feminista" se tornava, naquele ano de 2001, uma das frases de efeito preferidas de atrizes, jornalistas, executivas, políticas e mulheres em posição de comando.

A ideia por trás desse jogo de palavras era a de que as mulheres poderiam até galgar espaços outrora dominados por homens — desde que se mantivessem dóceis, afáveis, carinhosas. Podiam trabalhar fora, ganhar bem, virar chefonas. Mas que não descuidassem da aparência, da casa, nem torrassem a paciência de seus maridos. "Feminina, não feminista" era, no fundo, um pedido de desculpas.

Do hospital Pérola Byington, voltamos para o shopping, para pegar o carro da Fernanda no estacionamento. O segurança nos escoltou até ultrapassarmos a guarita. Pedi para dormir na casa dela, tinha medo de voltar para casa e encontrar o sujeito à minha espera, sentado no meu sofá, vendo TV. Dentro do meu carro, havia cadernos, papéis velhos, talvez alguma conta com o meu endereço, cismei que ele ia descobrir onde eu morava e ficar lá, de tocaia, só aguardando a minha chegada para me atacar de novo.

Fernanda vivia ali perto, na rua Joaquim Antunes, em Pinheiros mesmo; dividia o apartamento com um amigo, o Marcelo, que costumava nos acompanhar nas noitadas na Vila Madalena. Assim que chegamos, ela me entregou uma toalha e um sabonete, tudo o que eu mais queria era tomar um banho. Ofereceu-me um pijama azul-claro — um conjunto de calça e camisa de botão — e uma calcinha branca de algodão. Ao me ouvir comentar que dormiria de lentes de contato, pois estava sem meu estojo e o líquido para armazená-las, abriu um pacote de lentes novas, descartáveis, jogou-as fora e me deu as embalagens com um restinho de líquido dentro. "Isso deve servir", ela disse.

No banheiro, sozinha, tirei a roupa, senti enjoo ao notar que o cheiro de óleo de uva, que havia passado mais cedo durante o banho, ainda estava impregnado no tecido. Fiquei preocupada com a sensação de ardência ao fazer xixi, desejei que o coquetel antiaids matasse tudo, vírus, germes, fungos, bactérias. Lavei os cabelos mais de uma vez, esfreguei a pele com sabonete, deixei a água muito quente. Escovei língua e dentes obsessivamente, até sangrar as gengivas, no que se transformaria em um hábito a partir dali. O dia quase amanhecia quando me deitei na cama ao lado da Fernanda. Dividimos o colchão de casal e o mesmo edredom, branco. Dormi muito pouco e de manhã tomamos café na cozinha, eu, ela e o Marcelo, que me emprestou um moletom azul-marinho, com pelinhos na parte interna, pois eu tremia de frio. Saí para almoçar na companhia dos dois, fomos a um restaurante árabe na rua João Moura, também em Pinheiros. Encontramos um amigo da Fernanda, um jornalista do *Estadão*; não o conhecia, ela nos apresentou.

Eu passaria muitos anos da vida sentindo um enjoo incontrolável, uma salivação grossa a invadir a minha boca, à simples lembrança do cheiro do óleo de uva; de coalhada seca, quibe e esfirra; e do jornalista do *Estadão*. Demoraria mais de uma década até eu conseguir ler seus textos. Um homem que não tinha nada a ver com a história, mas ficou marcado na minha memória como o primeiro que conheci após ter sido estuprada.

6. Um rosto que queima

Naquele 2001, a vida de Gisele não lembrava, em nada, a da garotinha de catorze anos que, durante a Copa do Mundo de 1994, tomou seu primeiro porre — e foi estuprada após o jogo, em um terreno baldio do bairro do Tatuapé, em São Paulo. Gisele se tornara uma mulher pragmática, às voltas com imensas responsabilidades, embora só contasse 21 anos. Elisa, a filha que tivera em consequência do estupro, já estava com seis.

Desde que chegara ao Recife, Gisele passara a frequentar uma nova igreja. Trocara a Evangélica Quadrangular pela Renascer em Cristo, fundada em 1986, em São Paulo, pelo casal Estevam e Sônia Hernandes. Casara-se com um jovem rapaz que conhecera durante as reuniões religiosas. Ele se dispôs a criar Elisa como se fosse sua filha. Para Gisele, era o bastante. Finalmente, depois de passar anos lidando com a vergonha por ser uma jovem mãe solteira, pertencia a um núcleo familiar, podia dizer que Elisa tinha um pai. Sentia-se, conforme suas próprias palavras, quite com a sociedade. Naquela época, não lhe ocorria que a condição que tanto a embaraçava — mãe jovem e solteira — decorria de um crime do qual fora vítima.

Interessar-se por uma mulher com uma criança era, de fato, motivo suficiente para Gisele aceitar se casar com um homem que, em nenhum outro aspecto, lhe agradava como companheiro. Depois de ter perdido a virgindade durante um estupro, ela continuaria a desconhecer o prazer. Nas ocasiões em que ia para a cama com o rapaz, costumava se perguntar se sexo era mesmo aquilo. Se tudo o que lia e ouvia falar a respeito de prazer se resumia àqueles lampejos de excitação que sentia quando era tocada por um sujeito entusiasmado pelo sexo, embora um tanto egoísta, então talvez houvesse uma supervalorização da atividade. Se tudo era uma propaganda enganosa, o melhor seria procurar satisfação em outras esferas da vida, como a religião.

Dedicada à igreja, tornou-se pastora. Dividia seu tempo entre a pregação do Evangelho, os cuidados com a filha e os estudos em uma faculdade privada de Olinda. Apesar de todos os problemas, era uma vida muito mais saudável do que a de Naima — a jovem, que também vivia no Recife, havia abandonado a faculdade de música por exigência do namorado, Tiago, e desenvolvera anorexia durante um casamento no qual era frequentemente violentada.

No hospital onde dera entrada com 35 quilos, Naima foi encaminhada para o setor psiquiátrico. "Você não tem vocação para faquir", ouviu da médica que a atendeu e lhe receitou comprimidos para ansiedade e depressão. Ela tomava os medicamentos três vezes ao dia, acompanhados de um copo de leite fortificado com três colheres de sopa de Sustagen. Era o único alimento que consumia, e ainda assim a muito custo, depois de uma longa conversa com o copo. Pedia ao leite alguma piedade, que não a machucasse, como se a comida fosse um veneno ou uma arma. Encasquetara que o ato de se alimentar estava relacionado aos problemas que enfrentava — e estava convicta de haver maiores chances de uma tragédia se abater sobre o filho caso comesse qualquer coisa.

Além de todas essas dificuldades, Naima ainda precisava esconder os comprimidos de Tiago, o marido. Ele era contra o tratamento. Considerava que a esposa não estava doente — dizia que bastava fazer exercícios físicos para se sentir mais disposta. Como ele se irritava ao vê-la ler, ela tentou aprendeu a bordar. Não adiantou. O marido arrancava o tecido de suas mãos, mandava-a correr ou praticar flexões. Ela não tinha forças para obedecer. Se andasse mais rápido, já precisava segurar em algo, porque a vista escurecia. Mesmo doente, e mesmo "feia como nunca", como tripudiava Tiago, Naima continuava a ser constantemente estuprada por ele.

Só não era todas as noites porque, por sorte, ele começara um relacionamento extraconjugal. Nas ocasiões em que demorava a voltar para casa, Naima aproveitava para brincar mais à vontade com o filho. Depois tomava um banho, deitava-se na cama, abraçava o travesseiro, lia um pouco, atenta, pronta para esconder o livro ao primeiro barulho na fechadura. Nessa época, adorava o poeta curitibano Paulo Leminski.

Amor, então,
também, acaba?
Não, que eu saiba.
O que eu sei
é que se transforma
numa matéria-prima
que a vida se encarrega
de transformar em raiva.
Ou em rima.[1]

No dia 20 de junho de 2002, o deputado federal Wigberto Tartuce, do PPB do Distrito Federal, apresentou ao plenário da Câmara, em Brasília, o projeto de lei 7021/02, com modificações aos artigos 213 e 214 do Código Penal Brasileiro. Pela proposta, os condenados por estupro e outros crimes sexuais deveriam ser punidos com castração química.[2]

Aquela era a segunda vez que Tartuce — um deputado cujo nome estava ligado a um escândalo de desvio de verbas do Fundo do Amparo ao Trabalhador — tentava emplacar a punição extrema para estupradores.[3] A primeira vez tinha sido em 1997. O projeto ainda tramitava quando uma colega sua, a deputada federal Maria Valadão, do Partido Trabalhista Brasileiro (PTB) de Goiás, apresentou uma proposta semelhante, mas ainda mais ambiciosa. Em vez de criar uma nova lei, Valadão sugeriu alterar a Constituição Federal. Por meio da Proposta de Emenda Constitucional (PEC) de número 590, a deputada tentou alterar o trecho da Carta Magna que impede a adoção de penas de "trabalhos forçados" ou "cruéis".[4] Conforme o projeto, tal trecho seria acrescido do seguinte texto: "exceto castração, através da utilização de químicos, para autores reincidentes específicos de crimes de pedofilia com estupro".[5]

Tanto Tartuce quanto Valadão acabariam derrotados em suas ambições de castrar estupradores. O projeto mais antigo de Tartuce e a proposta de Valadão foram arquivados pela Mesa Diretora da Câmara no mesmo dia — 2 de fevereiro de 1999. Em 2002, na esteira do terceiro julgamento do Maníaco do Parque, cujas penas somavam 146 anos e seis meses de prisão até aquele momento, Tartuce desengavetou a ideia.[6] Na justificativa do projeto, escrita em termos genéricos, o deputado informou de onde vinha a sua inspiração. "Recentemente, no estado da Califórnia (Costa Oeste dos Estados Unidos), a pena de castração química foi aventada como punição para os crimes sexuais. É preciso que se tomem medidas drásticas e urgentes também no Brasil, pois a sociedade não pode mais ficar exposta a essas atrocidades, assistindo à violência sexual cometida contra mulheres, crianças e adolescentes de forma impune."

Na verdade, a pena não havia sido "aventada" na Califórnia, mas aprovada, e já fazia algum tempo. Em 1996, o estado americano foi o primeiro do país a adotar a castração química como punição para os criminosos sexuais que atuaram contra crianças menores de treze anos. Conforme a lei, os infratores devem iniciar tratamento antes de serem postos em liberdade condicional — e, caso queiram, podem optar pela castração cirúrgica.

Na primeira situação, os infratores recebem uma injeção de hormônios femininos que têm como consequência a diminuição da testosterona e, desse modo, do desejo sexual. A droga mais utilizada para esses casos é o Depo-Provera, também receitado como anticoncepcional feminino.[7] Além da redução — ou supressão — do impulso para o sexo, outros efeitos colaterais possíveis do Depo-Provera são aumento de peso, hipertensão, letargia, mau funcionamento da vesícula biliar, pesadelos e suores frios.[8]

A castração cirúrgica, por sua vez, consiste na remoção dos testículos, onde são produzidos os espermatozoides e cerca de 95% da testosterona. Após a cirurgia, os pacientes apresentam redução substancial do desejo sexual, mas ainda assim podem ter uma ereção (ainda que fraca e de curta duração). Outras consequências esperadas da intervenção são perda de pelos, crescimento dos seios, ondas de calor, vertigens e distúrbios psicológicos.

Uma diferença significativa entre as duas modalidades de castração é que a química pode ser revertida. A cirúrgica é para sempre. Contudo, os que passaram pela cirurgia podem fazer uso de injeção de testosterona para reverter temporariamente os efeitos da castração. Quando outros estados americanos copiaram a lei da Califórnia e o assunto dominou a pauta nacional, críticos da ideia atentaram para a crueldade da punição — bem como para o fato de que a violência sexual não está necessariamente relacionada ao desejo por sexo, mas sim ao exercício de poder. Desse modo, mesmo castrados, criminosos poderiam continuar praticando violência sexual.[9]

O projeto do deputado Wigberto Tartuce — bem como, antes, o de Maria Valadão — não teve, em 2002, quase nenhuma repercussão. Quando mencionada nos jornais, a castração química era associada ao avanço da direita no Ocidente, em especial em países da Europa, onde a proposta vinha acompanhada de outras igualmente vistas, à época, como exóticas, a exemplo da perseguição aos imigrantes e refugiados e a defesa dos papéis familiares tradicionais.

Se, na Europa, a extrema direita exibia algum vigor — políticos defensores do nazismo, fascismo ou xenófobos assumidos davam sustentação aos governos da Áustria, da Dinamarca, da Itália e da Noruega —, na América Latina, ao contrário, verificava-se a ascensão dos governos de esquerda ao poder. A chamada "onda rosa" havia começado com a chegada de Hugo Chávez à presidência da Venezuela, em 1999, e ganharia força com a eleição de Luiz Inácio Lula da Silva para a presidência do Brasil, em outubro de 2002 — numa disputa em que todos os candidatos, seis ao todo, eram homens.

Fernanda e eu fomos até meu apartamento depois do almoço. Eu queria lavar a louça do café, que já devia estar cheirando mal, esfregar de novo a pele com sabão e água quente, vestir minhas próprias roupas. Esvaziei o frasco de óleo de uva no ralo do boxe, o cheiro me deixou enjoada. Ao sair do banho, separei um saco grande de lixo e coloquei lá dentro tudo o que estivera comigo no momento do estupro: bolsa, sapato, meia, sutiã, calcinha, blusa, saia, as sacolas com as roupas novas. A carteira também, mas sem os documentos. Tive dó de me desfazer do casaco de couro. Eu o adorava, havia sido caro, ainda nem tinha terminado de pagar. Passei um pano molhado nele todo, pendurei em um cabide do lado de fora do armário, deixei a decisão para depois.

O saco com as roupas foi direto para o depósito de lixo orgânico, não queria nem pensar naquelas peças reaproveitadas, sendo usadas por alguém.

Voltei com Fernanda para a casa dela, tinha medo de ficar sozinha. Sentamos no chão da sala, ela pegou uns álbuns e caixas de fotografia que guardava no alto de um armário. Mostrou-me os registros de seu primeiro casamento. Nem sabia que ela havia sido casada, dei-me conta de que estava na casa de alguém que eu mal conhecia. Vi uma foto dela em uma praia bonita, perguntei se era Florianópolis. "Não, é na Espanha", ela respondeu; morri de vergonha, senti o rosto corar.

Lira, meu marido, chegou na casa da Fernanda no final da tarde. Estava exausto, porque tinha passado o dia inteiro voando; pegara o primeiro voo disponível, com escalas ou conexões em quase todas as capitais existentes entre Fortaleza e São Paulo. Fomos para casa, de táxi. Enquanto ele tomava banho, telefonei para a empresa de seguros para comunicar o roubo do carro. A atendente me pediu detalhes da ocorrência. Fiquei com a impressão de que ela duvidava do roubo, talvez pensasse se tratar de um desses golpes aplicados contra seguradoras. Então contei tudo, inclusive que havia sido estuprada dentro do automóvel e torcia para que nunca mais fosse encontrado, ou que pegasse fogo, caísse de um precipício, desse perda total.

Na sequência, liguei para Alricéa, minha irmã mais velha. "Ontem eu sofri um sequestro-relâmpago e aconteceu uma coisa ruim. Fui estuprada", disse, sem rodeios, de modo quase frio. "Por favor, não fale para ninguém, principalmente para mamãe", pedi. Ela ficou alguns instantes em silêncio, aparentemente em estado de choque. "Foi mesmo, Adriana?", perguntou, a voz assustada, após a pausa. Eu afirmei que estava tudo bem, contei do coquetel antiaids, que Lira já estava comigo e em breve eu iria a Fortaleza, para tentar esquecer aquilo tudo.

Na manhã de segunda-feira, reuni a cópia do boletim de ocorrência, os registros do hospital Pérola Byington e peguei um táxi até a Abril. Lira me acompanhou, eu estava certa de que o estuprador estaria lá, afinal eu dissera que trabalhava em uma editora, aquela era do lado do Eldorado, claro que ele ia ligar uma coisa à outra. Passei meu crachá pela catraca tão rápido quanto pude, sempre olhando para os lados e para trás, certificando-me de que os seguranças estavam a postos para agir diante de um possível ataque. Peguei o primeiro elevador para o 19º andar, o piso da *Veja*.

Aos 28 anos, eu achava grande coisa trabalhar na *Veja*, embora no meu trabalho anterior — como repórter de política do jornal *Diário do Nordeste*, em Fortaleza — eu me sentisse mais jornalista, não uma mera copiadora de notícias. Mas pensava que era uma questão de tempo até meu talento como repórter ser reconhecido e eu ser escalada para apurações em campo, gastar a sola do sapato, como se diz nas redações. Enquanto esse dia não chegava, eu sentia orgulho ao apertar o número dezenove do elevador da Abril, o botão que indicava a redação mais importante da casa, "a segunda maior revista semanal do mundo, só atrás da *Time*", como gostavam de lembrar os chefes durante as reuniões de pauta.

Era um sentimento agradável, uma sensação de que minha vida profissional estava só começando, e de que o sucesso me aguardava. Eu estava tão satisfeita comigo que, em casa, enquanto fazia faxina ou tomava banho, botava uma música alta e cantava e dançava. Eu dançava! Adorava forró, tinha um gosto musical considerado pouco refinado pela intelligentsia paulistana — ouvia Luiz Gonzaga, Ednardo, Cidade Negra e Skank —, mas não estava nem aí. Às vezes dançava de calcinha e sutiã na sala de casa, ou então em bares, casas noturnas, rodas de samba, mesmo sem saber sambar, fazia isso sempre, era uma "bailarina", como certa vez definiu um repórter de um jornal de Salvador, porque até no meio de uma redação, sem conhecer ninguém, eu aceitava um convite para uma dança.

A redação da *Veja* ocupava todo o 19º andar e era dividida em duas partes. De um lado, ficavam repórteres e editores. De outro, a diretoria, composta também dos editores-executivos — ao contrário dos funcionários mais subalternos, que se amontoavam nas baias, eles tinham suas próprias salas, amplas e com vista para o rio Pinheiros. Cada um tinha uma secretária, que controlava o acesso dos repórteres e editores às salas privativas, conhecidas como aquários, por causa das paredes de vidro.

Da saída do elevador, em vez de dobrar à esquerda e me dirigir à ala onde ficava o operariado, peguei a direita no sentido da diretoria. Depois de pedir autorização à secretária, entrei no aquário do meu chefe, Marcos. Sentei-me à sua frente, separados por uma mesa. Ele estava de bom humor. Tinha a pele bronzeada, uma aparência de quem havia aproveitado bem o fim de semana. Era um homem de aproximadamente cinquenta anos, mais gentil e com ar mais saudável do que a média dos editores-executivos da revista, todos homens pálidos, cansados e impacientes em seus ternos de cores escuras, à exceção de uma única mulher, loira e elegante, cuja fama de implacável amedrontava os repórteres.

"Preciso antecipar minhas férias", disse, à guisa de introdução de uma conversa que eu previa embaraçosa, mas procurei tratar da maneira mais profissional possível, como uma repórter que dá uma notícia e não se envolve com os fatos. "No sábado à noite fui estuprada." Repeti o que vinha narrando exaustivamente nas últimas horas, desde a abordagem no estacionamento do Shopping Eldorado. Detalhei os momentos anteriores à entrada no carro. Ele se adiantou ao meu relato e adivinhou que eu havia acionado o alarme, acendendo as luzes dos faróis e facilitando o trabalho do bandido, que soube de antemão em qual veículo eu iria entrar. Senti o rosto queimar — que erro banal, quanta estupidez e amadorismo.

Marcos aceitou apressar minhas férias. Recomendou-me abrir um processo contra o shopping center. Não se conformava com o fato de eu ter sido sequestrada lá. Shoppings vendem a ideia de segurança, cobram pela permanência do carro no estacionamento, ele argumentava, e eu imaginava que estivesse doído pelas filhas, era pai de adolescentes que provavelmente gostavam de passear no shopping. Passou-me o telefone do escritório de advocacia do qual era cliente. Antes que eu fosse embora, perguntou-me se podia sugerir uma matéria a respeito do crime na *Veja São Paulo*. Concordei, desde que não fosse identificada — meus pais não sabem de nada, e nunca vão saber, avisei.

"Se souberem, não me deixam mais voltar para São Paulo" — brinquei.

"E você volta?"

"Claro. Esse negócio não pode mudar assim a minha vida inteira. É dar importância demais para um estupro."

Ao sair do aquário, lembrei que tinha deixado minhas amigas me esperando para ir à Trash 80's na noite de sábado. As duas também eram da *Veja*, chamei-as para um café na máquina e relatei brevemente o que aconteceu, elas ficaram sem reação, pedi desculpas pelo cano. Sentei-me à minha mesa para organizar a bagunça de trabalho, deixar tudo mais ou menos em ordem antes de sair de férias. Enquanto isso, a história começou a se espalhar pela redação. Uma amiga se aproximou para saber como eu estava. Viu, em meio aos meus papéis, um documento do hospital Pérola Byington — como jornalista especializada em saúde, ela sabia o que aquilo significava. Olhou-me com olhos de interrogação, eu balancei a cabeça positivamente, ela me deu um abraço e chorou.

Uma editora com quem eu não tinha a menor intimidade me parou no corredor e tocou em meu braço de um jeito carinhoso que não combinava com sua fama de grosseira. "Sei como você está se sentindo. Isso já aconteceu comigo." Eu não soube como reagir, fui pega de surpresa com aquela confissão, então me resumi a sorrir.

Depois, um jornalista veterano veio me contar que a apuração sobre o meu sequestro e estupro estava dando o que falar no alto comando da publicação. Ele fazia o tipo malicioso, dava notas para mulheres de zero a dez, sendo o número correspondente às doses de uísque que precisaria tomar para conseguir dormir com elas — mulheres nota zero, portanto, eram as mais atraentes. Confidenciou-me que um dos executivos não gostou da ideia de tratar mal o Shopping Eldorado, importante anunciante da *Vejinha*, mas foi convencido a reportar o caso pelo meu chefe. Em tom de fofoca, o colega relatou que, durante a reunião de pauta, o tal executivo chegara, inclusive, a duvidar da minha versão.

As roupas apertadas. As calças coladas ao corpo. Os vestidos curtos. Só podia ser aquilo, eu pensei. Passei horas fantasiando os diálogos da reunião, homens engravatados por todos os lados, alguém perguntando "quem foi mesmo a repórter que diz que foi estuprada?". "Aquela desinibida do Nordeste que pensa estar na praia." "Ah, a das roupas apertadas? Mas, também, né?" Risadinhas, sussurros, comentários libidinosos.

Claro, essas reuniões aconteciam na minha cabeça, não na vida real, pelo menos não de maneira tão absurda e caricata. Mas na minha cabeça aconteciam a todo instante, uma atrás da outra, em versões cada vez mais agressivas, e a cada versão eu sentia mais o rosto corar, queimar, ficar vermelhíssimo, a vergonha — e os pensamentos obsessivos, a certeza de que a qualquer instante ia ser encontrada e finalmente morta pelo estuprador — a dominar toda a minha existência.

Por intermédio do Marcos, marquei uma reunião com os advogados Paulo e Christianne. Quando anotei o endereço do escritório, fiquei preocupada. Tratava-se de uma casa no bairro de Higienópolis, um dos metros quadrados mais caros de São Paulo. Com o meu salário de repórter, eu teria dificuldade para pagar os honorários deles. Nunca tinha precisado contratar um advogado antes, mas sabia que se tratava de um serviço caro.

O Código Penal em vigor naquele maio de 2003 tratava os chamados "crimes contra a liberdade sexual" como uma questão privada, da intimidade. Desse modo, se calhasse de uma mulher — o código era bem específico, só mulheres poderiam ser estupradas — sofrer tal infortúnio, ela que se virasse para contratar e pagar um advogado para defendê-la. Ou seja, a ação penal não podia ser proposta pelo Ministério Público, mas apenas pela vítima ou por seus representantes legais. A lei previa exceções para os casos em que ela fosse pobre, de maneira a não conseguir arcar com o processo sem com isso comprometer a própria subsistência; e também para situações em que o agressor fosse pai, padrasto, tutor ou curador da vítima. Havia ainda a hipótese — criada por jurisprudência — de ação penal pública para quando o crime fosse praticado "mediante violência real", então entendida como morte ou lesão corporal.[10]

No primeiro encontro com os advogados, eu estava tensa, envergonhada e intimidada, tentando encontrar coragem para perguntar sobre os valores que deveria desembolsar pelo serviço. Mas também estava fragilizada — e infantilizada — a ponto de ver os dois como heróis, salvadores que me protegeriam de todo o mal que sem dúvida me aguardava. O sentimento de que, a partir de então, eles seriam — no meu inconsciente — essa espécie de anjos da guarda foi reforçado pela informação de que eu não precisaria levantar nenhum dinheiro. Se o processo contra o shopping resultasse em indenização, seriam remunerados. Do contrário, que não me preocupasse. Quanto ao processo criminal contra o estuprador, isso ficava por conta do escritório.

A dra. Christianne ficou na linha de frente do contato comigo — talvez para me deixar mais à vontade, por ser mulher. Ela me sugeriu que, em vez de narrar pela centésima vez os fatos decorridos naquele 24 de maio, escrevesse um texto, a ser enviado por e-mail. Comentou que, por eu ser jornalista, certamente teria guardado detalhes importantes da cena. Combinei que faria isso tão logo chegasse a Fortaleza.

Minha mala de viagens estava com as rodinhas quebradas e, por isso, Lira e eu fomos ao shopping comprar uma nova. Escolhemos o West Plaza, na avenida Francisco Matarazzo, também perto de casa.

Enquanto caminhava pelos corredores do shopping, pensei que corria riscos de voltar a encontrar o sequestrador. E se, naquela noite, ele tivesse resolvido atuar ali? Olhava para todos os rapazes obsessivamente, seguia-os com o olhar, via o criminoso em qualquer jovem magro, alourado e de cabelos encaracolados. Em uma loja de artigos esportivos, na qual entramos por um motivo que não registrei na memória, senti um mal-estar terrível, imaginei que era o tipo de ambiente que ele frequentaria, decerto gostava de futebol. Como ainda não havíamos jantado, também passamos na praça de alimentação para comer alguma coisa rápida. Escolhi um milk-shake de Ovomaltine do Bob's. O gosto forte do açúcar me deixou enjoada. Pensei em gravidez, torci para que fosse efeito colateral do coquetel antiaids.

Comprei uma mala qualquer, a mais barata, só queria um recipiente onde pudesse guardar e arrastar minhas roupas e voar para bem longe dali. De volta a casa, preparei a bagagem e, no fim da tarde seguinte, pegamos o voo para Fortaleza. Do céu, minutos após a decolagem, admirei pela janela a imensidão de São Paulo. Sempre gostei dessa visão do alto da grande metrópole da América do Sul, o tapete de luzes sem fim, os pontinhos luminosos dos carros rasgando o chão, os prédios em terceira dimensão. Tive medo de nunca mais conseguir voltar para a cidade onde nasci, e onde também morri um pouco.

7. Quantos homens fizeram isso com você?

Todas as noites, ao ouvir o barulho da porta sendo aberta, Paula pedia proteção a Deus. Durante quatro anos, foi como se Ele tivesse ouvido suas preces, feitas no silêncio do quarto de casal, embaixo das cobertas, no escuro. No começo de 2003, a oração pareceu ter falhado. "Vou amarrar uma das suas pernas no Sul e a outra em Minas Gerais", disse Gustavo, seu marido, tão logo entrou no quarto, o cheiro de cachaça impregnando o ar. O casal vivia em São Gonçalo, município da região metropolitana do Rio de Janeiro, junto com os dois filhos, um menino de onze anos e uma garota de nove.

Paula já tinha escutado uma frase parecida antes, mas com outras referências geográficas: "Vou amarrar uma perna sua em Niterói e outra em São Paulo". Como naquele verão de 2003, em 1999 ele voltou para casa embriagado e acordou a esposa aos sacolejos. Queria fazer sexo, mas ela estava sonolenta, cansada — passara o dia cuidando da casa e das crianças, que na época tinham cinco e sete anos. "Anda, tira logo essa roupa", ele insistiu, depois de jogar o cobertor para longe da cama. "Eu quero, e vai ser do meu jeito", disse.

Gustavo nunca fora um parceiro carinhoso, mas Paula jamais o vira daquela maneira. Parecia, nas palavras da mulher, estar "possuído", como nos relatos que ouvia de alguns fiéis da sua igreja — era evangélica, a contragosto do marido, católico. Ele a imobilizou com o peso do próprio corpo — era um homem obeso de 1,92 metro de altura; ela, onze anos mais jovem, tinha 1,54 metro, braços e pernas finos. Com a ajuda das mãos, tentou cumprir a promessa de abrir a mulher ao máximo, de todas as maneiras, e penetrá-la com a maior força que conseguisse gerar a partir do quadril, de forma tal que, ao fim do ato, Paula se viu deitada em uma poça de sangue, sentindo um ardor na pele e uma dor nas entranhas que se confundia com a dor nos músculos, nos tendões e nas articulações.

Suportara tudo em silêncio, sem gritar ou chorar alto, porque não queria acordar as crianças. Ele não gostou de sua postura discreta. "Parece uma boneca, nem mexeu, acho que estava congelada", tripudiou, para depois virar para o lado e dormir, roncando alto. Às cinco da manhã, conforme a rotina de todos os dias úteis, levantou-se, tomou um banho e saiu para o trabalho em uma empresa de transportes, sem se despedir da esposa. Ela esperou o dia clarear e telefonou para a vizinha, Rose. Disse que estava com dificuldades para andar e pediu que fosse até lá ajudá-la com as crianças. Quando a mulher tocou a campainha, o filho mais velho de Paula abriu a porta. Ao ver a amiga ensanguentada, Rose pediu aos pequenos que se vestissem e os levou para a casa de outra vizinha. Voltou para a casa de Paula, ajudou-a a entrar no carro — ela mal podia se manter de pé — e tomou o rumo do pronto-socorro de São Gonçalo.

Enquanto examinava Paula, o médico da emergência perguntou, meio sem jeito: "Quantos homens fizeram isso com você?". "Só um, o meu marido", ela respondeu, ainda mais embaraçada. O doutor quis saber, então, se o esposo usara algum instrumento.

"Talvez um ferro?", especulou. A mulher não entendeu o motivo da suspeita. Ele explicou à paciente que, para aquele caso, a indicação era a de uma cirurgia na região do períneo. Paula fora, literalmente, rasgada entre a vagina e o ânus.

A cirurgia foi feita no mesmo dia, pois havia risco de o ferimento evoluir para uma infecção mais séria. Ela voltou para casa no fim da tarde, Gustavo chegou pouco depois. Surpreendeu-se ao ver Rose na sala, ar preocupado, a casa sem crianças, a esposa deitada na cama, abatida, caixas de remédios na mesa de cabeceira. "O que você tem?", perguntou, já trancando a porta do quarto. Ela estremeceu. Estava costurada, com recomendação para evitar relações sexuais enquanto o ferimento não cicatrizasse.

"Você não lembra o que fez comigo essa noite?"

"Não foi nada demais", ele desconversou.

"Não foi para você. Mas eu tive que passar por uma cirurgia."

Gustavo permaneceu alguns segundos em silêncio, olhando fixamente para a esposa. Ela teve a impressão de que estava surpreso. Deixou o quarto sem pedir desculpas. Quando retornou, horas depois, deitou-se e dormiu, sem tocar no assunto. No dia seguinte, acordou às cinco da manhã, tomou um banho e saiu para o trabalho, como de costume.

Tão logo se recuperou da cirurgia, Paula passou a orar de maneira compulsiva, todas as noites, na esperança de manter o homem afastado dela. Passaram quatro anos praticamente sem se tocar, dormindo lado a lado como estranhos, desconfortáveis com a presença um do outro. Mas, ao perceber que a tragédia estava prestes a se repetir, ela fez o que evitara da primeira vez: gritou alto, não apenas para que as crianças acordassem, mas para que pudessem socorrê-la.

O menino de onze anos ouviu os gritos da mãe, saltou da cama às pressas e começou a esmurrar a porta do quarto, trancada a chave. Antes de deixar o garoto entrar — e fingir que os gritos eram decorrência de um pesadelo —, Gustavo disse para a mulher, espumando: "Você tem que querer. Você é minha esposa e tem que ser submissa".

O que Gustavo talvez não soubesse àquela altura era que, de acordo com a lei, Paula não lhe devia submissão. O espantoso, na verdade, era que, até o dia 10 de janeiro daquele ano de 2003, o Código Civil em vigor, de 1916, determinava a obediência da esposa ao homem. No artigo 233, lia-se: "O marido é o chefe da sociedade conjugal".[1] Essa excentricidade virou letra morta no dia 11 de janeiro, quando enfim entrou em vigor o Código Civil aprovado no ano anterior.[2]

Na prática, a Constituição Federal de 1998 já anulava aquela determinação de 1916, ao estabelecer que "homens e mulheres são iguais em direitos e obrigações" e que "os direitos e deveres referentes à sociedade conjugal são exercidos igualmente pelo homem e pela mulher".[3]

De todo modo, era constrangedor que, em pleno século XXI, o Código Civil ainda apontasse determinações como aquela, bem como desse ao homem o direito de anular o casamento caso descobrisse que a esposa já havia sido "deflorada".[4] Outro item tão anacrônico quanto permitia ao pai deserdar uma filha "desonesta" — por desonestidade, entendia-se fazer sexo antes ou fora do casamento.[5]

O novo Código Civil possibilitou ainda que homens adotassem o sobrenome das companheiras e reivindicassem pensão alimentícia.[6] Também pôs fim ao "poder pátrio", que passou a se chamar "poder familiar" — concedendo a pai e mãe os mesmos direitos sobre os filhos.[7]

Ao que parecia, a sociedade brasileira estava mais disposta a aceitar a existência de relações amorosas e familiares menos patriarcais — ou tidas como pouco convencionais. Na novela das 21 horas da TV Globo, *Mulheres Apaixonadas*, um casal de garotas — Clara e Rafaela, interpretadas pelas atrizes Alinne Moraes e Paula Picarelli — ganhava a simpatia do público ao enfrentar preconceitos da família e dos colegas da escola onde cursavam o ensino médio. Apenas cinco anos antes, outro relacionamento lésbico fora rejeitado pelo público. Em *Torre de Babel*, também das 21 horas, as personagens Leila e Rafaela, das atrizes Sílvia Pfeifer e Christiane Torloni, precisaram morrer na trama porque a audiência não as suportava.

A despeito da diferença na reação dos telespectadores, as duas situações tinham algo em comum — as lésbicas retratadas na ficção passavam perfeitamente por heterossexuais. Eram mulheres compostas a partir de um padrão de feminilidade segundo o qual elas devem ser vaidosas, maquiadas, depiladas, bem penteadas e meigas.

Na época, a crítica televisiva elogiava o fato de os novos personagens homossexuais das telenovelas não serem estereotipados como em um passado recente, em que as "bichas loucas" ou as "sapatonas caminhoneiras" eram os únicos gays com representatividade na televisão.[8] Por outro lado, as tais características tão marcadamente masculinas e femininas de homens e mulheres gays, respectivamente, incomodavam os leitores de uma filósofa americana cuja obra acabara de chegar ao Brasil, Judith Butler.

Problemas de gênero havia sido lançado nos Estados Unidos em 1990, causando impacto entre os intelectuais. Na obra, a filósofa defendia que a identidade de gênero não é natural. Sublinhava a ideia de que os corpos realizam performances e rejeitava a ideia de que as características físicas determinam o gênero. Em outras palavras, Butler afirmou que nada garante que uma fêmea se torne mulher, ou um macho, homem.[9]

Judith Butler dava um passo além do pensamento da francesa Simone de Beauvoir, autora da famosa frase "Ninguém nasce mulher: torna-se mulher", do clássico *O segundo sexo*.[10] Refutava a ideia de uma mulher universal e chamava a atenção para as diversas mulheres que compõem a categoria — inclusive aquelas nascidas em corpos masculinos. Denunciou uma heterossexualidade compulsória, que impõe uma lógica binária para o campo da sexualidade, dividindo o mundo entre feminino e masculino e rejeitando como moralmente reprovável tudo o que não se enquadre, a rigor, nessas duas categorias fechadas — daí o termo queer, que grosso modo pode ser traduzido por "estranho, esquisito".

A tradução da obra de Butler no Brasil ajudou a expandir as discussões sobre gênero e teoria queer para além dos muros das universidades. Havia os entusiastas da filósofa — que, àquela altura, já era uma celebridade dos meios intelectuais — e aqueles que mal sabiam de sua existência, mas consideravam "gênero" um palavrão. Ou uma "ideologia", conforme apontara um documento da Igreja católica em 1998: "Ideologia de gênero, seus perigos e seus alcances", da Comissão da Mulher da Conferência Episcopal Peruana.

O texto de apresentação do tratado foi assinado por dom Óscar Alzamora Revoredo, bispo auxiliar de Lima, capital do Peru. Naquela introdução, ele procurou, de modo particular, atualizar o leitor das mais recentes discussões sobre gênero. "Os proponentes dessa ideologia querem afirmar que as diferenças entre homens e mulheres, além das óbvias distinções anatômicas, não correspondem a uma natureza fixa que torna alguns seres humanos masculinos e outros, femininos. Pelo contrário, pensam que as diferenças [...] são produto da cultura [...]. Querem se rebelar contra isso e deixar à liberdade de cada um o tipo de 'gênero' a que desejam pertencer".

Mais adiante, já no corpo do documento, os fiéis eram informados de que há uma conspiração das "feministas de gênero" para destruir a família, a educação, a cultura e a religião. Por meio de tecnologia, séries de TV a cabo, escolas e universidades, tal pensamento — descrito como "aberração" ou uma espécie de "ficção científica" — estaria sendo infiltrado nos países em desenvolvimento. O texto mencionava ainda, sem citar a fonte da informação, que os "promotores do 'gênero'" defendem a existência de cinco sexos. "[Isso] contrasta com todas as evidências científicas existentes, segundo as quais só há duas opções do ponto de vista genético: ou você é homem ou é mulher. Não existe absolutamente nada, em termos científicos, que esteja no meio."[11]

Ao que tudo indica, o documento da conferência no Peru foi pioneiro no uso da expressão "ideologia de gênero".[12] Mas, a despeito do clamor do texto para que católicos de todo o mundo ficassem alertas para o perigo, apenas cinco anos depois, exatamente em 2003, a expressão seria utilizada pelos políticos brasileiros empenhados em defender os valores familiares tradicionais. E um dos estopins seria o romance entre Clara e Rafaela na novela *Laços de Família*.

"Senhor presidente, senhoras e senhores deputados, é minha intenção, hoje, analisar alguns aspectos éticos e morais de nossa sociedade, afetada pelas ideologias alienígenas de uma sociedade globalizada." Assim, às 19h16 do dia 14 de julho de 2003, o deputado federal Elimar Damasceno, do Prona de São Paulo, iniciou seu discurso no plenário da Câmara dos Deputados. Na sequência, afirmou que iria denunciar os ataques à família feitos pelo "homossexualismo". "Na novela *Mulheres Apaixonadas*, [...] duas adolescentes envolvem-se numa relação de lesbianismo com a naturalidade própria do amor heterossexual — quer dizer, natural. O exemplo é péssimo para o público jovem", reclamou. Depois, acusou o governo federal de promover tal "permissividade" entre crianças e adolescentes ao recomendar que professores do ensino fundamental das escolas públicas trabalhassem "as relações de gênero em qualquer situação do convívio escolar". Explicou aos colegas que a palavra "gênero" já não mais podia ser compreendida com o sentido das aulas de português, que informava se a palavra era masculina ou feminina. "Agora, a expressão [...] adquiriu outro significado, dentro de uma 'ideologia de gênero'. Gênero seria o papel desempenhado por um dos sexos, não importando se nasceu homem ou mulher." Concluiu seu discurso condenando a "apologia ao homossexualismo", que associou a "pedofilia, incesto e estupro".[13]

Manifestações conservadoras como aquela não repercutiam em um Brasil que, sob vários aspectos, parecia andar para a frente — ainda que a passos lentos — na promoção de políticas que assegurassem direitos para as chamadas minorias. Uma das primeiras medidas do novo governo federal foi dar à Secretaria de Políticas para as Mulheres (SPM) status de ministério — não se tratava mais de um apêndice do Ministério da Justiça, como no governo anterior, mas sim de um órgão diretamente ligado à presidência da República. A ideia era sinalizar a prioridade da pauta de combate às desigualdades de gênero — a começar pelo próprio governo. Entre os 24 ministros que foram empossados em janeiro, contavam-se apenas três mulheres: Benedita da Silva (Assistência Social), Dilma Rousseff (Minas e Energia) e Marina Silva (Meio Ambiente). Dos oito auxiliares diretos do presidente, a única mulher era justamente a titular da SPM, a senadora Emília Fernandes.

* * *

"Tu gostou?"
"O quê?"
"Tu sentiu prazer?"
"Meu Deus, claro que não. Foi um estupro. Eu só pensava que ia morrer."
"Estou perguntando porque, se fosse comigo, talvez eu tivesse gostado."
Nádia deu um impulso com os pés e nos jogou para o alto. Estávamos juntas, dividindo um banco preso a duas cordas no topo de uma estrutura de madeira — uma espécie de banquinho de playground, mas para adultos, uma das atrações do quintal da casa onde Lira morava.

No comecinho de maio, antes de o sequestro-relâmpago tumultuar as nossas vidas, ele havia alugado uma casa com quintal em Fortaleza. O plano era que, nos finais de semana em que eu estivesse na cidade, aproveitássemos a área ao ar livre para fazer churrasco e tomar cerveja.

Na semana anterior, já na expectativa da minha chegada, ele tinha ido à Tok&Stok e feito um crediário para mobiliar minimamente a casa nova — afinal, conforme os planos, seriam ao menos quatro anos vivendo em cidades diferentes, e nos parecia importante que nossas residências em Fortaleza e em São Paulo tivessem jeito de lar. Eu ainda não conhecia a casa, nem por fotos, e ao chegar fiquei comovida com a decoração pensada para inspirar um clima de férias — quadrinhos com motivos náuticos nas paredes da sala, um sofá que virava cama para que víssemos filmes esparramados, o assento estofado no banquinho do quintal.

A despeito de tudo ter sido planejado para me fazer relaxar na casa nova, eu me senti extremamente tensa em um ambiente desconhecido. Na primeira noite, acordei aos gritos. Pedi a Lira para levantar e verificar se todas as janelas e portas estavam realmente trancadas, porque algo me dizia que a qualquer momento poderíamos ser vítimas de uma invasão. Ele tinha me pedido que deixasse as persianas das janelas abertas, só um pouco, para entrar um vento, pois fazia um calor infernal. Eu concordei, mas a todo instante abria os olhos para depois apertá-los, tentando driblar a miopia e identificar formas nos borrões das luzes dos postes que entravam pelas frestas. Dormi coberta dos pés à cabeça.

Numa tentativa de me fazer esquecer a noite do estupro e finalmente entrar no clima das férias, Lira convidou alguns dos nossos amigos para tomar umas cervejas em casa. Por isso Nádia estava ao meu lado, no balanço do quintal. Era uma amiga próxima, confidente, de modo que não pensei duas vezes antes de contar para ela que havia sofrido uma violência sexual. Fiquei horrorizada ao notar que ela identificava alguma sensualidade no estupro, ouvira-me contar a história quase como se eu relatasse uma aventura, a realização de uma fantasia, um fetiche, algo excitante.

Eu nem deveria ter ficado espantada, porque, embora esse não fosse um assunto que me mobilizasse, eu sabia que a relação entre estupro e erotismo é comum. A indústria pornográfica faturou muito dinheiro em torno de tal associação, e boa parte da obra da feminista americana Andrea Dworkin já havia tratado disso. Por coincidência, naquela mesma época, estava prestes a estrear no Brasil o filme *Irreversível* (2002), do franco-argentino Gaspar Noé, que tinha escandalizado a plateia do Festival de Cannes, no ano anterior, por causa de uma cena brutal e hiper-realista de estupro com duração de cerca de dez minutos, entre o ataque à personagem — interpretada por Monica Bellucci — e o desfecho trágico.

As polêmicas em torno do filme levariam o diretor a conceder entrevistas para veículos de comunicação de diferentes países. Para o jornal *O Estado de S. Paulo*, Gaspar Noé explicaria por que optou por usar o recurso do plano-sequência na cena de estupro. "É que nem nos filmes eróticos: os cortes, com mudanças de ângulos, introduzem a noção do truque. O plano contínuo te joga lá dentro, com toda a carga dramática."[14]

Até ser estuprada sob a mira de um revólver, eu costumava repetir que meu único medo era de rato. Por mais que tenha aprendido desde cedo a evitar ruas escuras ou a jamais aceitar caronas de homens desconhecidos, o medo do estupro nunca me paralisou. Mantinha-me em constante estado de alerta, como toda mulher, mas aquele sentimento não me aprisionava. No início da minha vida adulta, morava com meus pais em uma casa em um bairro com índices consideráveis de criminalidade da periferia de Fortaleza, o Jardim das Oliveiras, e retornava das baladas de noite, às vezes de madrugada. Eu embicava o carro em frente ao portão da garagem, saía de dentro dele, impetuosa, abria o portão, voltava, botava o carro para dentro e depois retornava para trancar o portão. A rua tinha iluminação precária, com poucos postes, de lâmpadas muitas vezes queimadas; era uma rua esquisita, com alguns casebres de taipa, as poucas calçadas eram todas diferentes e irregulares. Minha casa ficava quase na entrada de uma viela conhecida como "beco da véia" — segundo a lenda, porque uma idosa foi estuprada e morta ali, nos anos 1970. Eu conhecia a história, evitava pegar o beco, mas raramente pensava naquilo.

Eu não tinha medo de quase nada. Sangue, alma, avião, piscina, barata, ladrão, trabalho, dor, solidão, velhice, altura, injeção, doença, aranha, multidão. Só os ratos sempre me aterrorizaram, mas de resto eu me via como uma mulher bastante valente, o que me dava vantagens adicionais como repórter — adentrava favelas para entrevistar assassinos, puxava gavetas com corpos em necrotérios de hospitais, pegava carona em teco-tecos conduzidos por pilotos amadores. Topava tudo.

A partir da noite em que fui arrastada para a escuridão, tornei-me uma mulher cheia de medos. Medo de quase tudo. Shopping center, estacionamento, assombração, carro, gente, humilhação, escuro, silêncio, competição, barulho, revólver, aglomeração, matagal, faca, depressão, dor, morte, caixão. Uma bunda-mole, uma frouxa, uma fracote.

Esse medo insuportável e onipresente tirou a minha liberdade. Um homem que estupra uma mulher tira-lhe a liberdade para ser o que ela é. O estupro oprime, enfraquece, e é um bocado desconcertante pensar que um homem tem tanto poder sobre uma mulher, e o exerce tanto, e sobre tantas delas, ao passo que as mulheres não exercem esse mesmo poder em relação aos homens. E não porque não têm pênis, visto que há muitos substitutos do órgão sexual masculino que poderiam fazer as vezes de um. Talvez porque não tenham crescido pensando que os homens são inferiores, incapazes, menores, objetos dos quais podem dispor como bem lhes convier.

Lira havia combinado com o governador que ficaria no cargo mais um mês, tempo suficiente para que encontrasse outra pessoa para o lugar dele. Antes de ir trabalhar, deixava-me na casa dos meus pais, pois eu não queria ficar um único minuto sozinha. Logo nos primeiros dias de férias, comentei com eles que meu carro havia sido roubado. Menti. Disse que tinha ido ao shopping e, ao retornar para o estacionamento, encontrara o lugar vazio.

Os dois não ligaram muito para a história, mamãe deu "graças a Deus" por não ter acontecido algo comigo. "Carro você compra outro, mas a sua vida ninguém devolve", ela comentou. Repeti a mesma versão para os meus irmãos e falei da torcida para que o veículo não fosse encontrado, já que em caso de perda total eu seria indenizada com o valor de um automóvel novo; um bom negócio, pois aquele contava três anos de uso.

Alricéa, minha irmã mais velha, continuava a ser a única pessoa na família que sabia da verdade. Uma tarde, fomos juntas ao Shopping Iguatemi, pois eu queria comprar um hidratante corporal em uma loja que só havia ali — minha pele estava toda empolada, com bolinhas vermelhas, coçava muito, principalmente na hora de dormir. Eu atribuía o incômodo ao coquetel antiaids, que eu tomava junto com grandes quantidades de álcool — cerveja e cachaça —, contrariando as recomendações da bula. E pensava que o hidratante talvez pudesse ajudar a acalmar a pele.

Depois de fazer as compras, fomos a um caixa rápido, para sacar dinheiro. O caixa ficava no estacionamento ao ar livre. Quando chegamos, vimos que estava ocupado. Ficamos aguardando, em pé, a poucos metros de distância. Havia duas pessoas dentro da cabine — uma mexia na máquina, outra ficava logo atrás, observando o movimento. Tive absoluta certeza de que se tratava de um refém e um sequestrador. Fiquei em pânico. Tentei convencer minha irmã a chamar a polícia ou os seguranças. Ela me dissuadiu da ideia. Não disse que eu estava impressionada ou traumatizada. Só observou que os dois estavam calmos, nada indicava que se tratasse de um assalto.

Alricéa já havia percebido que eu estava abalada emocionalmente, não queria falar sobre o estupro. Das vezes em que tentou tratar do tema, fui evasiva, mudei de assunto, limitei-me a comentar questões práticas, o seguro, o processo contra o shopping, as investigações da polícia para prender o criminoso — depois da matéria da *Vejinha*, o caso tinha chamado a atenção da imprensa. Para minha surpresa, a polícia estava mobilizada para encontrar o estuprador.

Logo encontraria.

8. Resistência

O e-mail da investigadora do 15º Distrito Policial de São Paulo baixou na minha caixa de entrada no fim da manhã de 9 de junho, uma segunda-feira. Assunto: VÍDEO/SUSPEITO. Por coincidência, ela tinha o mesmo nome da minha advogada, embora a grafia fosse diferente: Cristiane. A policial pedira um endereço para onde pudesse enviar um CD-ROM com imagens de um rapaz, flagradas pelo circuito interno de segurança do Eldorado.

Já havíamos conversado por telefone algumas vezes. Na semana anterior, a polícia prendera um suspeito de praticar os sequestros no shopping center. Um programa policial de fim de tarde transmitiu o momento em que o homem chegou à delegacia, arrastado pelos braços por dois agentes. Papai via esses programas todos os dias, acomodado em uma cadeira de balanço com encosto e assento de palhinha. Eu me posicionei atrás dele e acompanhei a notícia em silêncio. Prenderam o homem errado, pensei, enquanto ouvia a narração escandalosa do apresentador do noticiário, quase aos gritos.

Aquele rapaz até podia ser bandido, mas não era o mesmo que me sequestrara, eu dissera à investigadora Cristiane, numa ligação rápida logo depois. Também não reconhecia a fisionomia do estuprador nos dois retratos falados publicados pelo *Estadão*.[1] Um deles tinha ligeira semelhança — o rosto magro, encovado, os lábios grossos. Quanto ao outro, um tipo de rosto largo e boca caída, nenhuma.

Na resposta ao e-mail, em que fornecia o endereço para correspondência, eu voltara a comentar sobre a prisão. "Não foi ele quem me sequestrou", reforcei. "O bandido que me atacou era meio aloirado e me pareceu maior do que eu, que tenho 1,63 metro. A boca é parecida. Mas só isso. O bandido tinha o rosto fino, anguloso."

Dois dias depois, viajei com o Lira para o sertão do Ceará. Descansamos em um sítio em Várzea Alegre e no retorno, em 16 de junho, encontramos o envelope enviado pela delegacia. A correspondência me apanhou com baixa expectativa. Vinte e dois dias após o estupro, não acreditava que o caso pudesse ser solucionado. Eu já me sentia privilegiada em saber que o crime estava sendo apurado; menos da metade dos estupros registrados nos distritos policiais e nas delegacias da mulher em São Paulo era investigada — entre 1997 e 2002, 50,7% não passaram do boletim de ocorrência, segundo levantamento do Sistema Estadual de Análise de Dados, a Fundação Seade.[2]

Mais do que a prisão do criminoso, eu desejava a chegada da minha menstruação. Embora tivesse tomado a pílula do dia seguinte e o criminoso houvesse usado camisinha, sabia que havia riscos de ter engravidado. O pavor de esperar um bebê de um estuprador era tamanho que não dividira a preocupação com ninguém. Nem sequer tivera coragem de ir à farmácia comprar um teste. A preocupação me vinha de instante em instante, e eu procurava espantá-la, afastar o pensamento para longe, fingir que aquilo não estava acontecendo.

Certa noite, em um bar, uma de minhas melhores amigas em Fortaleza me chamou a um canto da mesa, segurou-me pelas bochechas e disse, os olhos muito arregalados: "Você precisa passar uma maquiagem". Fomos juntas ao banheiro, ela trancou a porta com cuidado. Depois tirou uma cédula da carteira, enrolou-a como um canudo, secou a pia do banheiro com uma toalha de papel e jogou sobre o tampo de granito um punhado de cocaína, que trazia guardado em um saquinho, num compartimento interno da bolsa. Com o auxílio de um cartão de crédito, dispôs a droga em uma finíssima fileirinha. "Você vai se sentir melhor", ela garantiu, e eu aspirei tudo como se fosse um pó mágico, e minha amiga, uma fada.

Quando o pensamento sobre gravidez surgia, eu me confortava afirmando para mim mesma que nenhum feto sobreviveria à mistura de coquetel antiaids, álcool e cocaína — eu continuaria a usar "maquiagem" sempre que encontrava a minha amiga, umas três vezes por semana, em quantidades cada vez maiores, e sempre às escondidas, porque gostava da sensação de força que a droga me dava. Debruçar-me sobre uma pia imunda e aspirar uma cocaína de origem desconhecida através de uma nota suja de real me provava que, apesar de todo o medo, alguma coragem ainda resistia em mim.

A imagem do circuito interno do shopping ocupou a tela do meu laptop e senti imensa vontade de vomitar. Era ele, na minha frente, numa foto ampliada, os cabelos encaracolados, a boca bicuda, as covas nas faces. As câmeras flagraram o momento em que deixava o estacionamento pela cancela, após abandonar uma moça que desmaiara sobre o volante enquanto tentava colocar o tíquete na máquina.

Telefonei para a policial Cristiane, eufórica e nauseada, "é ele, é ele, é ele". Ela me orientou a formalizar o reconhecimento por e-mail — e me pediu para que, se possível, antecipasse o retorno a São Paulo e comparecesse à delegacia, para realizar o procedimento ao vivo.

De: Adriana Negreiros
Para: Cristiane Felício
Assunto: Re: INVESTIGAÇÕES
Data: Mon, 16 Jun 2003 14:35

Cristiane,
Boa tarde,

Como disse para você por telefone, reconheço com 100% de certeza o sujeito do CD-ROM. Na hora em que bati o olho tive a mais absoluta convicção de que se trata dele. Tem determinado momento em que ele aparece de perfil e a expressão do rosto dele é idêntica à do momento em que me entregou o dinheiro do táxi.
Hoje, ao reconhecer o bandido, tive um acesso de alegria como há muito não tinha. Agora tenho certeza de que ele vai ser preso. No que eu puder ajudar, avise-me. Será um grande prazer.

Um abraço e bom trabalho,
Adriana

Eu havia escrito "sujeito", porque ainda não sabia o nome do bandido. Logo, Cristiane me contaria. Meio chateada, porque era xará dela e da advogada. Chamava-se Cristiano, por uma infeliz coincidência.

Cristiano tinha 25 anos, conforme eu chutara no primeiro depoimento à polícia, e lutava caratê, como havia me dito. Vivia na periferia da cidade de Cotia, perto de Embu, para onde me arrastara. No final de maio, dias após me estuprar, ele emprestara um carro roubado ao irmão. O veículo era de uma outra vítima de sequestro no Eldorado. O rapaz deu azar: foi parado pela polícia enquanto dirigia e levado para a delegacia. Lá, entregou Cristiano, que naquele momento se encontrava detido — no dia 31 de maio, justamente no sábado posterior àquele em que me estuprara, ele fora preso por portar um revólver de brinquedo.

Ou seja: ao que tudo indicava, a tal pistola que apontara para mim, carregada com seis balas para serem desferidas contra minha cabeça a qualquer momento, era um simulacro de arma de fogo.

Pelo crime, Cristiano foi condenado ao pagamento de duas cestas básicas. Já estava para ser liberado quando o irmão o denunciou. O carro roubado no Shopping Eldorado colocava-o na cena do crime. Para complicar, ele tinha as características físicas que mais de uma das vítimas havia mencionado — outras mulheres vítimas de sequestro no estacionamento do shopping tinham procurado a polícia, embora nenhuma denunciasse estupro. No dedo anelar direito, usava a aliança prateada que me chamara a atenção no retorno do matagal para as proximidades do shopping center.

Ao cotejar as imagens do circuito interno do shopping com a visão de Cristiano, os policiais concluíram que se tratava da mesma pessoa. Restava saber — e eu tiraria essa dúvida — se era o rapaz que me estuprara, ou outro integrante de uma suposta gangue de sequestradores.

Lira e eu desembarcamos em São Paulo no dia 1º de julho de 2003, no Aeroporto de Guarulhos. Havia antecipado o retorno em 24 horas para ir à delegacia fazer o reconhecimento — ao vivo — do bandido. Alguém me explicou o procedimento: o suspeito fica em uma sala iluminada, em meio a outros homens com características físicas semelhantes às dele. Num espaço contíguo e escuro, separado do primeiro por um vidro fumê, permaneceremos eu e os policiais. "Nós conseguimos vê-los, mas eles não nos enxergam, exatamente como nos filmes", orientaram-me. O meu desafio seria indicar qual, entre aqueles rapazes, me sequestrou e me estuprou.

Os homens entraram em fila indiana na sala iluminada. Eram uns cinco. Tão logo vi Cristiano, apontei o dedo, "é ele". "Tem certeza?", perguntaram-me. "Sim, absoluta, 100%, é o que está com a camiseta do Recruta Zero." Além do desenho na roupa, chamou-me a atenção uma espécie de tique nervoso: ele abria e fechava os lábios, mas com os dentes cerrados, como fazem os cães antes de uma briga.

Dois dias depois, em 3 de julho, os dois principais jornais da cidade publicaram a foto do estuprador.[3] Eu dera entrevista para o *Estadão*, com a condição de que meu nome não aparecesse na reportagem, e o jornalista decidiu diminuir a minha idade, talvez para ajudar no disfarce. Virei R., profissional liberal de 24 anos.

Nos dois jornais, Cristiano aparecia com as mãos para trás, algemado, conduzido pela axila por um policial sisudo. Mantinha a cabeça baixa. A foto da *Folha* mostrava apenas o cocuruto coberto pelos cabelos cacheados, mas no *Estadão* era visível parte do rosto do bandido: a testa franzida, as bochechas chupadas, a boca saliente.

Meu marido e eu estávamos decididos a recomeçar a vida. De certo modo, tirar algum proveito da desgraça, acelerar projetos, ficar mais próximos. Ele se desligara do trabalho como porta-voz do governo do Ceará, negociara a rescisão do contrato de aluguel da casa com quintal e contratara um caminhão de mudanças para levar a mobília até o apartamento da Pompeia. Também conseguira um emprego novo, como editor de livros, e resolvera se dedicar a um projeto antigo: escrever a biografia do ex-presidente Castello Branco.

De minha parte, esforçava-me para acreditar que o pior passara: finalmente, ficara menstruada. O atraso talvez tivesse sido decorrência do estresse. Também tinha terminado o tratamento para a prevenção da aids e, longe da amiga fornecedora, interrompido as experiências com a cocaína.

Retomar a normalidade era um imperativo, mas a tarefa seria árdua, como a leitura dos jornais no café da manhã naquele 3 de julho parecia nos antecipar. Ir à delegacia, denunciar o crime, colaborar com as investigações, acionar a Justiça contra o shopping, tudo isso era a coisa certa a se fazer, eu sabia. Mas, por outro lado, o processo era tão trabalhoso, e absorvia e contaminava o meu cotidiano de tal maneira, que muitas vezes eu me perguntava se não teria sido mais sábio optar pelo caminho tradicional: naquele 24 de maio, ter voltado para casa, em vez de ir ao shopping e à delegacia, e mantido segredo sobre o estupro no trabalho.

Porque também foi difícil voltar à redação da *Veja* depois das férias. Os jornalistas estavam cuidando de suas vidas e talvez nem se lembrassem mais do que havia acontecido comigo, mas eu tinha a impressão de que todos me olhavam e liam "estuprada" escrito em caixa-alta na minha testa. Eu sentia vergonha, muita vergonha, inclusive de pessoas próximas, das amigas com quem compartilhava intimidades, e acossada por esse pudor extremo acabaria por me recolher a um casulo do qual custaria a sair, ou talvez nunca saísse.

Para a legislação penal em vigor em 2003, estupro era sinônimo de penetração do pênis na vagina — ou "conjunção carnal", conforme o Código Penal de 1940. Qualquer outra modalidade, como sexo anal e oral, entrava na categoria de "ato libidinoso" e era enquadrado como "atentado violento ao pudor".[4]

Eu não sabia disso quando voltei à delegacia, no dia 3 de julho, para mais um reconhecimento — daquela vez, da aliança prateada. Como já tinha retornado ao trabalho, precisei pedir ao Marcos, meu chefe, para me ausentar por alguns instantes. Uma viatura da Polícia Civil foi me buscar no prédio da Abril. Sentei-me no banco da frente e perguntei ao motorista em quanto tempo eu estaria de volta, pois estava dando uma escapadinha no serviço e não queria demorar. Era fim de tarde, a marginal Pinheiros já estava travada, com toda a certeza a avenida Brigadeiro Faria Lima estaria ainda pior. Então ele me olhou com um sorriso, ligou a sirene da viatura e, como num milagre, todos os veículos começaram a nos dar passagem. "É uma emergência", ele brincou, enquanto desviava com velocidade dos carros, e eu sabia que era moralmente indefensável me sentir bem e gostar daquela situação, o barulho estrondoso e as luzes a iluminar o interior da viatura enquanto os motoristas lá fora se esforçavam para nos deixar passar. Mas eu me senti acolhida, protegida, segura; achei que ali, naquele fortuito instante, estava livre de qualquer perigo.

Já na delegacia, além de reconhecer a aliança do estuprador, também assinei um documento em que registrei não saber a tal diferença entre estupro e ato violento ao pudor — isso era importante juridicamente, pois explicava o motivo de eu não ter feito referência à "felação" e ao "sexo anal" no boletim de ocorrência. Aquele "termo de declarações e representação" era, portanto, uma espécie de adendo ao primeiro registro que eu fizera na polícia, mas não apenas — ali, eu ratificava a minha intenção de representar e processar criminalmente o bandido.

Para minha infelicidade, o Renault Clio tinha sido encontrado no início de junho, abandonado em uma rua de Pinheiros. Foi levado a uma espécie de depósito da Polícia Civil e só eu poderia ir lá buscá-lo, já que o documento estava em meu nome. Naquela mesma semana, no horário do almoço, fui à produção da *Veja* e pedi a um dos funcionários o telefone de algum serviço de táxi para me levar ao depósito, que ficava do outro lado da cidade, na zona leste. "Nem pensar", o colega disse. Então telefonou para o departamento de transportes, rabiscou uma requisição — escreveu que eu estava a serviço, fazendo apurações para uma matéria — e deslocou um motorista da Abril para me levar até lá.

No caminho, contei a verdade para o motorista. Mas não mencionei o estupro. "Graças a Deus o bandido não fez coisa pior com você", ele comentou, aliviado.

Meu carro estava em perfeito estado, mas sem o aparelho de som. O depósito era gigante, uma espécie de estacionamento atulhado por todo tipo de automóveis. Um único homem trabalhava ali, cuidando dos veículos e conferindo os documentos antes de entregá-los para as vítimas dos roubos. Era um tipo despenteado e barrigudo, usava roupas comuns — se fosse policial, estava à paisana. Comentou sobre os objetos encontrados no carro, disse que gostava do Fagner — havia um CD do cantor no porta-luvas, um disco ao vivo, gravado no Centro Cultural Dragão do Mar, em Fortaleza. Para liberar o carro, informou, precisava de 250 reais.

"Que estranho", eu comentei. "Fui roubada e tenho que pagar 250 reais?"

"É o valor do estacionamento."

"Estranho", eu insisti. "Na delegacia, ninguém falou sobre esse valor."

Pedi então licença para telefonar para a policial Cristiane e me certificar da necessidade daquele pagamento — finalmente tinha comprado um telefone celular. Também solicitei para que, enquanto isso, ele providenciasse um recibo. O motorista da Abril acompanhava a cena, atento. Antes que eu completasse a ligação, o sujeito me entregou a chave, aborrecido. "Vou dispensar a taxa, pode ir embora", esbravejou.

Entrei no carro e voltei para a Abril, seguindo o motorista. Enquanto dirigia, pensei que o óbvio a fazer seria vender o Clio, uma vez que eu tinha sido estuprada exatamente naquele banco onde estava sentada, os fluidos do bandido ainda permaneciam ali, entranhados no tecido. Mas eu não podia me livrar de mim, da minha boca, do meu corpo, de toda a minha intimidade. Se eu não tinha culpa, o carro também não. Se meu corpo não deveria ser descartado, por que um veículo seria?

Claro, esse pensamento não tinha cabimento. Comparar-me a um objeto, a um automóvel, a um troço sem vida e com preço significava me desumanizar por completo. Mas, ainda que esse não fosse um movimento consciente, eu estava entrando num processo de coisificação do meu próprio corpo, certamente na esperança de me convencer de que uma violência sexual não era lá esse drama todo. Foi só um estupro, faz de conta que foi uma transa ruim, eu dizia para mim mesma.

Chamou-me a atenção, tanto no processo criminal quanto no cível (contra o Eldorado), o fato de, com alguma frequência, o texto destacar que eu resisti ao estupro.

"Obrigou então, nesse momento, a querelante a praticar felação. Absolutamente constrangida e tentando evitar mal maior, pois o querelado se mostrava nervoso, violento e sempre ameaçando com sua arma de fogo, ainda tentou dissuadir o mesmo da intenção sexual", dizia a queixa-crime. O texto prosseguia: "Temendo pela própria vida, acabou por praticar o ato". Citava também, com pormenores, tudo o que havia ocorrido no interior do veículo — "atos abjetos, praticados com a repulsa da querelante".

"Sempre sob a ameaça de arma de fogo, a autora foi conduzida pelo meliante", lia-se na ação cível. Mais adiante: "Determinou-lhe que abaixasse o banco do passageiro, onde ela estava, e se despisse; ato contínuo — sempre sob ameaça de arma de fogo — obrigou-a praticar nele felação, ignorando seus protestos". À frente, sublinhava meu estado de espírito ao ser deixada perto do shopping, após o estupro: "indignada", "ofendida", "chocada".

Até ler os processos, parecia-me desnecessário reafirmar a resistência durante um estupro — uma resistência que talvez não seja óbvia, como em filmes e novelas, em que a mulher luta contra o agressor, morde o braço dele, debate-se contra o chão. Uma resistência que, em muitos casos — como o meu —, é uma espécie de congelamento. Disfarça-se de subserviência. Em um estupro, quando a mulher é submissa e faz tudo o que o estuprador manda, na verdade ela está lutando com ferocidade. Porque sabe, de forma intuitiva, que lutar contra o pavor, o nojo, a dor e a humilhação é talvez a única maneira de escapar da morte, e o medo de morrer se impõe a todos os outros. Não lutar corporalmente e, em vez disso, ceder, ser até simpática e cordial com o bandido pode parecer um comportamento covarde e complacente, mas no fundo é um ato de valentia.

Logo, porém, compreendi a importância de reforçar a resistência: nos crimes de estupro, é corriqueiro que, de vítima, a mulher se transforme em ré. Por mais impressionante que seja, reforçar esse ponto no processo — eu não queria ser estuprada, eu estava dominada pelo pavor, tudo o que fiz foi para preservar a minha vida — era indispensável.

Em seus comentários ao Código Penal, o jurista Nelson Hungria — o "príncipe dos penalistas", que influenciou gerações de estudiosos da lei no Brasil — escreveu que, "sem duas vontades embatendo-se em conflito, não há estupro". Ele explicou: "O dissenso da vítima deve ser sincero e positivo, manifestando-se por inequívoca resistência. Não basta uma platônica ausência de adesão, uma recusa meramente verbal, uma oposição passiva ou inerte". Para Hungria, fazia-se imperativo que a mulher impusesse ao agressor uma "oposição que só a violência física ou moral consiga vencer".[5]

Chamou a atenção, ainda, para um possível expediente de malícia da mulher — algo que definiu como "jogo de simulada esquivança", ou seja, fingir que não quer ser estuprada, mas estar, no fundo, desejosa da violação. "É preciso que a vítima não adira [...] em momento algum à lascívia do sujeito ativo." Explicou que a ameaça feita contra a mulher deveria ser "grave", "entendendo-se como tal a ameaça de determinado dano material ou moral considerável", como "de morte, de espancamento, de perda dos meios de subsistência". Por fim, levantava a hipótese de que, por meio de uma técnica supostamente dominada por todas, a mulher fosse capaz de evitar a penetração vaginal. "Argumenta-se que bastam alguns movimentos da bacia para impedir a intromissão da verga."[6]

> Realmente, se não há uma excepcional desproporção de forças em favor do homem, ou se a mulher não vem a perder os sentidos, ou a prostrar-se de fadiga, ou a ser inibida pelo receio de maior violência, poderá sempre esquivar-se ao coito pelo recurso do movimento dos flancos. Em tais casos, porém, a possibilidade do coito decorre

da natural ou superveniente incapacidade de qualquer reação. De modo geral, pode afirmar-se que um só homem, sem outro recurso que as próprias forças, não conseguirá, ao mesmo tempo, tolher os movimentos defensivos da vítima (sendo esta mulher adulta, normal e sã) e possuí-la sexualmente.[7]

Para reforçar sua tese, citou o caso de uma "pseudoestuprada" que dissera, ao juiz, ter tido os movimentos tolhidos pelas mãos do agressor. "Mas quem foi que conduziu o *ceguinho*?", indagou o magistrado, conforme o relato de Hungria. E completou: "A queixosa não soube como responder...".[8]

Para Nelson Hungria, de fato, a palavra da vítima praticamente não tinha valor. "O estupro é daqueles crimes que se praticam, por necessidade mesma do seu êxito, a coberto de testemunhas", escreveu. "Mas, na ausência de indícios concludentes, não se deve dar fácil crédito às declarações da queixosa, notadamente se esta não apresenta vestígios da alegada violência. Tais declarações devem ser submetidas a uma crítica rigorosa."[9]

Era assustador pensar que o Código Penal em vigor naquele ano de 2003 havia tido como um de seus principais elaboradores o mesmo Nelson Hungria que desqualificara de tal maneira as vítimas de violência. O tom sarcástico e impiedoso como se referiu às mulheres, não raro retratadas como mentirosas e aproveitadoras dos recursos financeiros dos homens, acabaria por ser reproduzido em tribunais país afora.

Não apenas nos tribunais. Embora houvesse um movimento de pressão por reformas no Código Penal — feito principalmente por lideranças feministas do campo jurídico —, a compreensão do estupro como algo que a mulher desejasse ou provocasse continuava presente na sociedade brasileira. Como se, ao violentar uma mulher, o homem, no fundo, estivesse fazendo um favor a ela.

9. O maior escândalo dos nossos tempos

Mesmo quem nunca visitou Brasília talvez seja capaz de reconhecer uma imagem do Salão Verde da Câmara dos Deputados. Quando está vazio e silencioso — o que é raro em dias de sessão —, o lugar lembra um museu. Lá estão algumas das mais importantes obras de arte do acervo da Casa, como *Ventania*, o famoso painel de azulejos de Athos Bulcão, de 1971, e a escultura em bronze fundido tratada por *Anjo*, de Alfredo Ceschiatti, de 1977. Principal entrada para o plenário Ulisses Guimarães, onde os deputados se reúnem para fazer discursos e participar de votações, o espaço se tornou locação preferencial para as dezenas de entrevistas que, quase diariamente, parlamentares concedem aos jornalistas.

No dia 11 de novembro, nesse elegante Salão Verde, uma repórter da RedeTV! reuniu dois deputados para comentar um assunto que mobilizava o Brasil no final de 2003: a proposta de redução da maioridade penal. Como de praxe em reportagens sobre assuntos controversos, a jornalista decidiu ouvir políticos com opiniões diferentes. A favor: Jair Bolsonaro, do PTB do Rio de Janeiro. Contra: Maria do Rosário, do PT do Rio Grande do Sul.

A proposta de reduzir a idade mínima para que uma pessoa pudesse ser responsabilizada criminalmente ganhou força após o assassinato do casal de namorados Liana Friedenbach, de dezesseis anos, e Felipe Caffé, de dezenove, estudantes de uma escola de classe média alta de São Paulo. No dia 1º de novembro, um sábado, Liana disse aos pais que iria viajar com um grupo de amigos para Ilhabela, no litoral paulista. Em vez disso, ela e Felipe tomaram um ônibus para o município de Embu-Guaçu, na região metropolitana da cidade, com a intenção de acampar em um sítio abandonado.

Os jovens planejavam passar o final de semana dentro da mata, dormindo em uma barraca de lona. Na primeira noite, contudo, foram atacados por dois indivíduos e arrastados para um casebre nas imediações. Lá, eles trancaram Felipe em um dos cômodos e, no outro, estupraram Liana durante toda a madrugada, num total de seis vezes. A menina era virgem. Ao amanhecer, conduziram os namorados por uma caminhada pela mata. Em dado momento do percurso, o pintor Paulo Marques, 32 anos, disparou um tiro de espingarda na nuca de Felipe. Ele morreu na hora.[1]

O assassino se despediu do comparsa — Roberto Cardoso, conhecido como Champinha, de dezesseis anos — e retornou para casa. Champinha manteria Liana refém por mais dois dias, período no qual não apenas voltou a estuprar a menina, como também a colocou à disposição de um amigo, Agnaldo Pires, de 41 anos, que de tão alcoolizado não conseguiu ejacular enquanto a violentava. Depois, levou-a de volta para a mata e, nas proximidades de um riacho, matou-a com quinze facadas.

Os detalhes chocantes do crime contra Felipe e Liana vieram a público logo após a descoberta dos corpos, no dia 10 de novembro. Champinha confirmou a crueldade em depoimento no fórum de Embu-Guaçu, para onde foi levado após ser preso pela polícia, que não tardou a chegar aos criminosos — eles agiram de forma quase banal, descuidada, deixando uma enorme quantidade de evidências contra si à disposição dos investigadores. Champinha teve de deixar o fórum pela porta de trás, escoltado por seguranças; cerca de duzentas pessoas estavam aglomeradas em frente ao prédio dispostas a linchá-lo. "Uh, mata ele, uh, mata ele", gritavam, até serem dispersadas por bombas de gás lacrimogêneo disparadas pela polícia.[2]

A revolta popular pelo assassinato do casal de namorados — reforçada pelo temor de que, após uma breve detenção, Champinha voltasse às ruas — encorajou políticos em Brasília a engajar-se em novos e antigos projetos estabelecendo penas rígidas para criminosos com menos de dezoito anos. Uma proposta de emenda constitucional apresentada pelo deputado Luiz Antônio Fleury, do PTB de São Paulo, estabelecia a redução da maioridade penal para dezesseis anos[3] — e havia quem, a exemplo do deputado Silas Brasileiro, do Partido do Movimento Democrático Brasileiro (PMDB) de Minas Gerais, considerasse melhor diminuí-la para doze.[4]

Jair Bolsonaro, em seu quarto mandato, não tinha apresentado nenhum projeto sobre o assunto. Mas havia sido escolhido para dar entrevista para a RedeTV! devido ao seu estilo polêmico. Se um repórter precisasse de alguma fonte para dar declarações bombásticas, bastava recorrer ao deputado do Rio de Janeiro e o problema estava resolvido. Maria do Rosário, por sua vez, tinha autoridade para tratar do tema, embora estivesse no primeiro mandato como deputada federal — atuava como relatora da Comissão Parlamentar Mista de Inquérito (CPMI) sobre a exploração sexual de menores. Antes, como deputada estadual, presidiu a Comissão de Cidadania e Direitos Humanos da Assembleia Legislativa do Rio Grande do Sul.

O primeiro a falar para a repórter da RedeTV! foi Jair Bolsonaro — então com 48 anos, bem-disposto e bronzeado, um corpo sorridente de 1,85 metro de altura vestido com um terno cor grafite. Ao comentar o assassinato de Liana, recomendou aos contrários à mudança na lei que levassem Champinha para casa e o encarregassem de conduzir a filha até a escola. Em dado momento, ele foi interrompido por Maria do Rosário. Aos 36 anos, a gaúcha de pele e cabelo claros, corpo magro e levemente curvado usava um conjuntinho de blazer e calça bege, que lhe conferia uma aparência sóbria, porém abatida.

"O senhor é quem promove essa violência", disse a deputada. Jair Bolsonaro não gostou da acusação.

"Grava aí", ele orientou o cinegrafista, como se fosse o chefe da equipe de reportagem. "Promove, sim. É, sim", ela confirmou. E continuaria a repetir a expressão "é, sim", de maneira pausada, quando Bolsonaro perguntou, olhando para a câmera e apontando para o próprio peito: "Eu sou o estuprador, agora?". Então se dirigiu para Maria do Rosário e devolveu: "Jamais ia estuprar você, porque você não merece". Voltou a encarar a câmera, o rosto vermelho, o olhar raivoso.

Acompanhando a cena, uma mulher abria os olhos em sinal de espanto e levava uma das mãos à boca, para conter o riso. Um homem engravatado presenciava a ação com indiferença, mexendo no celular.

Ao ouvir a frase, Maria do Rosário se aproximou de Bolsonaro, a mão estendida. "Olha, eu espero que não, senão lhe dou uma bofetada", revidou. Ele apontou o dedo indicador para a colega, o polegar levantado, fazendo o gesto de uma arma. "Dá, que te dou outra. Dá, que te dou outra. Dá, que te dou outra." Na terceira vez em que pronunciou "dá, que te dou outra", empurrou-a com a mão esquerda, atingindo-a logo abaixo do ombro, pouco acima do seio direito. No sexto "dá, que te dou outra", já tinha tirado a mão do corpo da deputada. Ela não tocou nele.

"O senhor está me empurrando? O que é isso?", reagiu Rosário, testa e bochechas rubras. Voltou-se para os seguranças e pediu ajuda.

"Você me chamou de estuprador. Você me chamou de estuprador, você é uma imoral", prosseguiu Bolsonaro. Um dos seguranças chegou para conter a discussão. Antes que ele se colocasse entre os dois parlamentares, Bolsonaro passou os olhos rapidamente pelo corpo de Rosário, com ar de desprezo: "Vagabunda. Vagabunda. Vagabunda".

"O que é isso aqui?", gritou a deputada. "Desequilibrado", insultou-o, antes de jogar uns papéis que trazia à mão ao chão, em sinal de fúria. Outro segurança chegou para reforçar a contenção. Também deu as costas para Maria do Rosário. Sorria, como se achasse a situação hilária.

"Vai dizer agora que você é uma coitada", provocou Bolsonaro. Ela continuaria a perguntar "o que é isso" repetidamente, pelo menos trezes vezes, as últimas com a voz embargada. "Chora, agora", ele gritou, enquanto a deputada se afastava do Salão Verde, enxugando as lágrimas.[5]

Mais tarde, no plenário, durante a Ordem do Dia — momento em que é apresentada a pauta da reunião —, a deputada Maria do Carmo Lara, do PT de Minas Gerais, pediu a palavra para protestar contra o tratamento dispensado por Bolsonaro a Rosário.[6] "Faço um desagravo à nossa companheira. [...] Não aceitamos que um colega de trabalho trate outra pessoa da forma como a deputada foi tratada", disse, sendo aplaudida pelos colegas. Jair Bolsonaro solicitou um aparte. "Somos seres humanos e todos podemos perder a cabeça um dia. Não foi o meu caso", assegurou. Narrou que estava dando entrevista, foi interrompido e insultado de estuprador; na sequência, alvo de uma tentativa de agressão física. "Eu fiquei parado", defendeu-se. Assegurou que, se alguém provasse o contrário, renunciaria ao mandato. "Sou homem, sou cabra da peste", finalizou.

A frase mais forte de Bolsonaro — "Jamais ia estuprar você, porque você não merece" — não teve, à época, nenhuma repercussão. O jornal O Estado de S. Paulo assumiu como fato que Maria do Rosário o chamou de estuprador, palavra que ela não pronunciou. Ao mesmo tempo, pôs em dúvida o insulto de Jair Bolsonaro. "Deputada diz que foi chamada de vagabunda", lia-se na matéria. Adiante: "Segundo a assessoria da deputada, Bolsonaro teria dado um empurrão nela".[7]

O fato de a versão masculina ser apresentada como certa e a feminina, duvidosa e condicional, não passaria despercebido às lideranças feministas da Câmara dos Deputados, que viram no episódio e em seus desdobramentos uma mostra inequívoca de misoginia. No dia 12 de novembro, a deputada Luiza Erundina, do Partido Socialista Brasileiro (PSB) de São Paulo, subiria à tribuna para se solidarizar com Rosário e protestar contra a "naturalidade com que diferenças conceituais e ideológicas são facilmente convertidas em agressões verbais, físicas ou morais, totalmente influenciadas pela cultura autoritária e sobretudo machista que ao longo dos séculos tem se perpetuado entre nós". Erundina fez o pronunciamento em nome da bancada feminina do Congresso Nacional — e lamentou que cenas como aquela ainda pudessem ser testemunhadas "em pleno século XXI".[8]

Parecia mesmo uma cena descolada no tempo. Aquele, afinal, era o século XXI. E só o começo.

"Mas me deixa contar só uma parte."
"Por favor, não quero saber."
"Que exagero."

A espera pelo cappuccino no balcão da lanchonete da Abril se tornou constrangedora após aquele pequeno entrevero entre mim e uma colega de trabalho. Ela insistia para me contar novidades do assassinato de Liana e Felipe. Mas, desde que soubera que eles haviam sido mortos em uma mata em Embu-Guaçu — próximo à região onde eu também fora estuprada —, evitei ler ou ouvir qualquer notícia sobre o caso.

Em novembro de 2003, eu estava grávida de três meses e, conforme o palpite de uma médica que fizera o último ultrassom, de uma menina. Quando soube o que os criminosos haviam feito com Liana, chorei por ela, mas também por mim e pela criança que se formava no meu corpo.

Engravidar era um desejo antigo, embora eu só tivesse 28 anos. Estava feliz; mas, ao mesmo tempo, apavorada — a expectativa da maternidade reforçou em mim o medo, o pavor imenso de morrer, e depois do que me ocorrera eu tinha a constante sensação de que minha vida seria encerrada a qualquer instante, uma simples ida ao supermercado poderia resultar no fim de tudo.

A precariedade da existência é um fato óbvio. Mas a maioria das pessoas toca a vida sem pensar nisso; faz compras, atravessa a rua, liga o forno sem achar que vai morrer. Eu não pensava em outra coisa.

Uma amiga me recomendou uma obstetra. Jovem e delicada, a médica me encaminhou para uma série de exames, receitou vitaminas, me orientou quanto à alimentação. Na terceira consulta, com os exames em mãos, contei que havia sido estuprada fazia pouco tempo e usado medicação pesada — bem como quantidades não desprezíveis de álcool e cocaína. Contei por achar necessário, talvez meu corpo ainda guardasse algum resquício de tanta química e isso aparecesse nas análises clínicas. Ela me ouviu tomada por um ar de perplexidade e, com os olhos baixos, assegurou-me que eu podia ficar descansada, estava tudo bem, meu corpo tinha resistido a tantas intempéries. Mudou de assunto, rabiscou qualquer coisa em um bloco de notas, encerrou a consulta.

    Deixei o consultório envergonhadíssima. Por que diabos eu contara aquilo? Já em casa, abri o livrinho do plano de saúde, escolhi um médico que atendesse na zona oeste, marquei a consulta. Nunca mais voltei à obstetra jovem e delicada. Não liguei para dar satisfações do sumiço e me recusei a atender seus telefonemas.

    Tornara-se insuportável, para mim, conviver com pessoas que sabiam o que acontecera. Ou cujas relações fossem superficiais — e recentes — o bastante para que o estupro dominasse toda a minha subjetividade. De repente, para o outro — no meu ponto de vista —, eu não era mais jornalista, mulher, nordestina, Adriana. Eu não tinha um passado, era simplesmente a "estuprada", toda a minha identidade sumia nessa palavra desgraçada e horrorosa, e me imaginar sendo vista pelas lentes da compaixão, ou de um certo exotismo, era sufocante.

    Sufocante mesmo. Como se houvesse uma porta fechada entre a laringe e a traqueia, impedindo o ar de chegar aos pulmões. Nos momentos de maior angústia, respirar deixava de ser um ato natural; consistia em trabalho pesado, difícil de executar.

    Flávio atribuiu ao cansaço o escândalo que Tatu protagonizou ao vê-lo tirando um cochilo no quarto da filha recém-nascida, a primeira do casal. "Sai do quarto dela agora", gritou. Depois que o marido deixou o recinto, assustado e confuso, ela se sentou no chão e chorou de maneira descontrolada, a ponto de ficar ofegante.

    Tatu sempre fora uma moça calma, razão pela qual Flávio ficou realmente perplexo diante daquele ataque de fúria e tristeza. Seria culpa dos hormônios? Ou teria ele feito algo errado? Na dúvida, tão logo a esposa se acalmou, chamou-a para conversar. "Desculpe-me", ela pediu, envergonhada. "A culpa não é sua." Então contou um segredo que guardava desde os dez anos: durante o fim da infância e parte da adolescência, foi abusada sexualmente pelo próprio pai, dentro do quarto em que dormia — e, ao ver o marido junto da filha no mesmo ambiente, a associação de ideias foi inevitável.

A bem da verdade, ela já contara a história para três pessoas. A primeira foi Dalva, a empregada doméstica contratada para cuidar de Tatu e de seus três irmãos enquanto a mãe trabalhava fora. Aos doze anos, a menina seguia Dalva por todos os cantos da casa, silenciosa; também a acompanhava quando ela descia até a portaria do prédio — a família vivia em um apartamento de classe média em São Paulo — para buscar alguma encomenda. "Por que você não sai do meu pé, menina? E sempre com essa cara triste?", inquiria a funcionária.

A garota desconversava, mas via na figura de Dalva uma potencial aliada. A empregada não conseguia esconder o quanto detestava o patrão — por motivos que a menina desconhecia, mas podia suspeitar. Respondia com impaciência aos seus pedidos, ficava mal-humorada quando ele estava em casa. Todas as noites, justamente no turno em que Tatu mais precisava de ajuda, Dalva se ausentava do emprego para ir à escola. Certa vez, a menina implorou:

"Por favor, me deixa ir com você."

"Eu deixo, se você me contar o que está acontecendo", replicou Dalva.

"Eu conto, se você me ajudar a fugir de casa."

Dalva concordou e se preparou para ouvir a menina atentamente.

Tudo começara numa noite em que, após ver TV na sala, ela caiu no sono, no sofá. Tinha dez anos. Despertou com o pai levantando sua camisola. Ao ver que a filha abrira os olhos, comentou: "Você já está cheia de pelinhos".

Nas noites seguintes, excitado pela visão da filha se tornando moça, começou a visitá-la no quarto. A criança acordava com as mãos do pai dentro de sua calcinha. Congelada pelo medo, não abria os olhos — ao contrário, apertava-os mais ainda — e chutava-o, tentando afastá-lo. No momento em que contava a história para Dalva, vivia aquele inferno fazia dois anos.

"Eu te ajudo a fugir de casa", disse Dalva. "Mas, antes, preciso conversar com a sua mãe."

Na noite seguinte, após o jantar em família, Tatu estremeceu ao ouvir a convocatória da mãe para uma conversa na presença do pai, tão logo as crianças menores fossem colocadas na cama. A menina tinha adoração pela mãe — uma mulher lindíssima e ainda muito jovem. Contava, naquele jantar, apenas 38 anos. O marido acabara de completar quarenta. Haviam se casado adolescentes, por pressão dos pais, devido à gravidez não planejada.

Tratava-se, literalmente, de uma idolatria — a figura da mãe era quase olimpiana, distante, como a de uma deusa. Por isso, ao ser confrontada com a queixa feita à empregada, Tatu não conseguiu esboçar uma única palavra. Permaneceu calada e olhando para o chão ao ouvir o pai negar o abuso e concluir, junto com a mãe, que aos doze anos as meninas sentem um desejo sexual mais intenso e, desse modo, é comum se entregarem a fantasias. O que ela descrevera para Dalva, na verdade, não passava de um sonho erótico.

A conversa não intimidara o pai, que continuava a visitar o quarto da filha durante as madrugadas. Ela fez o que podia para se livrar da violência: durante dois anos seguintes, aceitou todos os convites da avó, das tias e das amigas para dormir fora. Longe de casa, sentia imenso alívio por estar longe do pedófilo. Ao mesmo tempo, temia pela irmã. E se, na ausência da filha mais velha, ele resolvesse abusar da caçula?

Perto de completar quinze anos, ela pediu ajuda à mãe. Depois de Dalva, aquela era a segunda pessoa para quem verbalizava seu drama.

"Não aguento mais", chorou. "Vou me matar."

"Por que você não me contou antes?", indagou a mulher.

"A Dalva contou, mas você não acreditou. Disse que eu estava vendo coisas", defendeu-se.

Havia um motivo a mais — além de todo o sofrimento imposto pelo abuso — para Tatu pedir socorro. Sua menstruação estava atrasada.

"Talvez eu esteja grávida do meu pai", a filha disse.

"Talvez você goste", a mãe devolveu.

Assim como as outras mulheres da família, Tatu era muito bonita, de chamar a atenção por onde passava. Tinha longos cabelos castanho-claros, um corpo que atendia a todos os critérios impostos pelos padrões de beleza da época — bunda arrebitada, cintura fina, seios pontudos. Na escola, apesar da timidez, estava entre as garotas mais paqueradas. Certa tarde em que fora para a casa de uma amiga preparar um trabalho, viu-se presa no meio de uma rodinha de meninos, decididos a passar as mãos por seu corpo.

"Talvez eu atraia mesmo esse tipo de coisa", concluiu, na ocasião. E foi pressionada por esse sentimento que Tatu se viu a sós com o pai, para falar sobre a suspeita de gravidez. Não que ela quisesse aquele encontro. Aliás, estava em pânico. Depois de ouvir a queixa da filha, a mãe mandara os outros três filhos se vestirem e anunciou que sairiam de casa, por algumas horas, para que o marido e a primogênita se entendessem.

Diante do agressor, Tatu instintivamente fechou os olhos — como fazia sempre que ele a violentava.

"Você não pode estar grávida de mim, nunca tive relações com você", ele começou. "Você já viu um pênis? Quer ver o tamanho do meu?"

"Não, não quero ver", a filha respondeu, antes de sair de casa, apavorada, e correr até chegar à casa de uma amiga, distante três quadras dali. Aos prantos, mal conseguia respirar. A mãe da colega insistiu para que relatasse o que estava acontecendo que justificaria tamanho desespero. Tornou-se, então, a terceira pessoa para quem Tatu contava sua história.

A mulher pediu autorização para se aconselhar com uma conhecida, advogada. A menina concordou. Após um longo telefonema, voltou com más notícias: podiam ir à delegacia denunciar o pai, mas a mãe provavelmente seria implicada e talvez presa, já que era cúmplice do abuso. Tatu pensou naquela mulher batalhadora com vários empregos para sustentar os quatro filhos — enquanto o pai passava a maior parte do tempo em casa, sem trabalhar — e concluiu que a mãe não merecia aquilo. Ademais, como ficariam ela e os irmãos menores com os pais na cadeia?

Nos meses seguintes, seria convidada pela mãe da amiga para passar os finais de semana lá — além de acompanhar as viagens da família. Ela viveria assim, como uma espécie de agregada, até o dia em que, por sorte, sua mãe arranhou o carro. O pai ficou tão furioso com o acidente que pediu a separação. Saiu de casa naquele que seria o dia mais feliz da vida de Tatu — talvez perdesse apenas para o momento em que sua menstruação chegou. Não engravidara do pai. E também nunca saberia se, afinal, teve ou não relações com ele.

"Eu bloqueei muitas coisas", ela explicou para Flávio, que ouviu a história estupefato. "Não sei se ele me penetrou, nem quero saber", afirmou. O marido sempre notara uma estranheza — ou mesmo uma tensão — entre a esposa e o pai dela, mas jamais imaginara qualquer coisa parecida com aquilo. Por respeito à mulher, procurou manter distância da filha recém-nascida.

Em meados de 2004, quando a bebê tinha poucos meses, Tatu pediu ao marido para, pela primeira vez, dar um banho na filha. "Eu posso mesmo?", ele se emocionou.

A cobrança pública da OEA para que o governo brasileiro tomasse providências em relação ao caso da cearense Maria da Penha — paraplégica após ser baleada pelo marido — teve dois bons resultados. O primeiro foi a prisão do agressor, o colombiano Marco Antonio Heredia Viveros, em 2002, dezenove anos e seis meses após o crime. O segundo, a inclusão da "violência doméstica" no capítulo do Código Penal que trata das lesões corporais, em junho de 2004, também resultado da pressão exercida pelas feministas.[9] Em 2002, mesmo ano da prisão de Viveros, formou-se um consórcio de ONGs para propor os termos de uma lei de combate à violência doméstica.[10]

Ao nomear as agressões sofridas na intimidade do lar — em segredo, longe dos olhares do público e dos mecanismos de defesa —, a legislação acabava por jogar luzes sobre uma epidemia silenciosa que vitimava de crianças a idosos, principalmente do sexo feminino. Três meses antes, em março, a Anistia Internacional havia chamado a atenção para o tema em um relatório com dados sobre violência de gênero em todo o mundo. Segundo o estudo, uma em cada três mulheres fora vítima de espancamento ou de algum outro tipo de agressão física — com bastante frequência, conforme o relatório, cometida por amigos, familiares ou parceiros.[11]

"A violência contra as mulheres é o maior escândalo dos direitos humanos de nossos tempos", denunciou a Anistia Internacional. "Do nascimento à morte, em tempos de paz e de guerra, as mulheres enfrentam discriminação e violência nas mãos do Estado, da comunidade e da família", lia-se no primeiro capítulo do estudo, que chamava a atenção para a naturalização das agressões no Brasil. "Às vezes, a mídia promove a visão de que a violência contra as mulheres é aceitável, até mesmo sexy", apontava. Como demonstrava, citava trechos de uma música que fazia sucesso no país, "Só um tapinha", executada pelo grupo de funk Bonde do Tigrão: "Se te bota maluquinha/ Um tapinha vou te dar/ Porque um tapinha não dói/ Só um tapinha".[12]

10. Nervosa, mas nem tanto

A curta trilha sobre o chão de areia fina terminou em uma placa afixada por duas estacas de madeira. "É aqui que tiramos a roupa", o homem avisou, já descalçando os chinelos e abaixando o calção. Exibiu um corpo bronzeado por inteiro, sem marca de sunga. Não fazia meia hora que eu o vira pela primeira vez. Respirei fundo. "Vamos nessa", disse, e olhei para Fernanda, a quem também fora apresentada minutos antes. "Posso ao menos usar uma proteção de plástico nos braços? Acabei de fazer tatuagens e não posso pegar sol", ela pediu. O sol de meio-dia estava a pino, era verão no hemisfério Sul. "Claro", o rapaz assentiu. "Mas, fora isso, nudez total."

    Tirei o tênis e me livrei das roupas rapidamente, fingindo tranquilidade. "Para você ver como são as coisas, Adriana... Acabamos de nos conhecer e já vamos ter este nível de intimidade", Fernanda brincou, tentando quebrar o gelo. O homem continuava a conversar comigo sem em momento algum descer o olhar para o meu corpo nu e branquelo. "Vou guardar as coisas de vocês em um lugar seguro, não se preocupem", ele disse, acocorando-se para recolher nossas sacolas. Com o canto do olho, procurei

por sinais exteriores de virilidade. Para meu alívio, vislumbrei um pênis murcho, como se sentisse o frio do Alasca e não o calor do Rio de Janeiro. "Espere", eu o interpelei. "Preciso do meu material de trabalho."
Fernanda e eu estávamos ali a serviço. Sentia-me patética, totalmente nua e visivelmente desconcertada, rindo de nervoso, agarrada a um bloquinho de notas com a caneta encaixada na espiral. Fazia pouco mais de um ano que eu trocara a redação da *Veja* pela *Playboy*, após me submeter a um programa de recrutamento interno da empresa — a Editora Abril tinha os direitos de licenciamento da famosa revista criada nos Estados Unidos pelo americano Hugh Hefner, em 1953. Além de ensaios de mulheres nuas, a revista oferecia grandes entrevistas e ótimas reportagens.
Tiramos a roupa para uma matéria, não para um ensaio. Não que, no campo das possibilidades, essa fosse uma ideia absurda. Eu e a fotógrafa freelancer que me acompanhava estávamos longe de ser duas beldades — eu tinha a cicatriz da cesárea, uma barriga gelatinosa de onde recentemente saíra uma bebê com mais de quatro quilos, o rosto cheio de manchas de sol —, mas qualquer mulher ficava impecável nas páginas da *Playboy*.
Logo nos meus primeiros dias no emprego novo, sentei-me ao lado do editor de imagens — chamado internamente de "o mago do Photoshop", ou "o homem que sabe *tratar* bem as mulheres" — e pedi para ver um "antes e depois" das celebridades que haviam sido capa da publicação. Ele minimizou o zoom em uma vagina que ocupava toda a extensão da tela de seu iMac e deu o play em uma espécie de slide show — logo eu descobriria que aquela apresentação era um ritual de boas-vindas para todo mundo que era contratado pela *Playboy*. Fiquei impressionada com a transformação: numa fotografia, mulheres normais, com gordurinhas, celulites, unha quebrada, pelos encravados na virilha.

Na outra, criaturas perfeitas, como se tivessem sido desenhadas — e, de fato, haviam sido. Certa vez, durante as férias do "mago", um colaborador retocou a barriga de uma modelo e esqueceu de colocar o umbigo de volta. Os leitores ficaram indignados — afinal, aquilo quebrava toda a magia dos ensaios —, e o caso foi tratado pelos sites de fofoca em tom de escândalo.

Eu pensava que talvez por isso — a cumplicidade de compartilhar um suposto segredo — as jornalistas, designers e produtoras que atuavam na redação da *Playboy* me pareciam, com raras exceções, mulheres tão livres, tão pouco correspondentes a um padrão de feminilidade. Falavam palavrões, mostravam o dedo do meio para os superiores, tomavam uísque na redação ao fim do expediente. Como se, ao descobrir que a mulher ideal não passava de uma fantasia, uma construção, se permitissem — ou se sentissem impelidas — a ser o que eram.

Anos depois, eu chegaria à conclusão de que havia muito de mimetismo naquele comportamento — que levava um diretor a dizer, quando inquirido sobre a contratação de tantas mulheres para produzir uma revista masculina, que elas (no caso, nós) conseguiam ser mais homens do que os próprios. Ser "macho" era um elogio. Mas eu também concluiria que havia o mesmo mimetismo em outros ambientes de trabalho, teoricamente menos sexistas; e na *Playboy*, pelo menos, as funcionárias se divertiam muitíssimo e não eram tratadas como senhoras imaculadas ou megeras histéricas.

As feministas dos Estados Unidos odiavam a *Playboy* e mais ainda seu fundador. Com toda razão. A figura pública de Hugh Hefner era abominável. Ele levava às últimas consequências a vocação de homem liberal, assumidamente individualista, que não aceitava interferências no hedonismo da vida privada (o que o deixava à vontade para ser praticamente um tirano entre quatro paredes). Com seus cachimbos, robes de seda e um casarão de 48 cômodos — a Mansão Playboy, em Chicago — onde vivia rodeado por garotas recém-saídas da adolescência e fantasiadas de coelhinhas, ele disse, certa vez: "Uma das grandes fontes de frustração na sociedade contemporânea é as pessoas se sentirem impotentes, não só em relação ao que acontece no mundo em volta delas, mas para influenciar o que acontece em sua própria vida. Bem, eu não sinto essa frustração, porque assumi o controle da minha vida".[1]

Suas coelhinhas, no entanto, não desfrutavam do mesmo privilégio de controlar a própria existência. Inúmeras foram constrangidas a ir para a cama com Hefner — algumas de suas preferidas, a quem presenteava com carros e joias, deviam-lhe fidelidade amorosa e sexual, muito embora ele estivesse liberado para se envolver com quantas mulheres quisesse. Uma em especial, Karen Christy, precisou montar uma verdadeira operação de guerra para conseguir driblar a segurança de Hefner e fugir da mansão em Chicago. Depois, enfrentou a estrada por dezesseis horas ininterruptas – revezando a direção com duas amigas e se mantendo acordada à base de anfetaminas, até chegar ao estado do Texas, onde enfim se sentiu segura.

A suíte de Hefner na Mansão Playboy havia sido projetada para dar a ele o maior conforto possível durante as noitadas com as coelhinhas. Próximo ao teto, um complexo de câmeras filmava o que se passava na cama rotativa de 2,5 metros de diâmetro, onde recebia tantas mulheres quantas ali coubessem — na banheira, podia se banhar ao lado de até dezesseis jovens.[2]

No dia 26 de março de 1970, a escritora Susan Brownmiller — que, dali a cinco anos, publicaria *Against Our Will: Men, Women and Rape*, o livro sobre estupro que se tornaria referência nos estudos feministas — aceitou um convite para participar do programa de TV *The Dick Cavett Show*. Ela estaria ao lado da também escritora Sally Kempton — e de Hugh Hefner. Em dado momento, ao tratar do movimento de liberação das mulheres, afirmou, referindo-se ao interlocutor na terceira pessoa, como se ignorasse a presença dele ali: "Hugh Hefner é meu inimigo. [...] As mulheres não são coelhos, são seres humanos".

Hefner deu uma baforada em seu cachimbo, meio sem jeito com a provocação. Tentou contemporizar, referindo-se a Brownmiller e a Kempton como "girls" [meninas]. "Meninas, não. Mulheres", corrigiu Kempton. "Tenho 35 anos", informou Brownmiller, agora, sim, dirigindo-se a ele. O dono da *Playboy* se defendeu afirmando que tinha por hábito chamar de "girls" mulheres de qualquer idade. "Você deve parar", interrompeu-o Kempton, com olhar de desprezo.[3]

Dali a dez anos, em 1980, Susan Brownmiller ouviria uma história que a faria antipatizar ainda mais com o fundador da *Playboy*. A narradora era Linda Boreman, mais conhecida como Linda Lovelace, protagonista do filme erótico *Garganta profunda*, de 1972. Boreman contou que, durante uma visita à mansão, Hefner pediu para vê-la fazer sexo com um cachorro.[4]

No Brasil, a relação entre a *Playboy* e as feministas era menos bélica. Em 1975, quando a revista foi lançada pela Editora Abril, o país estava sob a vigência do Ato Institucional n. 5 — vivia-se o auge do regime militar —, com censura a uma parte da imprensa. Os cortes e vetos em revistas incluíam conteúdo considerado imoral ou que atentasse contra os chamados bons costumes. Para driblar a fiscalização, a publicação era vendida como a "A revista do homem" — o nome *Playboy* fora vetado pelo então ministro da Justiça. Em 1978, no entanto, a publicação adotaria o título com o qual se tornaria famosa.

Também por causa da censura, as fotos das primeiras edições da *Playboy* brasileira mostravam um único seio, bem como nádegas "diluídas" com o uso de "tecido, espuma de sabão, flano, corte, escurecimento etc.", conforme determinação expressa do governo militar. Genitálias e palavrões eram rigorosamente proibidos, o mesmo valia para menções a relacionamentos homossexuais. Desse modo, a revista se favorecia de certa aura de resistência — ou enfrentamento ao reacionarismo vigente — que agradava aos setores mais progressistas da sociedade. Ajudava ainda o fato de chegar ao país na esteira da revolução sexual do final dos anos 1960. Para algumas mulheres, inclusive as politizadas e que se assumiam como feministas, mostrar o corpo nu era uma forma de exercitar a própria liberdade — além de ganhar muito dinheiro, no caso das grandes estrelas. Todo o projeto editorial da revista se pautava pelo liberalismo nos costumes — e na economia, em sintonia com o espírito do dono da Abril, Roberto Civita. Em 1984, a revista faria história ao fotografar — e colocar na capa — uma mulher transgênero, a modelo Roberta Close.[5]

Mas, claro, havia também as que não suportavam a publicação — embora não a ponto de recusar uma entrevista. No mesmo ano em que Close foi fotografada em 1980, cinco líderes feministas concordaram em receber o jornalista Ruy Castro — à época, editor da publicação — para uma longa conversa, em meio a cigarros e cerveja, "sobre sexo, machismo, amor livre, aborto e seu profundo ódio por *Playboy*". Na entrevista, a economista Hildete Pereira, presidente do Centro da Mulher Brasileira, explicou por que uma revista como aquela nem deveria existir. "*Playboy* tem como finalidade vender o corpo da mulher. Nós somos tratadas pela revista como objetos sexuais. Todo o belo invólucro que *Playboy* coloca nas entrevistas e nas reportagens é para embalar melhor o corpo da mulher."[6]

Com efeito, a qualidade editorial da publicação não esconderia o fato de que, ali, ao longo de toda a sua história, mulheres seriam equiparadas a objetos de luxo, como carros, viagens e relógios caros; e que a revista, ao negar o uso das manipulações nas fotografias e escolher modelos correspondentes a um arquétipo — uma mulher obesa nunca esteve na capa, e raras eram as negras a ocupar aquele espaço —, reforçava padrões de beleza inatingíveis[7]. Mas isso não era exclusivo da *Playboy* — praticamente todas as publicações do mercado, em especial as voltadas para o público feminino, agiam do mesmo modo. Na *Veja*, um semanário de informação, nós, repórteres, éramos orientados a entrevistar personagens de "boa aparência", para que as fotografias não enfeassem as páginas da revista.

Deixei a *Veja* não apenas porque o trabalho me aborrecia — continuava a escrever a seção "Datas" e uma ou outra matéria enfadonha sobre, por exemplo, como estacionar o carro numa garagem apertada sem arranhar a lataria —, mas principalmente por sentir muita vergonha. A experiência do estupro maculara todas as minhas relações interpessoais. Eu mal conseguia olhar nos olhos dos meus chefes, sentia-me embaraçada com tudo, vivia com o rosto vermelho, tinha a nítida impressão de que me poupavam de qualquer tarefa mais ousada, porque de repente eu me tornara uma jornalista fragilizada, traumatizada, um bibelô — pior, um estorvo, que só não mandavam embora porque sentiam pena. Na *Veja*, eu dificilmente seria escalada para fazer uma reportagem (pelada) sobre desentendimentos entre naturistas e suingueiros na praia do Abricó, na zona oeste do Rio de Janeiro, como a que eu preparava naquela manhã de sol, ao lado da fotógrafa tatuada. Na *Playboy*, até onde eu sabia, ninguém tinha a informação de que eu havia sofrido um estupro durante um sequestro-relâmpago.

E, sempre que surgia a ideia de uma reportagem sobre qualquer assunto mais picante — fetichismo, orgias e afins —, eu me oferecia para executá-la, o que sem dúvida era compreendido por meus colegas como um pendor para a devassidão. Mas era na verdade um tratamento de choque, quase uma terapia, uma tentativa de respirar uma atmosfera sexual lúdica, engraçada, sem relacioná-la à violência e ao risco de morte.

A mudança de redação ocorrera em dezembro de 2004, ao final da minha licença-maternidade. Lira se desligara do emprego como editor para se dedicar ao novo livro, a biografia do escritor José de Alencar, e cuidar da nossa filha, Emilia, enquanto eu dava expediente na Abril — ou durante minhas viagens a trabalho, cada vez mais frequentes. Éramos um modelo de família pouco compatível com aquele apregoado pelo cardeal Joseph Ratzinger, futuro papa Bento XVI e então prefeito da Congregação para a Doutrina da Fé do Vaticano. Naquele ano, ele assinara um documento — intitulado "Carta aos bispos da Igreja católica sobre a colaboração do homem e da mulher na Igreja e no mundo" — no qual defendia "o papel insubstituível da mulher em todos os aspectos da vida familiar e social que envolvam relações humanas e o cuidado do outro".

"Não se pode esquecer que a interligação das duas atividades — família e trabalho — assume, no caso da mulher, características diferentes das do homem. Põe-se, portanto, o problema de harmonizar a legislação e a organização do trabalho com as exigências da missão da mulher no seio da família", escreveu Ratzinger, reforçando uma visão, ainda vigente, segundo a qual as mulheres até poderiam sair para trabalhar por algumas horas, desde que, antes, deixassem tudo ajeitado em casa. "As mulheres que livremente o desejam poderão dedicar a totalidade do seu tempo ao trabalho doméstico, sem ser socialmente estigmatizadas e economicamente penalizadas. As que, por sua vez, desejarem realizar também outros trabalhos poderão fazê-lo com horários adequados." Assim, reforçava o prefeito da Congregação para a Doutrina da Fé, elas não seriam "confrontadas com a alternativa de mortificar a sua vida familiar ou então arcar com uma situação habitual de estresse que não favorece nem o equilíbrio pessoal, nem a harmonia familiar".[8]

Com atitudes como aquela, a Igreja católica reafirmava a sua indisposição para acompanhar as reivindicações dos movimentos feministas, que ganhavam musculatura em diversos países no alvorecer do século XXI. No Brasil, a pauta da igualdade de gênero e da diversidade sexual passara a fazer parte da agenda do governo federal de forma mais presente do que em gestões anteriores. No final de 2004, a Secretaria Especial de Políticas para as Mulheres anunciara a criação de um grupo de trabalho para discutir uma possível revisão nas leis sobre aborto. Uma das propostas dizia respeito à permissão para interromper a gravidez em casos de anencefalia do feto.[9]

A simples notícia de que o governo iria tratar da questão provocou reações entre os setores mais conservadores da sociedade. Ouvido pelos jornais a respeito da cogitada mudança na lei, o procurador-geral da República, Claudio Fonteles, defendeu um retorno ao passado: em vez de descriminalizar o aborto para os casos de fetos anencefálicos, que se configurasse crime a interrupção de uma gravidez decorrente de estupro — esta garantida por lei desde 1940. "Sou contra o aborto nesses casos", disse, em entrevista ao jornal *O Estado de S. Paulo*. "A vida, o amor sobrepuja o ato de violência. Há a enorme capacidade de transformar o que é negativo em positivo. A criança não tem nada a ver [com o estupro]", completou.[10]

A Conferência Nacional dos Bispos do Brasil (CNBB) também reagiu à iniciativa do governo. Dom Geraldo Majella Agnelo, presidente da entidade, classificou o aborto como um "atentado à vida". Em nota divulgada a respeito do assunto, a CNBB se pronunciou oficialmente, afirmando que "é necessário reafirmar o princípio ético do pleno respeito à dignidade e à vida do ser humano, não importando o estágio de seu desenvolvimento ou a condição em que ele se encontra".[11] Sobre o bem-estar da mulher, nenhuma palavra.

Os grupos mais retrógrados haviam ganhado reforços na tentativa de frear os avanços feministas com a eleição de um autointitulado "católico roxo" para a presidência da Câmara dos Deputados, em fevereiro de 2005: o pernambucano Severino Cavalcanti, do Partido Progressista (PP). O "progressista" do nome, no entanto, não correspondia à prática política dos integrantes da sigla. Cavalcanti, para quem as mulheres deveriam subir ao altar "virgens" e "puras", definia-se como um "eterno vigilante contra a pornografia e a libertinagem", um combatente de "indecências" — entre as quais incluía o casamento homossexual.

O novo presidente da Câmara também era contrário à descriminalização do aborto, em qualquer circunstância. Três anos antes, apresentara um projeto para revogar o Código Penal, tornando a interrupção da gravidez criminosa mesmo em casos de estupro — que ele definia como um "acidente horrendo", "uma dificuldade passageira à vida da infeliz" — ou risco de vida para a mãe. "A mulher não é dona do feto, apenas depositária", afirmou certa vez, a respeito do tema.[12]

Argumentos como o de Cavalcanti foram mobilizados em uma série de e-mails enviados para o Ministério da Saúde logo após a eleição para o comando da Câmara, ainda em fevereiro de 2005. Nas mensagens, remetentes ligados a grupos religiosos acusavam o governo de estimular a prática do aborto. O estopim para a reação conservadora havia sido a divulgação da norma técnica "Atenção humanizada ao abortamento", preparada pelo ministério. O documento apresentava instruções para o atendimento imediato às pacientes em situação de abortamento, provocado ou espontâneo, bem como "acolhimento e orientação para responder às necessidades de saúde mental e física das mulheres".[13]

Um dos trechos mais controversos dizia respeito ao aborto em caso de violência sexual, liberando a vítima da necessidade de apresentar registro do estupro — como, por exemplo, um boletim de ocorrência — para se submeter ao procedimento, conforme exigido pela norma anterior, de 1998, "Prevenção e tratamento dos agravos resultantes da violência sexual contra mulheres e adolescentes". Bastava a palavra da mulher — que, em 90% dos casos, de acordo com uma pesquisa da Universidade Federal de São Paulo (Unifesp), não denunciava o agressor por medo ou vergonha.[14] "O Código Penal não exige qualquer documento para a prática do abortamento nesses casos, e a mulher violentada sexualmente não tem o dever legal de noticiar o fato à polícia. Deve-se orientá-la a tomar as providências policiais e judiciais cabíveis, mas caso ela não o faça, não lhe pode ser negado o abortamento", informava o documento.

A norma técnica tranquilizava os profissionais de saúde quanto às consequências jurídicas da intervenção médica em uma farsante. Para isso, aludia mais uma vez ao Código Penal então em vigor, segundo o qual é "isento de pena quem, por erro plenamente justificado pelas circunstâncias, supõe situação de fato que, se existisse, tornaria a ação legítima".[15]

Na imprensa, foram inúmeras as reações à nova medida. Previam-se levas de impostoras acorrendo aos hospitais, sendo imediatamente deitadas em macas e submetidas ao procedimento.

Os hospitais poderiam se transformar — para usar a imagem criada por um dirigente de uma entidade médica — em "uma indústria de abortos". De forma geral, partia-se da premissa de que a gestante estava mentindo — e, caso quisesse exercer o direito previsto por lei, que encontrasse uma forma de provar o contrário.[16]

Os advogados do Shopping Eldorado também sugeriram que eu teria inventado a história do estupro. Uma das principais linhas de defesa da empresa durante o processo judicial — em que eu solicitava indenização por danos morais e materiais — sustentava não haver comprovação dos "atos libidinosos" e dos "danos" por mim sofridos. Nos depoimentos prestados em juízo, as testemunhas escolhidas pelo shopping corroboraram essa versão.

Uma delas foi o segurança a quem pedi ajuda no estacionamento, logo após ter sido deixada pelo estuprador numa rua próxima. Na audiência, ele narrou que, ao abordá-lo, eu parecia "nervosa, mas nem tanto". Provocado pelo advogado de defesa, afirmou que minhas roupas estavam "bem-compostas" e eu não apresentava "qualquer lesão visível".

A funcionária que me atendeu no ambulatório do shopping afirmou, diante do juiz, que eu "aparentava estar tranquila". Sublinhou minha relutância inicial em comparecer à delegacia — e destacou ter ouvido de mim que o bandido usara camisinha. Assim como o colega segurança, realçou o fato de minhas roupas estarem "normais" e meu corpo, sem as tais lesões visíveis. Disse ainda não ter me escutado fazer queixa alguma sobre um eventual "mal físico". Chamou a atenção para o fato de eu não ter chorado em nenhum instante, exceto na hora de prestar depoimento na delegacia. Apenas naquela ocasião, diante da autoridade policial, notara meus olhos lacrimejantes.

Sei disso tudo porque está registrado nos processos, nas transcrições dos depoimentos das testemunhas. Da audiência contra o shopping center, não guardei quase nada, exceto um desconforto imenso, reprimido em alguma gaveta escondida e trancada a muitas chaves no interior da alma. Esse sentimento extrapolaria quase vinte anos depois, quando, ao examinar os arquivos referentes ao caso, me vieram flashes dos advogados bem-vestidos e elegantes, de uma moça bonita de vinte e poucos anos na sala que olhava para mim quase com desespero, como se tentasse dizer que não concordava com aquela desumanidade: um time de juristas empenhados em convencer um magistrado de que meu depoimento não valia nada, exigindo evidências de que eu fora estuprada, assim como provas concretas da minha dor. Quanto ao fato de ter sido sequestrada no estacionamento do shopping, alegaram que a segurança dos cidadãos é de responsabilidade do Estado.

No julgamento em que o réu era o estuprador, tenho lembranças um pouco mais nítidas. Numa cena, ele passa diante de mim e do meu marido, com a cabeça baixa, conduzido pelos policiais. Lira busca o ar no fundo do pulmão e segura uma de minhas mãos com força. Na sala de espera, enquanto aguardamos o chamado do juiz, observo o advogado de defesa do bandido — um homem magro e baixo, cerca de quarenta anos, testa oleosa, um terno mal-ajambrado e amassado. Sinto um pouco de pena, talvez porque eu me encontrasse grávida, e minhas emoções estavam todas à flor da pele.

Em 2005, Cristiano, o estuprador, recebeu pena de doze anos de reclusão. "Deve-se ressaltar que em sede de crimes contra os costumes a palavra da vítima é de grande relevância, até porque, no mais das vezes, os fatos não são presenciados por alguém. No presente processo, deve-se notar que inexiste razão aparente para a vítima incriminar um inocente. Portanto, sua versão deve ser tida como a verdadeira", lia-se na sentença.

O shopping center, por sua vez, foi condenado em primeira instância a me pagar uma indenização por danos morais e outra relativa aos prejuízos materiais. "As marcas do sofrimento e da violência suportada pela autora a acompanharão para toda a sua vida", escreveu o juiz. Os valores, destacou, "não apagarão as máculas deixadas, mas servirão para compensar a dor".

Meus advogados me aconselharam a recorrer da decisão — não consideraram a quantia justa. A defesa do shopping fez o mesmo. Na nova fase do processo, a empresa voltou a insistir na ausência de comprovação do estupro e dos impactos que a violência — constantemente colocada em suspeição — havia provocado em minha vida.

11. A vida nunca mais será a mesma

O corpo inerte ardia em chamas no chão da Esplanada dos Ministérios, em Brasília, na manhã de 17 de agosto de 2005. Vestia calça jeans, camisa azul de mangas compridas e, em meio às labaredas, vislumbravam-se retalhos queimados de uma peça de roupa vermelha. Estava decapitado e sem as mãos. A poucos centímetros do fogo, uma senhora de óculos segurava uma faixa amarela, na qual estava escrito "Fora corruptos", com as letras "p" e "t" destacadas em vermelho, fazendo referência ao nome do partido do então presidente Luiz Inácio Lula da Silva — cujo boneco a representá-lo continuava a queimar no piso de pedra, observado de perto por homens e mulheres com bandeiras do Partido Socialismo e Liberdade (Psol) e do Partido Socialista dos Trabalhadores Unificado (PSTU), as duas siglas que convocaram a manifestação contra o governo federal.

No protesto contra Lula — que reuniu entre 10 mil e 12 mil pessoas, de acordo com os cálculos da Polícia Militar divulgados pelos jornais —, além de bandeiras a tremular, também havia faixas estendidas. Em uma delas, lia-se: "Fora todos. Fora Lula, Congresso, PT, PSDB, PFL...". Em discurso durante o ato, o presidente nacional do PSTU, José Maria de Almeida, afirmou: "PT, PSDB e PFL são todos farinha do mesmo saco".[1]

Lula enfrentava, naquele momento, a maior crise política desde o início de sua gestão. No começo de junho, o deputado federal Roberto Jefferson, presidente nacional do PTB — partido que compunha a base aliada do governo —, denunciara que o tesoureiro do PT, Delúbio Soares, repassava 30 mil reais por mês a congressistas em troca de apoio político.[2] À denúncia do mensalão, como se tornariam conhecidas as mesadas, sucederam-se outras, a exemplo do uso ilegal de recursos para o pagamento de despesas da campanha que elegeu Lula.

Tanto quanto novas acusações, acumulavam-se pedidos na Câmara dos Deputados para a abertura de um processo de impeachment contra o presidente. Na tentativa de conter as dificuldades, ele buscava apoios dentro e fora do Congresso — e, na sociedade civil, um dos mais valiosos era o da Igreja católica. Com mais exatidão, da Conferência Nacional dos Bispos do Brasil, que naquele mês de agosto se reunira em Itaici, no interior paulista, para a realização de sua 43ª assembleia geral.

Os bispos não andavam plenamente satisfeitos com o governo, em especial por terem a participação vetada na comissão que estudava a revisão da lei sobre o aborto — os assessores da presidência argumentavam que a discussão em torno do tema deveria ser técnica, não de ordem moral.[3] Conseguiram se manter firmes nesse princípio até estourar o escândalo do mensalão.

Uma semana antes dos protestos em Brasília, o presidente Lula havia tentado granjear o apoio da CNBB por meio de uma carta endereçada a dom Geraldo Majella, o presidente da entidade. A carta foi lida durante a reunião da assembleia de Itaici, para cerca de trezentos religiosos. "Quero, pela minha identificação com os valores éticos do Evangelho, e pela fé que recebi de minha mãe, reafirmar minha posição em defesa da vida em todos os seus aspectos e em todo o seu alcance", escreveu Lula. E assegurou: "Os debates que a sociedade brasileira realiza, em sua pluralidade cultural e religiosa, são acompanhados e estimulados pelo nosso governo, que, no entanto, não tomará nenhuma iniciativa que contradiga os princípios cristãos".[4]

Dias depois, em resposta ao presidente, os bispos cobraram o cumprimento da promessa, traduzindo as referências vagas em termos precisos. No documento intitulado "Declaração sobre exigências éticas em defesa da vida", divulgado em 16 de agosto — portanto, véspera do movimento organizado por Psol e PSTU contra o governo em Brasília —, foram enfáticos: "Reivindicamos dos poderes constituídos [...] que recusem quaisquer projetos que atentem contra a dignidade da vida humana e da família, particularmente no que diz respeito à descriminalização ou legalização do aborto e da eutanásia". No mesmo texto, diziam confiar em "gestos concretos" do presidente para fazer cumprir seus "princípios cristãos", "inclusive quando isso exigir o exercício de seu poder de veto, seja de projetos de lei, seja de destinação de recursos financeiros".[5]

Àquela altura, o anteprojeto sobre a descriminalização do aborto — elaborado pelo grupo de trabalho criado pela Secretaria de Políticas para as Mulheres — já estava pronto para entrar em tramitação. Previa o livre direito à interrupção da gravidez até a 12ª semana de gestação e a qualquer tempo em caso de risco à vida da mulher ou má-formação fetal que impedisse o bebê de sobreviver ao parto. O projeto havia nascido com a bênção do governo e recebia a extrema-unção antes mesmo de ser despachado na Câmara dos Deputados.

Em nove meses, o cenário mudara — para pior. Humberto Costa, do PT, havia sido substituído na pasta da Saúde por Saraiva Felipe, do PMDB, como parte de uma reforma ministerial conduzida para tentar controlar a crise. Felipe não escondia sua rejeição à ideia de flexibilizar as regras para a interrupção da gravidez. Na verdade, preferia nem lidar com o assunto. "Não pretendo apoiar ou estimular esse debate", disse, a respeito das discussões em torno do tema, em seus primeiros dias à frente da pasta.[6]

No final de setembro, quando o projeto foi oficialmente recebido pela Comissão de Seguridade Social e Família, as feministas envolvidas na proposta de revisão da lei já sabiam que seriam vencidas. Em meio às inúmeras concessões feitas pelo governo, sobrou para as mulheres. Como de hábito, elas foram postas na linha de frente do sacrifício.[7]

A despeito da derrota iminente — e anunciada — do projeto sobre o aborto, as feministas puderam comemorar em 2005 a eliminação de uma aberração do Código Penal: a extinção da punibilidade do estuprador caso a vítima contraísse matrimônio. O pressuposto era o de que, uma vez que arrumasse um marido — que podia ser o próprio estuprador ou um terceiro —, a violência sexual deixava de ser um problema na vida da mulher. A mudança havia sido uma recomendação do relatório final da CPMI que investigava a exploração sexual de crianças e adolescentes, concluída no ano anterior.

Um caso em especial motivara os deputados e senadores integrantes da CPMI a sugerir a alteração legislativa. No dia 17 de fevereiro de 2004, o Tribunal de Justiça goiano extinguiu a pena do prefeito do município de Goiás, Boadyr Veloso, condenado a treze anos e dois meses de reclusão em regime fechado pelos crimes de estupro, atentado violento ao pudor e favorecimento à prostituição. As vítimas eram sete meninas, todas menores de catorze anos.

O documento final da CPMI apresentou detalhes do caso. Em novembro de 1997, Veloso havia sido preso em flagrante em um motel, na companhia de uma aliciadora e de uma adolescente de catorze anos. Defendeu-se afirmando que se tratava de uma reunião política. Naquela altura, ainda segundo as investigações, ele costumava pagar para que meninas virgens tirassem a roupa diante dele. Em um segundo momento, oferecia dinheiro para tocar nas partes íntimas das garotas, que logo eram forçadas a masturbá-lo. Por fim, comprava-lhes a virgindade. Tinha, à época dos fatos, 59 anos. Algumas das meninas, onze.

Ao estudar o Código Penal, os defensores de Boadyr Veloso — que, além de prefeito, era ginecologista e empresário — viram no matrimônio das vítimas a única chance de livrar o cliente da cadeia. E assim foi feito. Todas se casaram na mesma época, algumas no mesmo dia, sob as bênçãos da mesma madrinha: uma das advogadas do prefeito, que também arcou com os custos das cerimônias e conduziu as noivas ao cartório (os noivos chegaram de ônibus). Uma das noivas revelou à imprensa ter recebido mil reais pelo casamento.

Ao apresentar as sete certidões, Boadyr Veloso conseguiu a absolvição de sua pena por estupro e atentado violento ao pudor — manteve-se apenas a condenação por favorecimento à prostituição, pela qual não foi preso. Ele morreria em 2008, executado com três tiros em uma emboscada em Goiânia, sempre negando — oficialmente — ter estuprado as garotas. Alguns de seus apoiadores, no entanto, viam no histórico sexual de Boadyr Veloso uma oportunidade para faturar politicamente. Na campanha em que foi eleito prefeito, em 2000, muros da cidade ostentavam o slogan "Tarado por Goiás".[8]

O casamento como passaporte para a liberdade — do estuprador — não foi a única excentricidade a ser eliminada do Código Penal com a reforma de 2005. O adultério deixou de ser um crime previsto na lei. Com isso, perdeu força o argumento de legítima defesa da honra, utilizado com frequência para absolver assassinos de mulheres. Também saiu do Código o termo "mulher honesta", assim como o "crime de sedução", que punia com dois a quatro anos de reclusão quem "seduzir mulher virgem, menor de dezoito anos e maior de catorze, e ter com ela conjunção carnal, aproveitando-se da sua inexperiência ou justificável confiança". Por fim, a lei pôs fim ao "débito conjugal", que na prática obrigava mulheres a fazerem sexo com seus maridos. Pelo novo texto, o fato de o agressor ser casado com a vítima passa a constituir, em vez de causa para absolvição, um motivo para aumento de pena.[9]

Distantes cerca de 2800 quilômetros uma da outra, duas meninas de onze anos lidavam com o desconforto que o contato físico com homens mais velhos lhes provocava. Não se tratava, apenas, da aflição ocasionada pelo contato entre a pele delicada e a aspereza dos pelos espinhentos da barba por crescer — ou do odor característico liberado pelas axilas quando eles abriam os braços para envolvê-las. Tinha algo a mais.

Era 2006 e Carolina estava em uma viagem de férias com a família. Certa noite, acomodou a cabeça no colo do pai — embora não gostasse de seus beijos e abraços — e fechou os olhos. Um tio que participava do encontro deduziu que a sobrinha dormia e começou a narrar uma história imprópria para crianças.

Acontecera na noite de Natal, começara o tio. Uma menina estava na frente de casa, com um vestido longo, quando um rapaz montado numa bicicleta parou diante dela, encostou-lhe a faca no pescoço e ordenou que subisse na garupa. Alguns minutos depois, ela voltou para casa, sozinha. O vestido estava sujo de sangue, na altura dos seios — o homem extirpara o mamilo da garotinha com a faca, após estuprá-la.

O pai de Carolina ficou horrorizado com a narrativa e o tio tentou desanuviar o clima. Afirmou que, dias depois, viu a menina aparentemente feliz, brincando e dançando com a irmã. Mas concluiu: "O foda é que a vida dela nunca mais vai ser a mesma".

Até aquelas férias, Carolina nunca tinha lembrado do abuso que sofrera do avô por volta dos seis anos de idade. Se a mente bloqueara a lembrança do homem enfiando as mãos por entre suas perninhas no sofá da sala, diante de uma TV ligada no futebol, o corpo arquivara uma sensação de incômodo ao simples toque masculino. Por volta daqueles dias, dera seu primeiro beijo, em um colega da escola. Não tinha vontade nem curiosidade em beijar o garoto, agiu pressionada pelas amigas. Ao encostar seus lábios nos dele, sentiu-se tão mal, de tal maneira nauseada, que não conseguiria voltar a olhar para o menino. Experimentaria igual sensação outras vezes, sempre que um homem, qualquer homem, encostasse nela.

A história da criança do mamilo cortado funcionou como uma chave que abriu a gaveta onde guardara a recordação da violência sexual. Aos poucos, as imagens foram se tornando mais nítidas. As mãos ásperas do avô procurando sua vagina. Os dedos da menina por entre os dele, sendo conduzidos vagarosamente até um pênis rijo. A voz do narrador do jogo de futebol, as pernas cabeludas do velho, o grito de gol parecendo não ter fim, o cheiro ardido a exalar da cueca.

Carolina continuava a sonhar com parque aquático, túneis, pacotes de fraldas, piscina, o pai na cadeira de rodas, polvos azuis, homens com valise nas mãos. Mas, àquelas referências extravagantes, somava-se, a partir de então, uma outra, bastante familiar: o corredor da casa dos avós. O mesmo corredor que ela atravessava ao sair do quarto e se dirigir ao sofá da sala. O despertar da memória foi acompanhado por outro tormento, intenso e opressor, que a levaria a pensar, pela primeira vez em muitas, em dar fim à própria vida: a tortura da culpa. Ela concluíra que, se atravessava o corredor, era porque, no fundo, queria ser abusada pelo avô.

Ao criar um perfil na rede social Orkut, Elisa se animou. Poderia, a despeito da distância física, conversar com todo mundo — os meninos com quem flertava, além das amigas da escola, confidentes de suas primeiras paixões. Entusiasmada e neófita no universo ainda incipiente das trocas de mensagens virtuais, desconsiderou que os registros deixados no site poderiam ser lidos por qualquer um. Isso incluía o marido de sua mãe, Gisele.

Elisa e o padrasto não tinham uma boa relação — em vez de afeto, ela sentia certo nojo dele. Na verdade, nos últimos tempos, nem Gisele e o marido vinham se entendendo muito bem. Fazia alguns meses que a mulher sabia das traições do esposo com as fiéis da igreja — nem o fato de ela ser pastora intimidava os relacionamentos extraconjugais. O posto de comando também não a tornava inspiradora de solidariedade, ao contrário. De outras mulheres, chegou a ouvir que, se o marido procurava por diversões fora de casa, talvez a culpa fosse dela.

O que as religiosas não sabiam — nem Gisele — era que aquele homem não estava em busca de alívio apenas da porta para fora. O principal alvo de suas investidas estava ali, dormindo no quarto ao lado. Mal Elisa entrou na puberdade, o padrasto passou a vê-la como mulher. Cobiçava-a em segredo, olhava para o corpo feminino em transformação com desejo e sentimento de posse.

Por isso, ao ler as mensagens que a enteada trocava no Orkut com meninos de sua idade, foi dominado pelos ciúmes e lhe aplicou uma surra.

Ao fim do espancamento, em lágrimas, Elisa disse para Gisele: "Quero conhecer o meu pai".

Desde que fora estuprada por Isaac em um terreno baldio em São Paulo, durante a Copa do Mundo de 1994, Gisele não voltara a se dirigir ao pai de sua filha. Ao se mudar para o Recife, em 1995, a ideia era deixar aquele assunto para trás, criar Elisa longe de qualquer recordação da violência a que fora submetida. Mas o tempo mostrava que isso seria impossível.

Gisele sentou-se diante de Elisa. "Se você quiser, mando alguém te levar até seu pai. Mas saiba que isso vai me doer muito."

Apesar da confusão mental e da percepção forte de culpa, Carolina se perguntava como a avó conseguira se manter ao lado do avô, mesmo sabendo que ele abusava da neta. Por que suportava aquilo? Onde estava seu amor-próprio, que a levaria a rejeitar um marido disposto a traí-la com a própria neta? O mesmo pensamento ocorria a Elisa. Por qual razão sua mãe, uma mulher com espírito de liderança — afinal, tornara-se pastora —, inteligente e sensível continuava casada com um homem agressivo, calhorda a ponto de planejar fazer sexo com a enteada de onze anos?

A discussão sobre formas mais imperceptíveis de violência nos relacionamentos — como a psicológica, que não deixa marcas físicas nas mulheres agredidas e era sofrida tanto por Gisele quanto pela avó de Carolina — estava na ordem do dia em 2006. O motivo era a entrada em vigor da lei n. 11340, que se tornaria conhecida como a Lei Maria da Penha, sancionada em 7 de agosto pelo presidente Lula.

A nova lei foi a resposta mais contundente do governo brasileiro às cobranças feitas pela OEA, que desde 2001 exigia medidas específicas para erradicar a violência de gênero. Também resultou do esforço e da pressão dos movimentos de mulheres. Durante quase dois anos — entre o começo de 2002 e o final de 2003 —, um consórcio de organizações feministas trabalhou na elaboração do anteprojeto da Lei Maria da Penha. O texto começou a tramitar no Congresso Nacional em 2004 e, com o apoio da Secretaria de Políticas para as Mulheres, rapidamente foi aprovado por deputados e senadores.[10]

Ao enumerar as formas de violência doméstica e familiar contra a mulher, a lei tipificou a psicológica, "entendida como qualquer conduta que lhe cause dano emocional e diminuição da autoestima ou que lhe prejudique e perturbe o pleno desenvolvimento". Também sublinhou as formas usuais de degradação e controle das vítimas: "ameaça, constrangimento, humilhação, manipulação, isolamento, vigilância constante, perseguição contumaz, insulto, chantagem, ridicularização, exploração e limitação do direito de ir e vir".

Tratava-se de um avanço na compreensão da violência doméstica como algo além dos olhos roxos, tufos de cabelo arrancado e outras marcas visíveis. Não apenas nas delegacias, mas também na mídia, ainda imperava o estereótipo da esposa agredida cheia de esparadrapos no rosto. Foi o caso da jornalista Ingrid Saldanha, 32 anos, que estampou a capa da edição da revista *Veja* de 15 de março com os cabelos loiros escovados, maquiagem impecável, sobrancelhas desenhadas — e um curativo no nariz. "Ele sempre me bateu", lia-se ao lado da imagem da moça.[11]

O caso de Ingrid comoveu o Brasil porque não correspondia ao senso comum segundo o qual brigas violentas entre marido e mulher são um fenômeno das periferias. O agressor da jornalista era o ator Kadu Moliterno, vinte anos mais velho. Quando o escândalo estourou, ele estava no ar em uma novela da TV Globo, *Bang Bang*, que passava às dezenove horas. Ingrid contou aos jornalistas que foi agredida durante o Carnaval, dentro do carro, na frente dos filhos de doze e oito anos, ao reclamar da forma imprudente como o marido dirigia. Segundo relatou em mais de uma entrevista — e também na delegacia —, levou um soco que lhe rendeu um corte profundo no nariz (cujo reparo exigiu oito pontos) e hematomas na região dos olhos.

Por causa da agressão, Moliterno foi condenado à prestação de serviços comunitários — uma pena tão suave e comum para casos de violência doméstica quanto o pagamento de cestas básicas.[12] Com a entrada em vigor da Lei Maria da Penha, punições brandas do tipo seriam substituídas por reclusão de até três anos. Isso foi possível porque, com a nova lei, crimes desse tipo deixavam de ser julgados nos juizados especiais cíveis, popularmente conhecidos como "de pequenas causas", o que contribuía para banalizar o crime.[13] A lei criou os juizados de violência doméstica e familiar contra a mulher.[14]

Um dos pontos fundamentais da Lei Maria da Penha foi o estabelecimento das "medidas protetivas de urgência", obrigando o agressor a sair de casa, se fosse o caso, e proibindo-o de se aproximar da vítima, dos familiares dela e de testemunhas. Por ajudar a manter as mulheres afastadas de seus agressores, a lei passou a proteger a integridade física delas.

Assim, entre as vítimas de violência doméstica, a Lei Maria da Penha acabou por se mostrar uma forte aliada na luta pela sobrevivência. Finalmente, pelo menos na lei, o senso comum segundo o qual "em briga de marido e mulher ninguém mete a colher" perdia força. A agressão deixava de ser um assunto da vida privada para se tornar responsabilidade do Estado. No entanto, nem todas as mulheres que recorriam a ela conseguiam se beneficiar das novas regras. Antes mesmo de entrar em vigor, a legislação já era criticada por certos juristas. Consideravam-na inconstitucional por, supostamente, discriminar os homens.

Era o caso do juiz Edilson Rumbelsperger Rodrigues, da cidade de Sete Lagoas, no interior de Minas Gerais. Poucos meses após a publicação da lei, ele negou a aplicação de medidas protetivas contra companheiros de mulheres vítimas de maus-tratos. Em suas sentenças, classificou a lei de "monstrengo tinhoso", "absurda", um "conjunto de regras diabólicas".

"A desgraça humana começou no Éden, por causa da mulher", escreveu Rodrigues, para quem a aplicação da lei resultaria em famílias "em perigo", "filhos sem regras, porque sem pais; o homem subjugado". Criticou a "mulher moderna, dita independente, porque nem de pai para seus filhos precisa mais, a não ser dos espermatozoides". E, para quem ainda tivesse dúvidas de suas convicções, registrou: "O mundo é masculino! A ideia que temos de Deus é masculina! Jesus foi homem!".

Quando a sentença do juiz Edilson Rumbelsperger Rodrigues ganhou fama pela imprensa, ele se defendeu das críticas. "Vocês, mulheres, são usadas em discurso de campanha e num feminismo que não faz vocês felizes." A atitude rendeu a Rodrigues, além de reações de repúdio na imprensa e no Congresso Nacional, uma suspensão pelo Conselho Nacional de Justiça.[15]

O amontoado de gente, a batida frenética do funk — "se ela dança/ eu danço" —, os raios de luzes coloridas saindo de um globo e a fumaça de gelo-seco faziam eu me sentir ligeiramente grogue, como se estivesse bêbada ou sonolenta. "Tô ficando atoladinha/ Tô ficando atoladinha", gritavam jovens suados e endinheirados o suficiente para pagar o ingresso da boate chique da zona oeste de São Paulo naquela noite de inverno de 2006. No comando das picapes estava DJ Marlboro. Embora fosse bastante famoso, até uma semana antes eu nunca ouvira falar dele.

Talvez por suspeitar disso, meu chefe me pediu para discutirmos a pauta da entrevista que eu faria com o DJ para a seção "20 Perguntas", da *Playboy*. Como todos os espaços de trabalho reservados aos diretores da Abril, a sala de Edson Aran era cercada por vidros, no mesmo modelo de aquário dos chefes da *Veja*. Mas, ao contrário dos superiores da outra revista, Aran não era intimidador. Ao contrário: havia, entre os funcionários da redação, um espírito de coleguismo e solidariedade que sobressaía às hierarquias, de modo que eu não tinha nenhuma razão para ter um ataque de pânico ou ansiedade ao ficar frente a frente com o meu chefe. Quanto mais para discutir uma simples pauta, algo extremamente corriqueiro. Mas foi o que aconteceu.

Mal me sentei diante de Aran, meu rosto ficou em chamas. Não havia nada de constrangedor na conversa, nada de libidinoso — embora fosse uma entrevista para a *Playboy* —, embaraçoso, erótico, nada. Mas, por algum motivo, fui tomada por uma vergonha colossal, responsável por fazer eu começar a tremer as pernas, gelar as mãos, sentir o suor escorrendo pelas axilas. Na tentativa de disfarçar o mal-estar, deixei de olhar para Aran e abaixei a cabeça, fingindo anotar suas observações no caderno, temerosa de que ele percebesse, além do meu rosto queimando, a incapacidade de minhas mãos manejarem a caneta.

Deixei a sala sem respirar direito. Sentei-me diante do computador e comecei a fantasiar que, dado o meu comportamento, meu chefe concluiria que eu não tinha condições emocionais de trabalhar ali. Então lhe escrevi um e-mail, pedindo desculpas por ter agido de maneira tão estranha durante a reunião. Revelei que estava ansiosa e assustada, reflexo de uma experiência de violência ainda não totalmente superada. "Que coisa, Dri", ele respondeu, carinhosamente, de imediato. Disse que não tinha notado nada esquisito no meu comportamento — e desejou que eu ficasse bem. Mas não fiquei. Culpei-me por tudo. Por ter surtado na reunião, por ter escrito um e-mail piegas na sequência, por ainda não ter me recuperado do trauma.

Passados três anos desde que tudo ocorrera, continuava a sentir um medo incontrolável. De tudo. Mas, principalmente, de estacionamentos. Quando deixava a redação e precisava pegar meu carro no edifício-garagem, dava um jeito de ser acompanhada por alguém até a rampa onde o estacionara. Em espaços privados, como supermercados, pedia para os seguranças me acompanharem até a saída, contava parte da verdade. Dizia que havia sido vítima de um sequestro-relâmpago e, desde então, morria de medo de acontecer de novo. Os funcionários costumavam ser compreensivos, ajudavam-me a colocar as compras no porta-malas. Mas ainda assim eu tinha medo. E se um daqueles homens, na verdade, fosse um sequestrador disfarçado de segurança?

Viver assim, acossada pelo terror, travada, com os músculos contraídos, o coração acelerado, na iminência de um vômito, sem ar, com um aperto no peito, tornara-se parte da minha rotina. Quanto mais o tempo passava, mais certeza eu tinha de que jamais, nunca nesta existência, eu conseguiria recuperar a sensação de bem-estar e segurança dos tempos anteriores ao estupro.

No baile funk da boate de São Paulo, onde a juventude bem-nascida rebolava até o chão e cantava "eu só quero é ser feliz/ andar tranquilamente na favela onde eu nasci", ainda experimentava um imenso desconforto, vergonha e enjoo só de lembrar do ataque de ansiedade na sala do chefe. Ao admirar o passo ritmado e a coreografia despudorada de mulheres como eu, com as roupas coladas ao corpo e garrafas de bebida na mão, sentia a mais profunda inveja de tanta leveza, tamanha alegria, de uma liberdade tão sexy e bonita. Caramba, como eu queria voltar a me sentir jovem, viva, forte, em êxtase. A vida nunca mais seria a mesma.

12. É créu nelas

Enclausurada no banheiro de uma residência de classe média da cidade de Abaetetuba, distante 120 quilômetros da capital Belém (PA), Lidiany, quinze anos, quarenta quilos, 1,50 metro de altura, sabia que teria problemas pela frente. A menina, moradora de rua e dependente de drogas, fora aprisionada pelo dono da casa enquanto tentava furtar um celular, um cordão de prata e uma trouxa de roupas. Em três anos, aquela seria sua quarta detenção — e a paciência da polícia com repetidas infrações talvez já estivesse esgotada.[1]

Ela estava certa, a julgar pelo comportamento do homem encarregado de resgatá-la no cubículo — Adilson Pires de Lima, um investigador da polícia para quem o dono da casa telefonara após render a menina. Ao abrir a porta, o sujeito desferiu socos no estômago, além de enfiar o cano do revólver na boca da adolescente. Ameaçou puxar o gatilho, mas não a matou. Preferiu arrastá-la até a delegacia da cidade, onde foi atingida por um chute nas costas por outro policial e autuada pela delegada plantonista Flávia Verônica Monteiro Pereira. Embora a tortura enfrentada até ali já fosse terrível, nada se compararia ao inferno que ela viveria a partir dos instantes seguintes. Sem conferir o documento de identidade de Lidiany, a delegada decidiu prendê-la em uma cela junto com outros vinte detentos, todos homens, sendo dois deles acusados de violência sexual.[2]

Durante os 26 dias em que esteve na cadeia, a menina foi estuprada por diversos criminosos, mais de cem vezes;[3] teve costas, dedos e plantas dos pés queimados com pontas de cigarro, bem como os longos cabelos cacheados tosados a faca, para que se parecesse com um menino e não chamasse atenção em meio a tantos homens.[4] A delegacia de Abaetetuba não fornecia alimentação para os detentos — só comia quem tinha amigos e familiares para levar-lhes as refeições. Como Lidiany não recebia visitas, ficava com fome.[5] Alguns detentos lhe ofereciam um pouco do que recebiam, mas exigiam sexo em troca — em geral, serviam-se dela no banheiro imundo da cela superlotada. Por escárnio, havia os que, antes de dar comida para a menina, cuspiam e escarravam no alimento. Se reclamasse de algo, era espancada a golpes de vassoura.

Quando os agentes carcerários se aproximavam da cela, a adolescente gritava, dizia que era menor de idade, pedia para ser retirada da masmorra. Eles olhavam para ela, indiferentes, e continuavam seus afazeres. Flávia Pereira, a delegada, considerava que agir movida pelo senso de humanidade extrapolava suas funções — aquilo era da conta dos servidores do sistema judiciário, seu trabalho era outro.[6] Dezessete dias após a prisão de Lidiany, Fernando Cunha, também delegado da repartição, protocolou um ofício no fórum da cidade para informar à juíza da 3ª Vara Criminal, Clarice Maria de Andrade, sobre a presença de uma mulher junto a outros homens na cadeia. Sem mencionar a idade de Lidiany, solicitou a transferência dela para uma unidade prisional feminina.

Como não obtiveram resposta da juíza, os delegados mantiveram a garota presa com os criminosos.[7] Entre estes, porém, nem todos a violentavam. Havia os que se sensibilizavam com a situação dramática da jovem. Um dos rapazes, ao ser solto, decidiu procurar o Conselho Tutelar da cidade para denunciar os horrores da cadeia pública.[8] De imediato, conselheiros se dirigiram à delegacia e flagraram aquela que se configuraria como uma das maiores violações aos direitos humanos no Brasil no início do século XXI.

Nove meses antes do caso de Abaetetuba, um relatório da OEA já havia denunciado as situações de estupro envolvendo presas. "As mulheres encarceradas [...] são submetidas à recorrente violência sexual praticada tanto por funcionários das próprias penitenciárias quanto por presos masculinos em cadeias mistas."[9]

De fato, embora tivesse chocado a opinião pública, dramas como o de Lidiany eram corriqueiros no país, o que explicava certo tom de surpresa dos agentes públicos protagonistas do escândalo — delegados, investigadores, carcereiros e a própria juíza — quanto às repercussões em torno das torturas sofridas pela adolescente. Em depoimento à Comissão Parlamentar de Inquérito (CPI) do sistema carcerário, cujo relatório foi publicado pela Câmara dos Deputados em 2009, a delegada responsável pela prisão da menina, Flávia Pereira, reconheceu que, no passado, outras detidas haviam dividido o mesmo espaço físico com homens — e admitiu ter consciência dos riscos de violência sexual em contextos como aqueles.[10] O policial Antônio Fernando Botelho da Cunha citou nomes de mulheres que haviam sido jogadas em celas masculinas em tempos recentes: Adriana, Ilma, Raimunda e Sandra.[11] Rodnei Leal Ferreira, um dos presos ouvidos pela CPI, relatou que, antes de Lidiany, outra mulher, Maria, passara um mês entre eles.[12]

Os investigadores da CPI encontraram diversos casos semelhantes ao da menina de Abaetetuba. No mesmo Pará, conheceram uma detenta que permaneceu presa durante cinco meses com 38 homens. Deixou a cela grávida.[13]

Nas respectivas defesas, policiais e integrantes do sistema judiciário afirmavam que a culpa era do Estado — afinal, onde colocar uma infratora, se não existiam celas exclusivas para mulheres em quantidade suficiente para atender à demanda? No mês em que Lidiany foi presa, verificava-se um déficit nacional de 47,67% de vagas para a população prisional feminina. Dos 508 estabelecimentos penais com mulheres, apenas 58 eram destinados exclusivamente a elas; os demais eram mistos.[14]

No episódio de Abaetetuba, a violência sexual propriamente dita — a violação ao corpo da mulher — partira dos presos. Mas as investigações da OEA alertaram para o fato de, muitas vezes, a agressão ser protagonizada pelos próprios responsáveis por zelar pela segurança das detentas. "Os funcionários, quando não são os responsáveis diretos e exclusivos dos abusos sexuais, compactuam com eles", concluiu o estudo.[15] Era o caso de uma jovem — caso revelado pela CPI do sistema carcerário —, mãe de dois filhos, que desconhecia a identidade dos pais das crianças, tantos foram os homens, entre presos e funcionários, com quem precisara fazer sexo durante o período na prisão.[16] "As mulheres que sofrem violência sexual ou trocam relações sexuais por benefícios ou privilégios não denunciam os agressores por medo, uma vez que vão seguir sob a tutela de seus algozes, ou ainda por não entenderem que o sexo utilizado como moeda de troca é uma violação grave cometida por um agente público", enfatizou a comissão responsável pelo relatório da OEA.[17]

Naquele documento, além de expor a situação vulnerável de mulheres em cadeias e penitenciárias do Brasil, a Organização dos Estados Americanos cobrou do governo o cumprimento, na íntegra, da Convenção Interamericana para Prevenir, Punir e Erradicar a Violência contra a Mulher — a chamada Convenção de Belém do Pará. Pelo acordo, o Estado brasileiro se comprometia, entre outros itens, a dar especial atenção às mulheres privadas de liberdade.

No "Pacto nacional pelo enfrentamento à violência contra a mulher", documento publicado pelo governo federal em 2007, ficara registrado o compromisso público de construir e reformar novos estabelecimentos prisionais femininos. Outra promessa: promover os direitos sexuais e reprodutivos das mulheres.[18] Amortecidos os impactos negativos do mensalão, o governo voltara a acenar com a possibilidade de discutir novas regras para o aborto. Ao assumir o Ministério da Saúde naquele segundo mandato do presidente Lula, o médico sanitarista José Gomes Temporão defendeu a realização de um plebiscito sobre o assunto. Em entrevista, chegara a declarar que, "do ponto de vista da saúde pública", apoiava a legalização da prática.[19]

Depois de correr por um ano e dois meses pelas comissões técnicas da Câmara, o projeto de lei descriminalizando a interrupção voluntária da gravidez havia sido arquivado pela Mesa Diretora da Casa — mas, após três meses, em abril, voltara a tramitar, para insatisfação da Conferência Nacional dos Bispos do Brasil, cujos representantes falavam em "matança de inocentes" ao criticar o projeto.

Um dos principais líderes evangélicos do país, por outro lado, mostrara-se entusiasta da ideia. O bispo Edir Macedo, fundador da Igreja Universal do Reino de Deus, defendia abertamente a descriminalização do aborto. "Muitas mulheres têm perdido a vida em clínicas de fundo de quintal. Se o aborto fosse legalizado, elas não correriam risco de morte", declarou, em entrevista para o jornal *Folha de S.Paulo*, em outubro de 2007. "A criança não vem pela vontade de Deus. A criança gerada de um estupro seria de Deus? Não do meu Deus!"[20]

Graças à intervenção do Conselho Tutelar, Lidiany foi solta; mas, correndo risco de vida, precisou ser inscrita no Programa de Proteção a Crianças e Adolescentes Ameaçados de Morte, do governo federal. Ela e os familiares — com os quais praticamente não tinha contato — mudaram de estado. Cinco delegados e três agentes prisionais foram condenados por crime de omissão, entre outros, e recolhidos à prisão. A juíza Clarice Maria de Andrade foi proibida pelo Conselho Nacional de Justiça de atuar como magistrada pelo período de dois anos — mas continuou recebendo salário.[21] O caso atraiu a atenção da imprensa internacional para a violência sexual contra mulheres no Brasil. Na esteira da história de Lidiany, outros casos escabrosos ganharam destaque nas páginas de jornais do exterior, como o de uma uruguaia de 29 anos, estrangulada, estuprada e decapitada por um traficante que conhecera em uma festa no interior da Bahia. Ela havia se recusado a fazer sexo com ele, após aceitar recebê-lo em casa.[22]

Apesar da visibilidade dada para a calamidade do estupro que o caso de Lidiany ensejara, um batalhão de mulheres continuava a ser violentado diariamente, muitas vezes sem que ninguém mais soubesse, além da vítima e do agressor. Era o caso de Naima, a ex-estudante de música do Recife agredida e humilhada quase todos os dias pelo marido, o dentista Tiago.

Depois de vencer a anorexia, Naima conseguira convencer Tiago a permitir que ela trabalhasse fora de casa. Arrumara um emprego como promotora de vendas em uma academia de ginástica. Tinha um salário fixo e recebia bonificações por pacotes de adesão vendidos. Para quem nunca, em toda a vida, recebera salário, considerava-se bem remunerada, embora o dinheiro não fosse suficiente para pagar a prestação de um carro — aquisição que a pouparia de enfrentar ônibus cheios durante a semana. O marido possuía dois veículos, um esportivo e outro para o dia a dia, além de uma bicicleta que custava o mesmo que um automóvel popular. Mas não deixava Naima chegar perto de suas preciosidades — tampouco se oferecia para deixá-la e buscá-la no serviço. Inventara aquela moda de trabalhar? Pois que se virasse.

Embora, com a nova rotina, convivesse com mais gente fora da clausura doméstica, Naima não conversava com ninguém a respeito da própria vida entre quatro paredes. Estava convencida de que só despertaria do pesadelo quando Tiago morresse — e deveria ser em um acidente ou algo imprevisto, pois o homem tinha saúde de ferro.

Certo dia, numa crise de angústia que a deixara com falta de ar, resolveu desabafar com um amigo do marido. Ele e Tiago faziam parte do mesmo grupo de corrida de rua. Parecia loucura, mas Naima estava desesperada e precisava confiar em alguém: de mais a mais, o rapaz era religioso, tinha a voz calma e parecia saber guardar segredos. Depois de ouvir as queixas da mulher, deu-lhe um conselho: deveria se casar com o dentista na igreja evangélica que frequentava. A bênção de Deus acalmaria o coração do marido — e, pela força da palavra, ele se transformaria em um fiel atencioso, bondoso e amável com a esposa.

Surpreendentemente, Tiago concordou com a proposta. Então, em 2007, em vez de escapar da relação abusiva, Naima mergulhou ainda mais fundo nela. O filho de nove anos do casal participou da cerimônia, sorridente — embora fosse violento com a esposa, o dentista não agredia a criança. Ao contrário, tratava-o com carinho e alegria, o que lhe conferia uma imagem pública de paizão.

À celebração do casamento compareceram os novos colegas do casal, outros frequentadores da igreja — entre eles uma fiel com quem, na ocasião, Tiago já traíra Naima. Quando soube do affair, pediu explicações ao marido. Ele sorriu. "É uma gata de abdômen sarado, bem diferente de você."

"Mostra a barriga, mostra o pneu!"
Acuada diante da mulher de quepe, uniforme preto e cassetete na mão, uma senhora levanta a camiseta cor-de-rosa, de aparência barata. As dobrinhas da barriga saltam da calça jeans apertada. A câmera se aproxima da pele à mostra. "Isso aqui", tripudia a mulher de cassetete, "não é tatuagem não, é estria."

Na cena, a inspetora estética em questão era uma atriz fantasiada de policial de elite. Atuava para um quadro do programa *Pânico na TV!*, transmitido pela RedeTV! nas noites de sábado. No esquete, a jovem interpretava a líder da "tropa de celulite", cuja missão seria "salvar as mulheres de um outro mal, a terrível obesidade".

A humilhação se passou em um típico restaurante popular de São Paulo, em que os clientes comem pratos feitos, os pê-efes, no balcão. Uma mulher negra fazia sua refeição quando foi abordada pelos membros da tropa, que incluía a Mulher Samambaia, personagem da modelo Danielle Souza. Dona de um corpo "padrão" — quadríceps definidos, barriga sem gordura e seios siliconados —, Danielle vestia um biquíni minúsculo, com pedaços de tecido verde dependurados, simulando folhas de uma planta.

"Pode parar, colega. A gente tá aqui pelo bem da sua nádega", disse a líder da tropa. "A senhora já foi convidada para posar pelada?", perguntou, antes de confiscar o prato da cliente. "Não", ela respondeu, séria. "E não vai [ser convidada] comendo feijão", encerrou a policial de araque.

Aproximou-se de outra, igualmente negra, que também almoçava. Dirigindo-se para a câmera, a atriz prosseguiu: "Você transa de luz acesa, minha amiga? Não, você apaga a luz, porque tem medo de que seu namorado pegue no seu braço e fale 'meu, que coxa é essa?'".

Sensação da TV aberta em 2007, o programa *Pânico na TV!* apresentava quadros em que as mulheres enfrentavam constantes violências e degradações. As principais vítimas eram as próprias contratadas da atração — além de Danielle Souza, outras modelos jovens e bonitas, conhecidas como Panicats, e a apresentadora Sabrina Sato. A todo instante as moças eram diminuídas, julgadas estúpidas, lerdas e incapazes — ou explícita e assumidamente tratadas como adornos, como ficava evidente pela existência de uma personagem intitulada Mulher Samambaia.

Submetidas a tarefas constrangedoras e insalubres — como fazer limpeza dentro de fossas com fezes e ratos mortos boiando na superfície da água podre —, as modelos invariavelmente fracassavam em suas missões. Por isso, eram castigadas. Ao não conseguir preparar um brigadeiro dentro de um carro em alta velocidade, Danielle Souza precisou "pagar o preço de sua incompetência permitindo que um rapaz desprovido de vantagens estéticas provasse o sabor do seu beijo", como informou o narrador do programa. Além de sugar a boca da modelo, o jovem passou a mão na bunda dela, quase inteiramente à mostra, pois Danielle usava um biquíni fio dental.

Sabrina também beijou um desconhecido na rua, após não conseguir vencer um desafio; o mesmo ocorreu com Daniele dos Santos, a panicat Dani Bolina. No caso de Daniele, o beijo foi dado no vencedor de um concurso de chupadas de pés. Parecendo não acreditar na própria sorte, o jovem permaneceu de olhos abertos enquanto sua língua — a mesma que, minutos antes, estivera entre os dedos de pés besuntados por alimentos gordurosos — percorria o interior da boca da modelo.[23]

No dia 10 de fevereiro de 2008, quase 40 mil pessoas ocuparam as arquibancadas do estádio do Maracanã, no Rio de Janeiro, para acompanhar um clássico Fla x Flu — a partida entre Flamengo e Fluminense era válida pela Taça Guanabara, o primeiro turno do campeonato carioca.

Pouco depois dos trinta minutos do segundo tempo, o artilheiro Thiago Neves, camisa 10 do Fluminense, recuperou a posse de bola na lateral esquerda, avançou pelo meio do campo, driblou dois zagueiros e, da pequena área, chutou em direção às redes, marcando seu terceiro gol no jogo. Os torcedores do Fluminense, eufóricos, pulavam e gritavam vivas ao craque, mas ele preferiu comemorar diante dos admiradores do time adversário. Na frente das arquibancadas da torcida rubro-negra, flexionou levemente os joelhos, estendeu os braços com as mãos em punho e, num movimento ritmado, jogou a região genital para a frente e para trás, repetida e rapidamente, simulando um ato sexual.

A encenação de uma transa de pé, na realidade, fazia parte da coreografia da dança do créu, o hit do verão brasileiro de 2008. Composta pelo carioca Sérgio Costa, a peça dizia, em sua segunda estrofe: "É créu! É créu nelas!".

Nas apresentações em bailes funk — e programas populares da televisão aberta —, o artista era acompanhado por dançarinas de glúteos imensos e shorts minúsculos. A letra sugeria uma sequência de cinco velocidades para a dança, que funcionava de maneira sobejamente lasciva: de um lado, o cantor fazia movimentos de penetração; do outro, as dançarinas agachavam com as pernas muito abertas, balançando as nádegas, o que fazia lembrar as performances das moças do grupo É o Tchan, no final dos anos 1990. Os dois últimos versos da letra de Sérgio Costa diziam: "Quem achou minhas dançarinas gostosas aí dá um grito/ Eu também achei".

A comemoração de Thiago Neves foi copiada por atacantes de outros times do país — sempre em tom de provocação contra a torcida rival. De início, narradores dos jogos e apresentadores de programas esportivos tratavam a dancinha em tom de graça, irreverência. Mas as raras mulheres comentadoras de futebol da imprensa começaram a manifestar incômodo com a tendência. "Está na moda a comemoração que imita um estupro", escreveu a jornalista Soninha Fancine, colunista do caderno de esportes da *Folha de S.Paulo*. "Em uma relação consentida, espera-se que seja bom para ambas as partes, e não é essa a ideia do gesto grotesco que os jogadores têm feito em campo depois de um gol", prosseguiu.[24]

As palavras de Soninha foram uma espécie de premonição do que aconteceria dias depois, ao final da partida entre Avaí e Figueirense, pelo campeonato de Santa Catarina. Após o jogador Bebeto, do Avaí, comemorar o segundo gol com a dancinha, os atletas do outro time avançaram contra ele, iniciando-se uma briga que só foi interrompida com a ação da polícia.

Outras vozes se juntaram ao coro de descontentes. "Dança do créu, no gramado, é obscenidade. Não é falso moralismo, mas respeito ao próximo, aos seres humanos que não vão ao estádio para serem agredidos [...]. Ou tomam providências ou os próximos créus serão de calção arriado", escreveu, a respeito do caso, o jornalista Ricardo Gonzalez, editor de esportes do *Jornal do Brasil*.[25]

No mês de abril, a comissão de arbitragem da Confederação Brasileira de Futebol orientou juízes a proibirem comemorações de gol provocativas à torcida adversária, como a dança criada por Sérgio Costa. Não se tratava, porém, de algo específico contra o "créu nelas", uma reprimenda contra simulações de estupro, como definira Soninha. Tratava-se apenas de manter a cordialidade dentro de campo — do mesmo modo, o dedo indicador na boca pedindo silêncio do lado oponente da arquibancada também passaria a ser coibido pelos juízes.

A dança do créu seria responsável por lançar à fama a dançarina Andressa Soares, então com dezenove anos, conhecida como Mulher Melancia — referência à extensão dos seus quadris e adesão à recente moda das chamadas "mulheres-frutas", dançarinas de funk celebradas por serem bundudas. Estava também implícita a ideia de que, como frutas, eram doces e comestíveis. Além de Melancia, tornaram-se famosas, na mesma época, a Mulher Melão e a Mulher Jaca.

Os leitores de *Playboy* enviavam constantes pedidos à redação para que Andressa fosse fotografada pela revista. Em abril, ela saiu na capa de uma edição avulsa, chamada "Paixão Nacional". Sucesso de vendas, logo recebeu — e aceitou — o convite para ser a estrela da edição regular, de junho. Em meados de maio, quando Andressa já havia sido fotografada pelo badalado fotógrafo J. R. Duran, viajei para Brasília para entrevistar o então ministro de Assuntos Estratégicos do governo, o professor Mangabeira Unger.

Matérias para a *Playboy* exigiam do repórter uma habilidade especial para abordar assuntos delicados, como sexo, sem constranger ou inibir o interlocutor. Eu me julgava apta para o serviço, mas um entrevistado como o ministro Mangabeira Unger — um senhor formalíssimo — exigia das minhas competências mais do que elas podiam oferecer. Portanto, fiquei aliviada quando, em determinado momento da duríssima conversa, ele me perguntou quem seria a estrela da capa da edição na qual a entrevista sairia. Vislumbrei, ali, uma entrada para esquentar a pauta. Respondi que era a Mulher Melancia.

"Mulher Melancia?", ele me olhou, surpreso. "O que é isso, Mulher Melancia?"

"É uma moça, cantora e dançarina", respondi, meio encabulada.

"Melancia?", ele insistiu, ainda confuso.

"Sim, ministro. Ela tem esse apelido por causa de um detalhe da anatomia."

Vendo-me aflita, o assessor de imprensa de Mangabeira Unger veio em meu socorro. Com cuidado, explicou para o chefe que a Mulher Melancia era avantajada na região glútea. O ministro enfim entendeu. Contorceu-se na cadeira, sem jeito, e considerei frustrada minha oportunidade — que seria a única — de introduzir algum tema minimamente picante na prosa.

A inibição de Mangabeira Unger com temas caros à *Playboy*, no entanto, não era uma regra nos gabinetes em Brasília. Naquela mesma viagem, aproveitei as horas a mais que ficaria na capital e me dirigi ao gabinete de um senador. Precisava entrevistá-lo para uma matéria cujo tema não tinha nada de excitante — desentendimentos no primeiro escalão do governo sobre questões ambientais. Sentamo-nos frente a frente, separados pela mesa em que ele despachava.

Antes que eu ligasse o gravador, o parlamentar encostou os cotovelos na mesa, juntou as mãos diante do queixo, jogou o tronco para a frente e me perguntou, com a voz suave: "E você? Já posou nua?".

Tomei um susto. Senti todo o sangue do corpo correr em direção ao meu rosto.

"Não, senador. Sou jornalista, não sou modelo", respondi, desconcertada.

"Mas jornalistas também posam nuas", ele devolveu, apertando os olhos de leve. Citou a jornalista Mônica Veloso, ex-namorada do senador Renan Calheiros, capa da *Playboy* de outubro de 2007.

"Não, senador. Eu só escrevo matérias."

13. Silêncio e dor

A chuva ruidosa que caía no começo da noite dava ao estacionamento da Faculdade de Filosofia, Letras e Ciências Humanas da Universidade de São Paulo, a FFLCH-USP, um ar ainda mais lúgubre do que o habitual. Após estacionar, repeti o procedimento padrão: abri a porta rapidamente, saltei do banco, acionei o alarme para trancar o veículo e corri em disparada rumo à entrada mais próxima do prédio. O corpo estava como sempre: coração acelerado, axilas suadas, mãos e pés gelados, pernas bambas e pesadas. O piso estava molhado, e acabei escorregando e tombando de costas. Com o impacto, a pasta que carregava junto ao peito se abriu no chão encharcado, cuspindo longe livros, cadernos e papéis. Antes de recolher tudo, levei a mão à barriga. Já de pé, em vez de seguir para a aula, voltei para o carro. Quando deixei a Cidade Universitária, sabia que não voltaria ali nem mesmo para trancar a matrícula.

"Não dá, não dá", repetia para mim mesma, a caminho de casa. Concluí que o melhor a fazer pela minha segurança e das meninas — estava grávida de minha segunda filha, Alice, e tanto ela quanto Emilia precisavam de uma mãe viva — seria abandonar o projeto no qual me engajara no final do ano anterior, 2007, quando decidi prestar vestibular para o curso de filosofia da USP. Como trabalhava durante o dia, frequentava as aulas à noite. Deixava a Abril e ia direto para a universidade, três vezes por semana — matriculara-me apenas em algumas disciplinas, pois não tinha pressa para me formar. Mal cruzava a entrada principal do campus, já sentia falta de ar. Achar uma boa vaga na FFLCH — ou seja, próxima ao frontispício e com alguma iluminação — era um desafio. Embora as aulas começassem às dezenove horas, muitas vezes eu entrava na sala depois das vinte horas, pois passava longos minutos dirigindo pelos arredores, na esperança de identificar um lugar minimamente seguro para estacionar o carro. Muitas vezes, quando não o encontrava, desistia de assistir às aulas.

Nas ocasiões em que dava tudo certo e eu enfim conseguia me sentar em uma carteira para acompanhar as exposições dos professores, surgia uma outra questão: e na hora de voltar para casa, como faria para entrar no carro com segurança? Eu olhava para minhas colegas — a maioria, garotas na faixa dos dezoito anos — e me perguntava como eram capazes de se concentrar nas explicações de Marilena Chauí sobre a ética em Espinosa sabendo que, às 23 horas, teriam de deixar o campus, provavelmente sozinhas, um espaço onde há pouco tempo oito mulheres, no mínimo, haviam sido estupradas?[1]

Antes de começar a frequentar a USP, no intervalo entre a aprovação no vestibular e o início do ano letivo, procurei notícias de jornais sobre a segurança na universidade. Foi assim que me deparei com matérias a respeito de oito mulheres estupradas no campus e nas proximidades.

O caso que mais me impressionou, pela semelhança com o meu, havia ocorrido no dia 28 de novembro de 2002, uma quarta-feira. Uma mulher de 33 anos — exatamente a idade que eu tinha no início de 2008 — deixou a sala de aula e se dirigiu para o estacionamento da FFLCH. Eram 12h20, céu claro. A certa distância, a estudante acionou o alarme para destravar as portas do veículo. Entrou por uma porta; um rapaz jovem, cerca de 25 anos, pela outra. Mostrou-lhe uma faca, ordenou que dirigisse até um local ermo, nas proximidades, e a estuprou dentro do próprio carro. Depois que ele foi embora, a mulher voltou para o lugar onde fora sequestrada e pediu ajuda aos guardas. Posteriormente, ao dar entrevista mantendo o anonimato, revelou como se sentia. "Estou com muito medo, mudei toda a minha vida. Não trabalho, não estudo."[2]

Em 2006, um outro caso ganhara as páginas dos jornais: uma jovem de 22 anos foi atacada por um homem ao lado do centro de práticas esportivas da USP. Eram 22h55 e ela andava em direção ao conjunto residencial da universidade, onde vivia. Antes de estuprar a jovem, o criminoso garantiu que a mataria se olhasse no rosto dele.[3]

Eu tinha duas estratégias para tentar lidar com o nervosismo que a USP despertava em mim. No intervalo entre o primeiro e o segundo bloco de aulas, quando alunos e professores saem do interior dos prédios e circulam nos espaços ao ar livre, a caminho das cantinas, eu ia ao carro e o conduzia até uma vaga melhor, que por acaso tivesse surgido no meio-tempo. Era bastante comum que, ao entrar no veículo, eu mudasse de ideia e fosse para casa, perdendo a outra metade das aulas — tempos depois, desenvolveria uma técnica paralela, que consistia em deixar algo de valor sentimental na sala, como um caderninho ou o estojo de canetas, para me forçar a retornar (embora nos piores momentos eu tenha preferido abrir mão dos pertences).

A segunda estratégia consistia em me certificar com os seguranças do prédio de que eles não iriam embora antes do final da aula — e se concordavam em me acompanhar até o estacionamento ou me observar de longe, do mesmo modo como agia nos supermercados.

Por chegar sempre atrasada e me ausentar nos intervalos entre as aulas para ir até o carro, eu não socializava com o pessoal da faculdade. Havia, entre os estudantes, homens e mulheres com perfis semelhantes ao meu — mais de trinta anos, na segunda ou na terceira graduação, que passavam o dia no serviço e estavam sempre com as leituras e os trabalhos pendentes. Em geral, sentava-me no fundo da sala, perto da porta, para poder escapar sem ser notada em caso de alguma emergência.

Estava sempre na expectativa de alguma tragédia. Se era uma questão de tempo até algo terrível ocorrer, por que eu permanecia ali, em uma sala de aula, de noite, tomando notas sobre a *Fenomenologia do espírito*? De que aquilo me serviria? Aliás, de que qualquer assunto, interesse, filme, livro e música me seriam úteis? Por que raios eu não estava desfrutando da companhia da minha filha, antes que o inevitável — o meu fim, porque a sensação era de que o mal me perseguia para onde quer que eu fosse, mas ficava mais à vontade para agir em espaços como um estacionamento deserto — acontecesse?

O constante estado de alerta, o corpo e a mente mobilizados para agir em face do perigo me afastavam não apenas de possíveis novos amigos, como também dos antigos. Fernanda, a amiga que me socorrera na noite do estupro, havia tido uma menina pouco depois de mim. Nossas filhas ficaram próximas, gostavam de brincar juntas. Mas eu tinha medo de tudo, especialmente da casa nova de Fernanda, com porta para a rua, e não autorizava Emilia a passar a noite lá. Fantasiava os piores cenários, uma invasão de sequestradores, homens fugindo com minha pequena garotinha tão inocente, tão bochechuda, tão grudada em mim. Pouco a pouco, tornamo-nos apenas as mães das meninas, só conversávamos sobre febre e métodos de alfabetização, e depois nem isso.

Com outras amigas, o rompimento foi mais brusco. Para uma conhecida da redação da *Veja*, eu disse, de maneira grosseira: "Por mais que você seja uma boa pessoa, me traz lembranças horríveis". Ela chorou e, ofendida, nunca mais me dirigiu a palavra. Outra se sentou diante de mim no bandejão da Abril, à hora do almoço. Ao ficar frente a ela, algo fora do planejado para uma refeição na qual pretendia não tirar os olhos de um livro qualquer, senti o rosto corar, a respiração ficou ofegante, fui acometida por uma vergonha incontrolável. Confusa, ela perguntou se eu preferia ficar sozinha. "Sim, desculpe-me", respondi. Depois, passei a evitá-la.

Sem planejar, estabeleci um novo padrão de relacionamentos. Aproximava-me de colegas autocentrados, que desenvolviam longos monólogos a respeito das próprias crises existenciais e não tinham interesse na minha vida. Tornei-me uma boa ouvinte. A jovem tagarela de outrora se transformara numa mulher silenciosa. Aos novos olhos, eu era uma pessoa discreta, reservada, ciosa da própria intimidade.

Só me daria conta dessa mudança na minha forma de agir tempos depois, ao reencontrar — virtualmente — uma conhecida dos primeiros anos de juventude, da época em que ainda vivia em Fortaleza. Ela me perguntou como era o jeito de Emilia. "Tímida", respondi. "Tímida?", a velha amiga tomou um susto. E disse uma frase que me chacoalhou. "À mãe, com certeza, não puxou."

Era bem raro, mas às vezes eu conseguia sair mais cedo do trabalho e pegar Emilia na saída da escola. Enquanto a esperava em frente ao portão, podia ouvir o coro de crianças entoando, no parquinho, uma canção de despedida cujo verso final dizia "a mamãe tá me esperando". Aquilo acabava comigo. Pensava em todos os outros dias em que eu não estava aguardando minha filha — e nas crianças que jamais eram recebidas pelas mães, mas sempre por motoristas do transporte escolar, avós ou babás (quase nunca, pelos pais), e sabiam que estavam cantando uma grande mentira. Pouquíssimas eram as mulheres que podiam estar com seus filhos num final de tarde em São Paulo.

Tatu era uma dessas raridades. Dos muitos sonhos que aliviavam a realidade infernal da adolescência, quando era violentada sexualmente pelo próprio pai, ela realizara parte deles. No silêncio do quarto após as visitas indesejadas do homem, imaginava um futuro em que teria um marido de brio, maduro e respeitável, incapaz de fazer qualquer mal às filhas. Conforme planejado, Flávio se mostrara um pai zeloso, protetor, dedicado à vida em família — tanto que, dois anos após o nascimento da primeira filha, em 2004, tiveram mais uma garotinha.

Do ponto de vista profissional, no entanto, os projetos de Tatu não prosperaram. Em suas projeções, costumava se imaginar como uma grande arquiteta, desenhando lindas casas para famílias felizes. Mas, na época do vestibular, estava com a autoestima tão abalada que se julgou incapaz de levar o plano adiante. Escolheu a faculdade de administração de empresas, mais por não saber o que fazer da vida e menos por desejo de ser dona de um negócio. Durante o curso, conseguiu um emprego em um banco, mas desistiu do serviço ao ouvir do chefe a recomendação para ir trabalhar sem calcinha nos dias em que precisasse abrir conta de taxistas.

Cansada, Tatu decidiu mergulhar na maternidade. Quando a conheci, em frente à escola onde estudavam nossas filhas, ela me parecia o modelo da mãe ideal: estava sempre sorridente, bonita e bem penteada, sabia tudo sobre horários de aulas, estilo dos professores, lições de casa. Costumava estar acompanhada de um cachorrinho branco e felpudo, preso por uma coleira, que voltava para casa saltitante, conduzido pela filha.

Interagíamos superficialmente, pouco além de cumprimentos, trocas de impressões ligeiras e sorrisos. Ela era encabulada, discreta, quase não falava de si. Eu tomava um cuidado especial com Tatu desde o dia em que, durante a gravidez da segunda filha, acariciei a barriga dela. Percebi-a incomodada, meio sobressaltada com o toque repentino, dado sem consentimento. Puni-me pelo ato impensado, por aquele comportamento invasivo. Afinal, eu conhecia a repulsa ao toque de alguém desautorizado. Mas, na época, não podia imaginar que, entre o meu silêncio e o de Tatu, havia mais dores em comum do que a conversa banal de porta de escola poderia suportar.

É comum que vítimas de violência sexual desenvolvam a chamada síndrome da desordem pós-traumática, a SDPT. Profissionais de saúde envolvidos no tratamento de mulheres estupradas costumam identificar duas fases na evolução da síndrome.

A primeira se chama fase aguda. Pode durar de dias a semanas. Nessa fase, as vítimas relatam sentimentos de angústia, medo, ansiedade, culpa, vergonha, humilhação, autocensura e depressão. Outros sintomas incluem fadiga, tensão, cefaleia, insônia, ocorrência de pesadelos, corrimento vaginal, anorexia, náuseas e dor abdominal.

A segunda é denominada fase crônica. Dura de meses a anos e consiste no processo de reorganização psíquica. Na fase crônica, as estupradas rememoram a violência e constroem diversos pensamentos relacionados ao estupro. Podem desenvolver transtornos sexuais, como vaginismo (contrações involuntárias dos músculos da região da vagina, dificultando ou impedindo a penetração), dispareunia (dor intensa durante e após o ato sexual), diminuição da lubrificação vaginal e incapacidade de ter orgasmos. Algumas podem chegar ao ponto de apresentar aversão ao sexo. Na fase crônica, identificam-se ainda depressão, distúrbios alimentares, fobias, problemas de autoestima e dificuldades de relacionamentos, bem como a ocorrência de ideias suicidas.

Conforme demonstrou um estudo americano de 1990, vítimas de estupros têm nove vezes mais propensão a tentar suicídio e duas vezes mais chances de apresentar estresse pós-traumático do que quem passou por violências não sexuais. Também são mais inclinadas ao abuso de álcool e drogas, transtornos obsessivo-compulsivos e síndrome borderline.

Todas essas informações, compiladas a partir de estudos científicos de autores brasileiros e estrangeiros, foram mobilizadas pela ministra Ellen Gracie Northfleet, do Supremo Tribunal Federal, em seu voto no habeas corpus 81288-1, em que a corte máxima do país decidiu pela inclusão do estupro entre os crimes hediondos — causadores de grande comoção social e sujeitos a penas mais rígidas. Tratava-se de uma resposta a outra decisão do próprio STF, de 1999, enquadrando como hediondos apenas os estupros que resultassem em morte ou lesão corporal grave.

Em seu voto, a ministra Ellen Gracie — primeira mulher a ocupar uma cadeira no Supremo, em 2000 — procurou demonstrar como as lesões de um estupro vão muito além das marcas visíveis a olho nu. "Creio ser possível afirmar, com base científica, que não haja no rol do Código Penal, excetuado o próprio homicídio, outra conduta agressiva que sujeite a respectiva vítima a tamanhas consequências nefastas e que tanto se prolonguem no tempo", defendeu Gracie.

Chamou a atenção, ainda, para o silêncio que envolve as situações de estupro. "O delito de que estamos tratando é daqueles que, por suas características de aberração e de desrespeito à dignidade humana, causa tão grande repulsa que as próprias vítimas, em regra, preferem ocultá-lo", afirmou. "A sociedade, em geral, prefere relegar a uma semiconsciência sua ocorrência, os níveis desta ocorrência e o significado e as repercussões que assume para as vítimas deste tipo de violência."[4]

Embora datasse de 2001, o voto de Ellen Gracie Northfleet voltou aos holofotes no final de 2008 devido a uma decisão do Tribunal de Justiça de São Paulo rejeitando um caso de estupro como hediondo porque a vítima escapara do crime sem aparentes lesões graves. O caso em questão ocorreu na cidade de Ribeirão Preto, distante 313 quilômetros da capital. Durante um assalto, o bandido trancou o marido no banheiro e estuprou a esposa, ameaçada por uma faca. No Tribunal, a pena do criminoso foi diminuída de nove anos e sete meses para oito anos e dois meses.[5]

Decisões como aquela do Tribunal geravam grande insegurança em mulheres que lutavam por justiça pelos danos gerados pela violência sexual. Era exatamente o meu caso. Por mais que a nova composição do STF houvesse confirmado o entendimento de que estupro é sempre um crime hediondo, conforme esclarecera Ellen Gracie — que, inclusive, presidia a Suprema Corte em 2008 —, uma certa compreensão popular segundo a qual crimes sexuais estraçalham apenas o corpo, não a alma de uma mulher, ainda vigorava, com força, na sociedade brasileira.

* * *

No dia 10 de março de 2009, o Tribunal de Justiça de São Paulo negou tanto os recursos apresentados pelos meus advogados quanto os do Shopping Eldorado — nós queríamos uma indenização maior do que a definida em primeira instância, eles alegavam não me dever nada.

De acordo com os advogados do Eldorado, Cristiano, o bandido penalizado com doze anos de reclusão por ter me sequestrado, roubado e estuprado, deveria ser considerado inocente até que a sentença condenatória transitasse em julgado — ou seja, não houvesse mais possibilidade de recurso. Em seu relatório, o juiz José Luiz Gavião de Almeida rejeitou o argumento: "Embora a decisão penal não tenha transitado em julgado, as provas produzidas nesses autos corroboram os fatos relatados [...], não havendo dúvidas de que a vítima foi abordada no shopping e violentada", escreveu o relator. "Não faria sentido algum que a vítima se sujeitasse a uma situação vexatória como a retratada [...] e corresse o risco de se submeter a exames periciais que comprovariam que não houve estupro nem conjunção."

Os advogados também insistiam não haver, nos autos do processo, comprovativos da violência sexual. Ao refutar, enfaticamente, esse ponto específico da argumentação, o juiz destacou aspectos da minha anatomia:

> Embora o Eldorado afirme que o estupro e o atentado violento ao pudor não vieram comprovados nos autos, isso não é verdade. O documento de fls. 47 aponta para a prática de ato libidinoso compatível com sexo anal. Por sua vez, a prática de conjunção carnal somente não pode ser detectada, pois a vítima possui hímen complacente (fls. 48). O simples fato de não ter sido encontrado esperma no ânus ou

na vagina de Adriana não indica que o ato sexual não ocorreu. Basta a introdução do pênis na vagina para se configurar o estupro e outros atos libidinosos para a configuração do atentado violento ao pudor, não exigindo o tipo penal a ejaculação do autor do delito. Segundo esclareceu a vítima na polícia, os atos foram praticados com o uso de camisinha, com exceção do sexo oral. Por precaução, e porque algumas doenças graves podem ser transmitidas via sexo oral, os médicos acharam por bem medicar a vítima, como comprovam os documentos de fls. 49/50.

Para mim, apesar do constrangimento, as palavras do juiz traziam imenso alívio. A tese cruel, cínica e desumana segundo a qual eu poderia ter mentido sobre um estupro para arrancar uma grana do Shopping Eldorado, ainda bem, não vingara.

"O shopping [...] não conseguiu macular as provas produzidas [pela vítima], no sentido de [que] foi feita refém de assaltante em suas dependências, levada para lugar ermo e estuprada. Por isso há de responder pelos danos causados", escreveu José Luiz Gavião de Almeida. Também não convencera o argumento da ausência de comprovativos de meu sofrimento. "Os danos morais são evidentes diante dos fatos retratados [...] e que vieram comprovados nos autos, não se podendo crer que uma pessoa que é sequestrada, violentada sexualmente e roubada não experimenta dor física, moral e psíquica. Não há dúvida de que a autora sofreu ao ser forçada a atos sexuais, sob a mira do que acreditava ser uma arma de fogo", anotou Gavião de Almeida.

Sobre a tentativa do shopping de se eximir da culpa quanto ao que ocorria no estacionamento, uma área externa, "pública" — sendo a empresa, portanto, impedida de "adotar medidas coercitivas ou invasivas de liberdades individuais dos frequentadores" —, o magistrado foi assertivo:

O estacionamento é expediente utilizado pelos shoppings e pelos supermercados para atrair a clientela, situação inspirada, aliás, em princípio americano, segundo o qual "*no parking, no business*", ou "*no parking, no money*". É um investimento posto a serviço dos consumidores que acaba sendo remunerado direta e indiretamente. Os clientes preferem frequentar aqueles estabelecimentos que ofereçam local para estacionar, em vista de maior segurança e comodidade. E quem tira proveito do maior ou menor movimento é, sem sombra de dúvida, o próprio shopping, que deve arcar com os riscos do seu negócio.

Em outro trecho, o acórdão registrava a previsibilidade do sequestro sofrido por mim — a ponto de os seguranças do shopping já terem em mãos o retrato falado de um suspeito de agir no estacionamento. "Afirma o Eldorado que o Estado é quem seria responsável por manter a segurança dos cidadãos. No entanto, com todo o aparato de segurança montado pelo shopping center e com sua atividade lucrativa, chamaram para si o dever de prestar segurança aos seus consumidores", lia-se no documento.

Com aquela decisão, o Tribunal de Justiça de São Paulo manteve o valor da indenização por danos morais e materiais. Meses depois, por recomendação dos meus advogados, fiz um acordo com o Shopping Eldorado. A ação, finalmente, estava encerrada.

Apesar de toda a tragédia, sentia-me justiçada. Era um bom sentimento.

Naquele mesmo mês de março de 2009, uma mulher e uma equipe médica enfrentavam não a lei dos homens, mas a de Deus — ou o que dom José Cardoso Sobrinho, arcebispo do Recife e de

Olinda, compreendia como a vontade divina. Eles foram condenados à excomunhão da Igreja católica devido ao aborto realizado em uma criança de nove anos, grávida de gêmeos. A menina e uma irmã de catorze anos — com deficiência intelectual — eram estupradas pelo padrasto havia três anos.[6] O Código Penal autorizava o procedimento não apenas porque a gravidez era decorrente de um estupro, mas também por representar um risco à vida da mãe. Com 1,36 metro de altura e 33 quilos, a criança dificilmente resistiria aos impactos provocados pela gestação, segundo a junta médica. Mas, para o arcebispo, "a boa finalidade de salvar a vida dela não podia ter suprimido duas vidas". Convicto disso, excomungou a mãe e os profissionais de saúde. A garota foi poupada da condenação por ser menor de idade.

O estuprador pagou as penalidades previstas pela lei dos homens — foi preso ao confessar que, de fato, violentava as enteadas desde que elas tinham seis e onze anos. Contudo, pela suposta lei de Deus professada pelo arcebispo, não merecia a excomunhão. "Estuprar é pecado, mas não tão grave quanto o aborto", o religioso argumentou.[7]

A decisão de dom José Cardoso Sobrinho se mostrava mais despropositada à medida que detalhes a respeito da vida da menina iam sendo revelados pela imprensa. A mãe, de 42 anos, o padrasto, de 23 anos, e as duas garotas viviam em uma casa alugada na pequena cidade de Alagoinha, de apenas 14 mil habitantes, distante 230 quilômetros do Recife. A menina cursava o segundo ano do ensino fundamental e, embora fosse uma aluna assídua e carinhosa, tinha dificuldades de aprendizagem — por isso, repetira o ano anterior. Certo dia, a mãe notou um inchaço na barriga da criança. Levou-a ao hospital, pensando ser verme. Só então descobriu que eram dois bebês.

No hospital do Recife — e, depois, no abrigo para onde foi levada com a mãe e a irmã —, médicos e psicólogos observaram que a garota não entendia muito bem o que estava acontecendo. Continuava a achar que tinha vermes, e a isso atribuía a intervenção cirúrgica a que foi submetida. A mãe permanecia com as filhas no Recife, com receio de voltar a Alagoinha, onde as meninas seriam reconhecidas e, possivelmente, estigmatizadas. Por isso, as duas estavam sem frequentar a escola.[8]

Logo após o caso ganhar publicidade, a CNBB classificou, em nota, estupro como um "ato insano", mas reforçou a posição contrária ao aborto. "Não concordamos com o desfecho final de eliminar a vida de seres humanos indefesos."[9] Pouco tempo antes, em meados de 2008, a Conferência dos Bispos havia obtido uma importante vitória em Brasília. Depois de voltar a tramitar nas comissões técnicas da Câmara, o projeto de lei prevendo a descriminalização do aborto fora definitivamente arquivado atendendo à recomendação do deputado evangélico Eduardo Cunha (PMDB-RJ), relator da matéria na Comissão de Constituição e Justiça. Em seu voto contra o projeto, ele citou trechos escritos por uma famosa ativista antiaborto dos Estados Unidos, Wanda Franz: "Quando uma mulher aceita submeter-se a um aborto, ela concorda em assistir à execução de seu próprio filho: [isso] opõe-se vivamente ao que a sociedade espera que as mulheres sejam: pacientes, amorosas e maternais".[10]

Ainda não era a realização do sonho da CNBB — que defendia a proibição em quaisquer circunstâncias —, mas consolidava uma posição de resistência a eventuais avanços na pauta de direitos reprodutivos. De todo modo, tal foi a repercussão negativa da decisão do arcebispo do Recife e de Olinda — inclusive nas altas instâncias do Vaticano —, que a Igreja católica do Brasil, mesmo fortalecida na cruzada antiaborto, viu-se forçada a recuar. Em 12 de março, decidiu por revogar a excomunhão da mãe da garotinha de nove anos, sob o argumento de que ela agira "sob pressão". A equipe médica, no entanto, não escapou da punição.[11]

14. Segurem as cabras, pois os bodes estão soltos

No dia em que completou dezessete anos, Amanda se levantou pouco depois das onze horas da manhã. Sentia o corpo dolorido. Exausta e confusa, esforçava-se para manter os olhos abertos. Pouco a pouco, o emaranhado de imagens foi se ordenando na mente. A mão grossa. A tesoura de ferro. Os dedos polegar e indicador formando uma pinça, na direção do nariz. O sufocamento, a perda da consciência, o sono pesado. Quando finalmente conseguiu chegar ao banheiro, tinha a lembrança exata do rosto de José, a um palmo de distância do dela, "você vai gostar, você vai ver".

Desde a pré-adolescência, Amanda sabia que gostava de meninas. Apetecia-lhe também usar shorts curtos, o que para alguns de seus conhecidos parecia difícil de entender. "Se é assim, por que provoca os homens?", era a pergunta que ouvia a todo instante entre os amigos e parentes de Petrolina, cidade pernambucana às margens do rio São Francisco, na divisa com a Bahia. "Minha gente, não é porque gosto de mulher que tenho que andar feito macho", respondia, a seu modo despachado.

Um dos inconformados com a orientação sexual de Amanda

era justamente José, o marido da tia — um tipo fanfarrão, boa-vida, que aos 38 anos ainda tentava concluir o ensino médio. Em abril de 2010, os dois frequentavam a mesma escola. Ele sempre se oferecia para dar carona para a sobrinha da esposa, ocasiões em que tentava convencê-la a "mudar de lado".

Embora intimidada, Amanda imaginava que o assédio de José não passaria daquilo, um monte de gabolices diuturnamente depositadas em seu ouvido. Só notou que a situação estava começando a ficar preocupante no final da manhã de 5 de abril. Na volta da escola, ele não parou o carro em frente à casa de Amanda. Em vez disso, enfiou o pé no acelerador, avançando na pista. "Vamos para o motel", avisou. Furiosa, ela avançou sobre o motorista, cravando-lhe os dentes no pescoço.

"O carro vai virar", José gritou.

"Eu morro, mas não faço o que você quer", ela disse.

Ao voltar para casa, Amanda se trancou no quarto e chorou escondida. Não quis contar o ocorrido para a mãe — na primeira e última vez em que comentara a respeito das investidas do parente, ouvira "besteira, deixe isso pra lá".

Na manhã seguinte, em 6 de abril, a jovem preferiu ir sozinha à escola. Uma professora a percebeu estranha, o rosto inchado de tanto chorar, um ar distante. Perguntou se precisava de ajuda, ela respondeu que estava tudo bem.

À noite, recolheu-se cedo. Queria dormir, esquecer a importunação do marido da tia, pensar na namorada — logo seria o dia do seu aniversário e as duas tinham planos de comemorar juntas, passear na beira do rio. Mas, depois, ao avistar a ponte Presidente Dutra — que liga Petrolina à vizinha Juazeiro, já no estado da Bahia —, seu único desejo seria se jogar de lá de cima.

José entrara no quarto antes do amanhecer, por volta das cinco horas, quando todos em casa dormiam — além de Amanda, o irmão de nove anos e a mãe. Ela acordou com o toque das mãos do invasor em suas coxas. Talvez estivesse nervoso, pois tinha a pele gelada. "Não adianta fugir", ele disse, firme. Para evitar que a menina gritasse, tapou-lhe a boca com uma das mãos. Os primeiros sinais da luz do dia iluminavam o cômodo e Amanda podia identificar, na bancada de pedra que fazia as vezes de penteadeira, a tesoura de ferro que usava para trabalhos de costura. Antes que pudesse esboçar qualquer reação, ele apertou o nariz dela com os dedos. A menina, asmática, debatia-se, tentando respirar. "Você vai gostar, você vai ver", ela ouviu. E então perdeu os sentidos.

Ao se sentar no vaso para urinar, Amanda notou sangue entre as pernas. As nádegas estavam meladas, grudentas. Entrou embaixo do chuveiro com o rosto já molhado pelas lágrimas. Lavou-se de maneira compulsiva. Ainda chorava quando, de volta ao quarto, viu de novo a tesoura. Sentiu-se aliviada por não ter atacado José. Ele provavelmente estaria morto; ela, em compensação, detida em uma cadeia, talvez até junto com outros estupradores. Pensava que ninguém lhe daria razão — afinal, vivia de shorts curtos pela cidade. Todos perdoariam o homem por não ter resistido a tamanha provocação.

Encurralada pela culpa, não contou o ocorrido para a mãe, tampouco para a avó, em cuja casa José morava, junto com a esposa. Preferiu desabafar com a namorada, naquele que se transformaria no pior aniversário de sua vida. Por mais que a garota tentasse apoiar Amanda, esta mantinha fixa a ideia de se jogar da ponte sobre o rio São Francisco. "Deus, dê-me o controle, dê-me a luz, mostre-me algo em que possa me apegar", rezava baixinho, quando achava que ia ceder ao impulso de dar fim à própria vida.

Por sorte, além da namorada, Amanda tinha algo mais a que se apegar: o sonho de se tornar escritora. Começara a rabiscar os primeiros poemas aos nove anos, após se encantar pelo livro *Ou isto ou aquilo*, de Cecília Meireles. Na verdade, quando completou dezessete anos, estava prestes a publicar a primeira coleção de poesias de cordel. Chegara, inclusive, a receber um pequeno adiantamento da editora pela obra. A emergência para a qual decidira guardar o dinheiro surgiu bem antes do previsto: gastou tudo na consulta médica, nos exames e no tratamento pós-estupro.

Dias depois de ser violentada, Amanda havia decidido ir à delegacia, sozinha. Chorava tanto que mal se fazia entender pelo delegado de plantão. Após finalmente conseguir falar que fora estuprada, ouviu uma gargalhada ao fundo. Uma funcionária da repartição disse, enquanto tentava se recuperar do ataque de riso: "Deve ter gostado". A menina pediu licença e saiu da delegacia sem finalizar o atendimento. Por isso, decidiu procurar uma clínica privada para se submeter aos procedimentos médicos prescritos para vítimas de violência sexual. Imaginava que, em um posto de saúde da prefeitura, seria ridicularizada como fora na delegacia.

Na semana seguinte ao estupro, José apareceu na residência de Amanda, com o pretexto de visitar a cunhada. Ao vê-la abatida, debochou: "Você é fraca, mole. Não aguenta um homem". A menina cogitou contar tudo para a avó, quem sabe ela o expulsasse de casa. Pensou um pouco, concluiu que tal desfecho seria improvável. A avó costumava incentivar comportamentos violentos nos próprios filhos, certamente ficaria do lado do genro. "Quem tiver suas cabras que as segure, porque meus bodes estão soltos", dizia, aos risos, ao ver os rapazes saindo de casa perfumados, em busca de diversão na noite petrolinense.

Para piorar, a idosa não aceitava a homossexualidade de Amanda. Ao saber que ela era lésbica, protagonizara uma gritaria dentro de casa. Só não a açoitou com o caule do marmeleiro, como fazia quando a neta era criança, porque não tinha mais forças para isso. Arbusto típico da região, o marmeleiro ficara de tal maneira associado a dor que Amanda nunca mais conseguira chegar perto de um.

Do mesmo modo, demonstrava desconforto ao permanecer no mesmo ambiente que José. O incômodo passou a chamar a atenção da mãe da menina. Ele se divertia com a situação, soltava frases dúbias, dava a impressão de considerar o estupro uma noite de amor clandestina, uma aventura sexual. No final de abril, a garota não aguentou mais guardar segredo. Ao vê-lo chegar à casa, todo cheio de si, saiu do quarto repentinamente e, num ataque de fúria, começou a quebrar móveis e objetos. "Conta para a minha mãe o que você fez comigo! Conta!", ela gritava. "Você tá doida, não fiz nada", José tripudiava.

Aos prantos, Amanda relatou para a mãe o que acontecera nas primeiras horas do dia do seu último aniversário. Para surpresa da adolescente, a mulher ficou do lado dela. Escorraçou-o dali. Na sequência, a professora de Amanda — a mesma que a notara triste no dia seguinte ao assédio no carro, quando José tentara conduzi-la ao motel — também se solidarizou com a aluna. Levou o caso à direção da escola, que decidiu expulsar José do quadro discente.

Ao saber do ocorrido, conforme previsto, a avó da menina fez pouco-caso. O mesmo ocorreu com a esposa de José. Ou não acreditou na história contada pela sobrinha ou achou que um estupro não era motivo para encerrar um casamento.

O drama dos chamados "estupros corretivos" em mulheres lésbicas tinha pouca visibilidade em 2010, ano em que Amanda foi violentada pelo esposo da tia. Ela demoraria algum tempo até se dar conta de que a agressão da qual fora vítima representava também uma expressão de homofobia. Em um primeiro momento, internalizou a versão segundo a qual fora castigada por exibir o corpo. Em outras palavras, a confirmação de um vaticínio: na família, cansara de ouvir que mulheres corajosas o bastante para usar shortinhos, minissaias e decotes estavam pedindo para ser estupradas.

O tema estava na ordem do dia no Brasil. Seis meses antes, em São Bernardo do Campo, na região metropolitana de São Paulo, a universitária Geisy Arruda, de vinte anos, havia escolhido um vestido cor-de-rosa para assistir à aula na Universidade Bandeirante, a Uniban, instituição privada onde cursava o primeiro ano de turismo. Curto e justo na parte inferior, proporcionando a visão das pernas e destacando o relevo das nádegas da estudante, o vestido era folgado na parte superior, com mangas compridas. Ao subir a rampa central do prédio da Uniban em direção à sala de aula, Geisy chamou a atenção de um grupo de rapazes. Os assobios e gritos de "gostosa" atraíram outros alunos. Em pouco tempo, o aglomerado aumentou para cerca de setecentos universitários, entre homens e mulheres, que trocaram os supostos elogios por xingamentos como "puta" e ameaças explícitas de violência sexual. Ela precisou ser isolada em uma sala, de onde só conseguiu sair após a chegada da polícia, coberta por um jaleco emprestado por um professor. Enquanto se dirigia para a saída do prédio, escoltada e com a mão apoiada no ombro de uma policial, alunos disputavam para ver quem conseguia enfiar um celular entre as pernas dela, para registrar imagens da sua calcinha — ou do que imaginavam ser a ausência da peça.

O vídeo com a agressão contra Geisy foi postado no YouTube e o caso chegou aos jornais e à televisão. Em resposta, a Uniban (cujo dono e reitor, Heitor Pinto e Silva Filho, fora candidato a vice-governador do estado em 2002, na chapa encabeçada por Paulo Maluf, autor da frase "estupra, mas não mata") decidiu pela expulsão da aluna. Em nota publicada nos jornais de São Paulo, a universidade informou que Geisy Villa Nova Arruda — o nome foi escrito assim, completo — frequentava "as dependências da unidade em trajes inadequados, indicando uma postura incompatível com o ambiente da universidade". Acusou-a de, no dia do ataque, ter feito "um percurso maior do que o habitual, aumentando sua exposição e ensejando, de forma explícita, os apelos de alunos que se manifestavam em relação à sua postura". Classificou, por fim, o comportamento da multidão que gritava "puta" e "estupra ela" de "reação coletiva de defesa do ambiente escolar".[1]

Embora a decisão da Uniban tenha despertado algumas simpatias — houve quem, em manifestações públicas, acusasse Geisy Arruda de atentar contra a moral e os bons costumes —, ela acabaria por se revelar uma tragédia na gestão da crise de imagem. No Brasil, a expulsão gerou reações do Ministério Público, do Ministério da Educação e da Secretaria de Políticas para as Mulheres do governo federal, que cobraram explicações da reitoria pela medida arbitrária e discriminatória. No exterior, a notícia repercutiu dos Estados Unidos ao Paquistão, sempre em tom de apoio à "*la linda Geisy*", como a estudante passou a ser tratada pela imprensa chilena.[2] Um dia depois, diante do estrago, a Uniban recuou na decisão de expulsá-la.

Na época, Geisy Arruda era uma moça pobre e seus gostos e gestos tidos por deselegantes pareciam ser tão ou mais agressivos do que o comprimento da roupa, quase sempre classificada como "microvestido", mesmo pelos que pareciam querer defendê-la. Comentava-se sobre os pelos descoloridos das coxas grossas, os quadris largos, o cabelo alisado e pintado de loiro, a fala com erros de português e o fato de a Uniban ser uma universidade frequentada majoritariamente pela classe C — jovens da periferia que estavam entre os primeiros da família a conseguir ingressar no ensino superior.[3]

Em previsíveis matérias repercutindo o caso, repórteres foram escalados para coletar opiniões de estudantes de outras universidades privadas. No Rio de Janeiro, o *Jornal do Brasil* fotografou quatro jovens loiras, magras e bronzeadas no campus da Pontifícia Universidade Católica, a PUC. Uma delas vestia short curto e justo, uma trança com mechas suaves caindo sobre as costas nuas — ela usava uma blusa sem alças. Outra, também magra e loira, estava na faculdade com um vestido tão curto quanto o de Geisy, mas decotado e com os braços à mostra. Moradora da Barra da Tijuca, a jovem de dezenove anos opinou sobre a vestimenta da estudante paulista e a confusão na Uniban: "Acho que ela perdeu o senso do ridículo. O problema é que a moça é grande e gorda. Chamou a atenção".[4]

Por diferentes motivos, a discussão sobre a aparência de Geisy atraiu o interesse também da diretoria de mulheres da União Nacional dos Estudantes, a UNE. Em nota a respeito do caso, a entidade se posicionou a favor da vítima. "Alguns dos alunos que a insultaram gritavam que queriam estuprá-la. Desde quando há justificativa para o estupro?", indagava o trecho inicial da nota, à guisa de contextualização. "É naturalizado, fruto de uma construção cultural, e não biológica, que os homens não podem controlar seus instintos sexuais e as mulheres devem se resguardar em roupas que não ponham seus corpos à mostra." E argumentava, destacando as tentativas — mais ou menos explícitas — de ridicularizar a estudante da periferia de estilo incompatível com o padrão de beleza e sofisticação em vigor na classe alta. "Os homens podem até andar sem camisa, mas as mulheres devem seguir regras de conduta e comportamento ideais, a partir de um padrão estético que as condiciona a viver sob as rédeas da sociedade, que por sua vez é controlada pelos homens."[5]

Geisy Arruda entrou com um processo contra a Uniban pedindo ressarcimento por danos morais. Em defesa da estudante, seus advogados alegaram que ela havia sofrido "estupro moral".[6] A proposta de uma discussão sobre diferentes alcances da violência para além da relação sexual propriamente dita era das mais pertinentes: uma nova lei acabara de ampliar a definição legal de estupro. Pelo Código Penal de 1940, o crime era definido como a prática de "constranger mulher à conjunção carnal, mediante violência ou grave ameaça". Ou seja, antes, para que se configurasse a ação, fazia-se necessária a penetração do pênis na vagina. Qualquer outra modalidade não se caracterizava como estupro, mas como atentado violento ao pudor.

Tratava-se de resquício de moralidade de uma época em que a virgindade vaginal era traduzida em ativo para a mulher, sem o qual ela enfrentaria dificuldades para arrumar marido — na mesma linha de raciocínio empregada para justificar o texto da lei, tornado letra morta em 2005, prevendo a extinção da pena por estupro caso a vítima se casasse com o próprio algoz ou com algum outro homem.

Com a entrada em vigor da lei 12 015, o crime de estupro passou a ser definido como o ato de "constranger alguém, mediante violência ou grave ameaça, a ter conjunção carnal ou a praticar ou permitir que com ele se pratique outro ato libidinoso". Sexo oral e anal, desde que praticados à força, também passaram a ser estupro. Com a mudança, homens também puderam ser considerados vítimas do crime. Outra alteração relevante foi a inclusão do crime contra vulneráveis: menores de catorze anos e pessoas enfermas, bem como com deficiência física ou mental.

A alteração na lei não ocorreu a tempo de interferir no julgamento do caso de violência sexual mais midiático da primeira década do século XXI. O médico Roger Abdelmassih, festejado especialista em reprodução assistida do país, foi condenado em 2010 a 278 anos de reclusão por dois estupros e 52 atentados violentos ao pudor contra 39 mulheres, quase todas pacientes de sua clínica de fertilização. Como os crimes ocorreram entre 1995 e 2008, o médico foi julgado com base na antiga lei, sendo considerados estupros apenas os casos em que houve penetração vaginal.[7]

O choque em torno da descoberta dos crimes cometidos por Abdelmassih justificava-se não apenas pela fama do médico — amigo de grandes estrelas da TV, tendo na carteira de clientes algumas das maiores celebridades brasileiras —, mas também pelo perfil das vítimas: casadas, bem-sucedidas profissional e financeiramente, decididas aos maiores sacrifícios para se tornarem mães. O especialista se vendia como uma espécie de gênio da lâmpada capaz de realizar — mediante pagamento de quantias disponíveis apenas para os mais abastados — o sonho da construção de uma família idealizada, formada por um homem, uma mulher e uma ou mais crianças do mesmo material genético dos pais. "Fábrica de bebês" era como se referia à própria clínica.

Roger Abdelmassih também não correspondia ao estereótipo do estuprador. Homem idoso de cabelos brancos, rico e famoso, gostava de transparecer, nas entrevistas e nos programas de televisão aos quais era frequentemente convidado a participar, a firme e absoluta adesão aos valores católicos e familiares.[8]

No ônibus, rodeada de homens nus, com pênis eretos e expressão facial visivelmente lasciva, eu não sentia medo. Tampouco quando cinco deles cercaram Sílvia, uma secretária-executiva magra e de cabelos loiros na altura do ombro, e a deitaram em um dos bancos da condução, revezando-se sobre suas pernas e boca abertas. Ao meu lado — em camisa e calça social, como se viesse direto da firma —, o advogado Roberto, marido de Sílvia, observava a mulher ser penetrada, lambida e apalpada. Mantinha o olhar atento e a expressão serena. "Jamais suportaria uma traição", ele me explicava, pronunciando bem as sílabas, porque os gemidos e sussurros dos passageiros, misturados à música alta, atrapalhavam a escuta. "Se ela tiver de fazer algo, que seja na minha frente."

A investigação sobre o comportamento sexual dos brasileiros se tornara um dos meus principais interesses desde que lera *A mulher do próximo*, um clássico do *new journalism*, escrito por Gay Talese — "uma crônica da permissividade americana antes da era da aids", conforme o subtítulo da obra. Trabalhar na *Playboy* me dava licença profissional para frequentar as casas liberais das noites carioca e paulistana em busca de boas histórias sobre as múltiplas e por vezes contraditórias moralidades dos cidadãos comuns, anônimos — no caso dos famosos, valia-me das entrevistas para as páginas centrais da revista.

Na ocasião da conversa com o advogado voyeur Roberto, eu me encontrava em uma boate de troca de casais no bairro de Moema, em São Paulo, atraída pelo relato que ouvira, dias antes, de um gerente de outra balada liberal. Ele me contara que, numa manhã de domingo, exausto após virar a noite ouvindo gritos orgásticos, refestelou-se no sofá do escritório e ligou a televisão. Zapeando entre os canais, sentiu-se acolhido pela voz de padre Marcelo Rossi na celebração da Santa Missa, transmitida pela TV Globo.

Ficou ali, entre o sono e a vigília, acalentado pelo sermão do religioso, quando a câmera deu um close na plateia. Então arregalou bem os olhos. Em meio aos fiéis, com ar contrito, identificou duas das mais entusiastas frequentadoras da casa noturna. Isso rende uma matéria, pensei, e fui a campo.

Como viria a constatar após uma série de visitas a casas liberais de alto padrão, os suingueiros abastados preservavam, também, os aclamados valores da família. Nas trocas de casais, a relação homossexual como prática recreativa permanecia restrita às mulheres, cuja feminilidade padrão se exacerbava por meio de saias curtas, cabelos compridos, depilação rigorosa, corpos delicados. Elas costumavam se tocar nas preliminares, observadas pelos namorados e maridos, que depois se serviam das duas, alternadamente, esforçando-se para não tocar um no outro.

O ônibus no qual Roberto oferecera Sílvia para desfrute de outros homens — e, acima de tudo, do próprio — ficava estacionado no interior da casa noturna. Carinhosamente tratado pelos clientes de "busão do amor", fora adaptado com bancos largos para que homens e mulheres realizassem ali a fantasia de bolinar, ser bolinados e chegar às vias de fato no transporte público. Aquele parecia ser um desejo popular. O veículo figurava como um dos espaços mais concorridos da boate — e dois dos colegas de redação que me acompanhavam na reportagem, embora até então nunca tivessem manifestado sentimentos um pelo outro, não resistiram à atmosfera do busão do amor e se agarraram encostados na porta de saída.

Em ocasiões como aquela, eu refletia sobre o fato de, após um estupro, não sentir medo ou repulsa pela picardia. Não era o sexo que me amedrontava, mas sim a morte. No meio de uma orgia, na penumbra, esbarrando em homens desconhecidos a me mirar eventualmente com desejo, sentia-me mais segura do que à luz do dia, no estacionamento do sacolão de frutas e legumes. Na boate, se alguém me abordava, bastava dizer "não, muito obrigada". Ou a frase capaz de pôr o mais frenético dos garanhões a correr: "Estou a trabalho, sou uma repórter". Na suruba, eu tinha controle. No estacionamento, não fazia ideia se sairia inteira dali.

15. Tempo das trevas

De instante em instante, entusiasmado com as próprias palavras, ele desviava o olhar da pista à frente para me encarar ou procurar a aprovação do fotógrafo, pelo retrovisor. Nesses momentos, tirava uma das mãos alvas do volante e gesticulava. Então do nada, no meio da conversa, insinuou que a presidente recém-eleita do Brasil, Dilma Rousseff, talvez fosse homossexual.

"Ah, é?", reagi, dando corda para que prosseguisse no falatório.

Ele se animou com o meu tom de surpresa, igual acontece quando estamos prestes a contar uma fofoca e o interlocutor demonstra interesse. Continuou a desenvolver o tema com frases feitas a respeito de padrões de feminilidade, modos de mulher e modos de homem. Minutos antes, comentara, em indisfarçada estratégia de sondagem, que um de meus colegas de redação tinha um "jeitinho".

Tranquilizei-o, informando que Jardel não era gay. Educado e sensível, gostava de poesia e astrologia; mas se relacionava com moças, dos rapazes só queria amizade. Disse aquilo achando graça e torcendo para que Gabriel, o fotógrafo sentado no banco de trás do carro, estivesse ouvindo a conversa estapafúrdia sobre comunismo, direitos humanos e, principalmente, vida sexual alheia.

Aquela era a noite de 17 de maio de 2011, uma terça-feira; Gabriel e eu estávamos no carro do deputado Jair Bolsonaro a caminho do clube da Adepol, a Associação dos Delegados da Polícia de Brasília. Na ocasião, eu passava uns dias na capital federal para preparar uma reportagem sobre o humorista Tiririca, no exercício do primeiro mandato como deputado federal pelo Partido da República (PR) de São Paulo. Sob o slogan "Vote em Tiririca, pior que tá não fica", o artista havia obtido a maior votação para o cargo em todo o país: 1,35 milhão de votos. Apesar do tom de comédia da campanha eleitoral, Tiririca andava caladão e taciturno na Câmara. Mas parecia melhorar o astral às terças-feiras, durante as peladas com os colegas.

Na Câmara, só encontrávamos Tiririca acompanhado. Ressabiados, os assessores negavam meus pedidos de entrevista. O futebol seria minha última cartada — lá, ele não estaria cercado pelos auxiliares e, quem sabe, topasse conversar comigo. Mas havia um problema: o clube não permitia o ingresso de jornalistas. Afinal, a pelada era um momento de descontração dos políticos. Longe da vigilância constante da imprensa, eles se sentiam à vontade para correr suados, sem camisa, falar palavrões. Se queríamos mesmo ter a oportunidade de abordar Tiririca na Adepol, o único jeito seria entrarmos lá escondidos. Tarefa arriscada, visto se tratar de uma associação da polícia.

Meu colega Jardel, cuja heterossexualidade eu tivera que afiançar para Bolsonaro, também estava em Brasília. Ele havia sido designado para entrevistar o deputado para a *Playboy*. Aquele seria seu segundo encontro com o parlamentar — as matérias costumavam ser feitas em duas ou três sessões. O primeiro ocorrera no Rio de Janeiro, no gabinete do filho, o vereador Carlos Bolsonaro, ocasião em que o deputado ficou ressabiado com o entrevistador; pensou que ele "jogava em outro time", como confessaria para o próprio depois, ao fim da terceira sessão — o jornalista riu ao ouvir a provocação, mas o parlamentar permaneceu sério.

Foi Jardel quem me sugeriu recorrer a Bolsonaro. "Certeza que ele bota vocês pra dentro", disse, ressaltando que o deputado estava nas nuvens por receber tanta atenção da imprensa. Procurei-o no gabinete da Câmara. Era um recinto que a maioria de nós, jornalistas, achava mais exótico do que deprimente, com referências explícitas e elogiosas à ditadura militar, a exemplo de um retrato do ex-presidente Emílio Garrastazu Médici na parede — além de um cartaz no qual se lia, num jogo entre palavras e imagens: "Desaparecidos do Araguaia. Quem procura [desenho de um ossinho] é [desenho de um cachorro]", uma gozação com a busca dos mortos da guerrilha que combateu a ditadura. De nossa parte, julgando-nos muito espertos e esclarecidos, debochávamos da obsessão de Bolsonaro pela homossexualidade, de suas frases esdrúxulas a respeito da tortura no regime militar, das opiniões tão absurdas que beiravam o teatral. Às vezes, perguntávamo-nos se ele não estaria interpretando um personagem tosco, ao modo do ator Sacha Baron Cohen no filme *Borat*, mas acabávamos concluindo que ele era tão intelectualmente limitado a ponto de nos despertar mais comiseração do que repulsa.

Dias antes, na redação em São Paulo, durante a reunião de pauta, jornalistas e designers haviam manifestado incômodo com a possibilidade de dar tanto cartaz a um tipo de discurso cheio de preconceitos. Afinal, depois do ensaio com a estrela de capa, a entrevista era o espaço mais nobre da revista. Após alguma troca de impressões, prevaleceu a opinião de que uma abordagem incisiva e contestatória por parte do entrevistador acabaria por ajudar a desconstruí-lo. A iniciativa também reafirmava os princípios democráticos da *Playboy* a favor da liberdade de expressão.

E, de mais a mais, Jair Bolsonaro era o homem do momento. Em todo lugar, só se falava dele.

O rosto de Jair Bolsonaro passara a se destacar em meio a tantos outros deputados de mesmo tipo físico — branco e magro, os cabelos aloirados penteados de lado — a partir da noite de 28 de março de 2011, quando o programa de humor *CQC*, da TV Bandeirantes, levou ao ar o quadro "O povo quer saber", tendo o político como convidado. Como se tratava de um personagem pouco conhecido do grande público, o principal apresentador da atração, Marcelo Tas, definiu-o para a audiência: "Ele é contra tudo, quer matar, quer resolver os problemas do Brasil à bala. É o deputado federal mais polêmico do Brasil". Ao lado de Tas, o humorista Rafinha Bastos concordou com a exposição, rindo: "É bem louco". Marco Luque, o terceiro integrante da bancada do *CQC*, confessou desconhecê-lo. "Não faço a menor ideia [de quem seja]. Sei quem é Jair Rodrigues."[1]

No caso de Luque, possivelmente a frase fosse um exagero; Bolsonaro aparecera no programa, dois anos antes, comentando sobre a briga que tivera com Maria do Rosário no Salão Verde da Câmara, em 2003, oportunidade em que disse "jamais ia estuprar você, porque você não merece". Em entrevista a um dos repórteres mais populares do programa, Danilo Gentili, afirmou ter sido aquela a única vez em que esteve prestes a bater em uma mulher. "Quase dei um cacete nela aqui. Merecia."[2]

No quadro do qual aceitou participar em março de 2011, Jair Bolsonaro respondia a perguntas aleatórias feitas por anônimos e famosos. Durante a sabatina, manifestou saudades dos militares, defendeu a tortura e afirmou que seus filhos não seriam gays, porque tiveram um pai presente. Mas, a despeito dos disparates pronunciados no começo da entrevista, só se complicaria mesmo ao reagir a uma questão elaborada pela cantora Preta Gil: "Se seu filho se apaixonasse por uma negra, o que você faria?".

Ele retrucou, numa sequência que seria reproduzida incontáveis vezes, por muitos anos: "Ô Preta, não vou discutir promiscuidade com quem quer que seja, né? Eu não corro esse risco, meus filhos foram muito bem-educados e não viveram em ambiente como lamentavelmente é o teu".

No dia seguinte, durante sessão ordinária no Congresso, a deputada federal Manuela D'Ávila, do Partido Comunista do Brasil (PCdoB-RS), então presidente da Comissão de Direitos Humanos da Câmara, comentou a participação de Bolsonaro no CQC. Chamou-o de homofóbico e racista e prometeu tomar medidas contra o colega. Ivan Valente, do Psol de São Paulo, manifestou apoio de seu partido à iniciativa de D'Ávila. Luiz Alberto, do PT da Bahia, conclamou os pares a levarem Bolsonaro a sério: "Esta Casa não precisa e não pode mais tratá-lo como folclore". Edson Santos, do PT do Rio de Janeiro, anunciou a entrada de uma ação contra o parlamentar no Conselho de Ética.

Na mesma sessão, Jair Bolsonaro negou ter cometido crime de racismo. Afirmou ter achado que Preta Gil estivesse se referindo a gays, não a negras. "Entendi [a pergunta] como sendo a seguinte: 'Se seu filho tivesse um relacionamento com um gay, qual seria seu comportamento?'."[3] Na época, a discriminação por orientação sexual ainda não configurava crime — isso só viria a ocorrer em 2019.

A repercussão em torno do assunto levou Bolsonaro para um lugar raras vezes ocupado por políticos do chamado baixo clero (inexpressivos e pouco atuantes no parlamento): as primeiras páginas dos jornais e os telejornais das TVs abertas.

"Bolsonaro ataca negros e gays na TV", informou matéria no topo da página oito do jornal *O Estado de S. Paulo* de 30 de março. Logo abaixo, em outro texto, registrava-se que as declarações haviam provocado "reações indignadas do movimento de combate ao racismo, de entidades ligadas à defesa dos gays, da Ordem dos Advogados do Brasil e de personalidades do mundo artístico".

No jornal *O Globo*, a foto do deputado aparecia ao lado da imagem da cantora Preta Gil. "Ataques a negros e gays", comunicava, em matéria de meia página.[4] Na *Folha de S.Paulo*, a polêmica foi para a capa do caderno Cotidiano, com uma foto do deputado, a reprodução de algumas das suas frases mais polêmicas e um "raio X", apresentando o personagem ao leitor.

Em 31 de março, uma página do primeiro caderno d'*O Estado de S. Paulo* foi quase inteiramente dedicada ao deputado, com direito a foto. "Bolsonaro: Estou me lixando para gays", dizia o título da manchete principal, com matérias menores, de apoio, em que eram ouvidos outros parlamentares.[5] Como a *Folha* fizera na véspera, reuniu as frases mais marcantes do parlamentar ao longo da história, como a que defendia o fuzilamento do ex-presidente Fernando Henrique Cardoso e recomendava uma surra para mudar o comportamento de um filho que começasse "a ficar meio gayzinho". *O Globo* e *Folha de S.Paulo* também noticiaram o ataque contra os homossexuais.

Nos telejornais, as reportagens adotavam o mesmo tom da imprensa escrita, dando voz a quem não concordava com Bolsonaro. Logo os programas de entretenimento identificaram o potencial midiático do deputado. O *SuperPop*, da RedeTV!, apresentado pela cantora baiana Gilmelândia — a titular da atração, Luciana Gimenez, estava de licença-maternidade —, convidou o político para um debate com defensores dos direitos dos homossexuais. Embora enérgico em suas declarações bombásticas, ele manteve o bom humor, o tom irônico, e não se furtou a comentar nenhum assunto. Saiu-se tão bem — do ponto de vista da audiência — que foi convidado a voltar outras vezes.

Uma semana após as declarações contra Preta Gil irem ao ar, o mesmo *CQC* preparou o "documento especial Jair Bolsonaro", com a retrospectiva dos fatos e a repercussão nos jornais e na televisão.[6] Também enviou Danilo Gentili a Brasília, para conversar com o parlamentar a respeito da polêmica.

"O senhor foi capa de tudo que é jornal aí, graças ao *CQC*", vangloriou-se Gentili.

Bolsonaro fez suavíssimo esgar, como se controlasse um sorriso.

"Tenho o direito de falar, tenho imunidade para isso, para defender o que eu bem entender. Me chamam de maluco? Mas não me chamam de homossexual, de racista nem de ladrão." Contou ser pai de uma menina de cinco meses, o que considerava uma prova da própria eficácia sexual, e já ter dado uns "tapinhas" na esposa.

Na sequência, aproveitou a audiência para depreciar um documento de autoria do governo federal, de 2009, pelo qual demonstrava verdadeira obsessão: o "Plano nacional de promoção da cidadania e direitos humanos de lésbicas, gays, bissexuais, travestis e transexuais". Uma das ações do programa previa a inserção de temáticas relativas à população LGBT nas escolas. A medida deveria começar a ser adotada a partir de 2011 pelo Ministério da Educação, o MEC, na época comandado pelo advogado Fernando Haddad.[7]

"O governo quer impor um kit gay nas escolas do primeiro grau", disse Bolsonaro durante a entrevista com Gentili. Referia-se especificamente ao kit Escola Sem Homofobia, composto de um caderno com textos sobre o tema, destinado a gestores, professores e outros profissionais de educação; seis boletins informativos sobre direitos da população LGBT, produzidos para os estudantes; e três audiovisuais, entre eles a ficção "Boneca na mochila", baseada em uma história verídica de um estudante flagrado com um brinquedo tido por feminino em meio ao material escolar.[8] Sempre que instado a tratar do assunto, Bolsonaro diria que uma das intenções do "kit gay" seria incentivar o "homossexualismo nas escolas públicas do primeiro grau" e tornar "nossos filhos presas fáceis para pedófilos".[9]

Em artigos publicados nas páginas de opinião, em entrevistas à TV e na internet, personalidades da cena pública defendiam o direito do parlamentar dizer o que pensava. Nas seções de cartas dos leitores e, cada vez mais, em publicações nas redes sociais — em 2011, o número de usuários do Facebook cresceu 298% em comparação ao ano anterior —, o entendimento ia um pouco além.[10] Bolsonaro não só deveria dizer o que bem entendesse em nome da liberdade de expressão, mas também pelo valor de suas ideias. "Quero parabenizar o deputado Bolsonaro pela iniciativa de mostrar o lado das pessoas que prezam a família e a moral, tão esquecidas nesta sociedade que valoriza as aberrações que afrontam os que defendem a decência", escreveu Marcelo Martins, de Mauá, na Grande São Paulo, no jornal *Folha de S.Paulo*.[11] "É a opinião dele, temos que respeitar! [...] Por que não mostram o mesmo entusiasmo para cassar os mensaleiros, os senadores já manjados em suas atitudes e tantos outros pilantras? Ora, às favas a idiotice!", opinou o leitor Paulo Bandeira, do Rio de Janeiro, n'*O Globo*.[12]

Amparar-se nos princípios democráticos para não apenas disseminar, como também reverberar ideias discriminatórias tornara-se uma conduta popular no começo da década de 2010. Articulistas e personalidades assumida e orgulhosamente conservadoras ocupavam espaços nobres em jornais, revistas, emissoras de rádio e programas de televisão para destilar preconceitos de todas as espécies. Com frequência, o discurso intolerante se travestia de "humor".

Uma dessas ocasiões envolveu o humorista Rafinha Bastos, o apresentador do *CQC* que chamara Jair Bolsonaro de "bem louco" na introdução do quadro "O povo quer saber". Em maio de 2011, Rafinha — uma celebridade em franca ascensão, dono de um salário polpudo na TV — foi tema de uma reportagem publicada pela revista *Rolling Stone*.[13] A matéria reproduzia uma das falas do show do artista em São Paulo: "Toda mulher que eu vejo na rua reclamando que foi estuprada é feia pra caralho". Arrematava: "Tá reclamando do quê? Deveria dar graças a Deus. Isso para você não foi um crime, e sim uma oportunidade".[14]

Convocado pela polícia a prestar esclarecimentos sobre as declarações, compreendidas pelo Ministério Público como incitação ao crime, Rafinha Bastos não as desmentiu. À imprensa, reclamou da necessidade de explicar uma piada. "Espero continuar tendo liberdade para dizer o que eu quero, por mais absurdo (e engraçado) que isto seja", afirmou.[15]

Mesmo argumento — a liberdade para fazer piada — seria utilizado, pouco depois, em defesa de uma campanha publicitária da marca de preservativos Prudence que tratava o estupro como algo corriqueiro e até recomendável para manter o corpo em forma. Compartilhada no Facebook, a peça listava o gasto calórico em diferentes momentos do ato sexual: "Tirando a roupa dela. Com consentimento dela: 10 calorias. Sem o consentimento dela: 190 calorias". Em resposta à hashtag #PrudenceNaoApoioEstupro, criada no Twitter, a marca diria que a intenção do anúncio fora prestar informações acerca do gasto energético durante o sexo de "forma divertida".[16]

Não precisei insistir para Jair Bolsonaro nos levar ao clube; mostrando-se simpático e prestativo, disse-me sim de primeira. Na Adepol, dirigimo-nos a uma espécie de arquibancada, onde me sentei ao lado dele. Enquanto isso, Gabriel procurava algum lugar discreto a partir do qual pudesse fotografar Tiririca. Engatamos qualquer conversa banal até perto de o jogo começar. Minhas atenções se voltavam para o campo, onde o humorista se aquecia para a partida, vestido com um conjunto de náilon preto, meiões vermelhos e chuteiras prateadas. Bolsonaro pediu licença para se preparar para o jogo — estaria no time adversário ao de Tiririca, capitaneado pelo ex-lutador de boxe Acelino Popó Freitas, à época deputado federal pelo Partido Republicano Brasileiro (PRB) da Bahia. Despedimo-nos com um forte aperto de mãos e lhe desejei boa sorte na competição. Mas fui pé-frio. O time dele perdeu de 3 x 1.

Por mais que tentasse ser discreto ao tirar as fotos de Tiririca, Gabriel passou a ser acompanhado com os olhos por um segurança do clube. Um dos assessores de Bolsonaro previu problemas e nos recomendou deixar o lugar o quanto antes. Saímos de lá frustrados, sem conseguir falar com o humorista.

Uma noite, logo após a aventura na Adepol, fui jantar com Jardel e um dos assessores do deputado. Queríamos, ambos, agradecer a assistência — o auxiliar não só me ajudara no episódio do clube como também atendera a todas as solicitações de meu colega. Tratar bem os jornalistas, topar qualquer parada, falar sobre qualquer assunto parecia fazer parte da estratégia da equipe do deputado para ocupar os vácuos, angariar popularidade. Decidimo-

-nos pelo restaurante Piantella, um dos preferidos dos políticos de Brasília. Da conversa que tivemos no restaurante, embalados por drinques com alto teor alcoólico, recordo-me de uma pergunta feita pelo auxiliar do deputado: "Tem algum gay trabalhando na *Playboy?*". Havia, claro, demos nome e sobrenome, e ao voltar para São Paulo brincamos com o repórter. "Te cuida, demos tua ficha pro Bolsonaro." Ele riu, aquele chiste animou nosso almoço no bandejão da firma. Para nós, era tudo uma grande piada.

Na campanha eleitoral de 2010, a discussão sobre padrões de comportamento masculino e feminino serviu de munição para os adversários de Dilma Rousseff. Embora as insinuações sobre a alegada falta de feminilidade da candidata do presidente Lula não chegassem ao horário eleitoral gratuito, pesquisas de opinião mostravam que, entre os votantes, o "jeito de homem" era um dos itens apontados para explicar a preferência por outros participantes do pleito. A característica era citada ao lado de outras com igual teor: "muito masculina", "não tem feminilidade", "mal--amada", "meio assexuada" e "não tem marido nem filho", embora ela já fosse avó.[17]

Uma das principais críticas feitas a Dilma Rousseff era o fato de ser "autoritária", "fechada" e "explosiva" — traços usualmente tidos como positivos em políticos do sexo masculino. Havia também uma obsessão em acompanhar a forma como se vestia, desde que, em 2009, se submetera a uma espécie de repaginação para tornar a aparência mais palatável aos olhos do eleitorado — trocou os óculos de grau por lentes de contato, cortou e pintou os cabelos de modo a parecer mais jovem e guardou no fundo do armário as camisas com babados e echarpes brilhantes que tanto incomodavam os correligionários.[18]

Mais do que a aparência, criticava-se em Dilma o fato de ser "marionete do Lula" e ter concordado em se lançar candidata por uma ampla coligação, que incluía partidos da esquerda à direita: PT, PR, PSB, PDT, PSC, PCdoB, PRB, PTN, PTC e PMDB, que indicou o vice na chapa, Michel Temer. No segundo turno, no qual disputou o cargo de presidente com José Serra, do PSDB, fechou também com a quase totalidade do PP, sigla de Jair Bolsonaro.[19] O deputado contrariou a orientação do diretório do partido no Rio de Janeiro, assumiu o slogan "petista bom é petista sem mandato" e declarou voto em Serra.[20]

Além de agremiações de cores as mais variadas, Dilma Rousseff se beneficiou do apoio de importantes lideranças evangélicas, como o bispo Edir Macedo, fundador da Igreja Universal do Reino de Deus, e o deputado federal Eduardo Cunha (PMDB-RJ), então fiel da igreja Sara Nossa Terra. Durante a campanha, Cunha visitou igrejas evangélicas no Rio de Janeiro para defender Dilma de ser "contra a vida".[21] Um dos momentos mais delicados de sua campanha envolveu a acusação, por parte dos adversários, de que ela seria favorável ao aborto. Em tempos passados, a candidata do PT havia se manifestado em prol da interrupção voluntária da gravidez, mas mudou de discurso durante a disputa eleitoral.[22]

Apesar de contar com o apoio de boa parte do movimento feminista, Dilma Rousseff o frustrava devido às concessões aos setores religiosos e por não se assumir como uma militante da causa. Embora houvesse duas mulheres com fortes chances de ganhar a disputa (além de Dilma, a ex-ministra Marina Silva, que conquistou 19,3% dos votos no primeiro turno, obtendo o terceiro lugar na corrida), as discussões sobre gênero não apareceram nos debates. Marina Silva, radicalmente contrária à legalização do aborto, estava mais vinculada à causa ambiental do que à das mulheres.

Não assumir, ainda que de forma tangencial, a pauta feminista não livrou as duas candidatas dos ataques misóginos. A elas faziam-se cobranças raramente dirigidas aos seus oponentes homens. Marina era com frequência ridicularizada por usar pouca maquiagem, ser muito magra e "apagada". Dilma recebia críticas pelos motivos opostos: exagerava nos acessórios, pesava mais do que o recomendado pelo padrão de beleza em voga e se expressava de forma excessivamente enérgica.

Ao tomar posse em 1º de janeiro de 2011, aos 63 anos, Dilma Rousseff teve as formas do corpo e as escolhas estéticas escrutinadas em todos os detalhes. "A maquiagem foi correta: discreta e sem arroubos como convém a uma mulher que ocupa o cargo máximo de um país", elogiou o jornal *O Globo*, para na sequência adentrar nas críticas: "A correntinha no pescoço estava muito apertada. [...] O casaco era largo demais, quadrado, não definindo a cintura e, assim, aumentando o volume da silhueta". A matéria avançava lamentando a escolha do tecido do casaco, texturizado, que "além de engordar, não harmonizou com a faixa presidencial".[23]

Além de apontar defeitos na aparência de Dilma, jornais e publicações nas redes sociais a contrapunham à de Marcela Tedeschi Temer, de 27 anos, esposa do vice-presidente Michel Temer, de setenta anos, cujo penteado — uma trança lateral — imediatamente se tornaria moda. "Marcela, a bela", definiu-a a revista *Veja*: "Loira, quase um palmo mais alta que o marido e com sinuosidades que nem Oscar Niemeyer seria capaz de imaginar, ela mesmerizou, magnetizou, encantou".[24] Adiante, ao tratar da presença do príncipe Felipe de Bourbon na posse, gracejou, sem sutilezas: "Mesmo tentando fazer jus à tradição de discrição da monarquia espanhola, não conseguiu disfarçar o encantamento que algumas das moças presentes lhe causaram — no que foi retribuído com a mesma intensidade, em especial por certa

Rapunzel. Para Dilma, ele só olhou na hora de cumprimentá-la e fazer a foto".[25]

"Bonita, bem-feita de corpo, Marcela quase acertou. A saia de cintura alta rosa-seco usada com uma blusa café volumosa ressaltou o bumbum e marcou um pouco a barriga. [...] A trança lateral realçou os traços delicados de Marcela. Tudo indica que, com alguns ajustes, ela será o ícone da elegância do governo que se instala", cravou o jornal *O Globo*.[26]

Enquanto a foto de Marcela, a bela esposa, ocupou uma página quase inteira da revista *Veja*, as nove ministras empossadas por Dilma (de um total de 37 auxiliares diretos) tiveram direito a pequenos retratos 3x4, abaixo dos quais constava breve perfil. Sobre Miriam Belchior, do Planejamento, lia-se que havia sido casada com Celso Daniel, prefeito de Santo André assassinado em 2002. O texto a respeito de Tereza Campelo, do Desenvolvimento Social, destacava seu casamento com o ex-tesoureiro do PT Paulo Ferreira.[27]

Além de conquistar fama nacional, Jair Bolsonaro colecionaria outra vitória no primeiro ano do governo Dilma Rousseff: pressionada por grupos religiosos, a presidente cancelou a distribuição do kit Escola Sem Homofobia. Contrariada com a decisão, a secretária de educação básica do Ministério da Educação, Maria do Pilar Lacerda, desabafaria no Twitter: "Tempo das trevas!".[28]

16. Minha roupa não é um convite

Na noite de 12 de março, quando os moradores de Olinda e Recife vão às ruas comemorar o aniversário das duas cidades vizinhas, Isis decidiu ficar em casa e preparar um jantar especial para o marido, Jaime. Ele trabalhava como atendente em uma grande rede de farmácias e só largava o serviço às duas horas da manhã. O casal vivia em um quarto e sala em Paulista, município colado a Olinda, na região metropolitana do Recife. Aos 29 anos, Isis estava no segundo casamento. Tinha uma filha da união anterior, de onze anos, que naquela noite pedira para dormir na casa da avó paterna. Corria o ano de 2013.

Isis tinha a companhia de um pássaro papa-capim, preso na gaiola. Na cozinha em estilo americano, da qual contemplava uma vista de todo o imóvel, passou a lâmina da peixeira na pedra de afiar e cortou a galinha em pedaços. Enquanto o guisado ia ao fogo, picou o queijo coalho, dispôs um punhado de azeitonas verdes em um pratinho e tirou uma garrafa de vinho tinto do armário. Sacou a rolha, recolocou-a superficialmente no gargalo e levou a bebida à geladeira. Limpou a cozinha, guardou a faca amolada na gaveta de talheres, vestiu uma camisola preta de alcinhas, fumou um cigarro na varanda e se deitou na cama, com a TV do quarto ligada. Pretendia assistir a um filme qualquer enquanto aguardava Jaime. Mas, cansada, caiu em sono profundo.

Dormir com o televisor ligado era um hábito antigo, do qual se livrara fazia poucos meses, a pedido do marido — ele descansava melhor quando o ambiente estava totalmente escuro. A mania remetia à infância, época em que a mãe deixava a luz do corredor de casa acesa durante a noite — um cuidado para iluminar o caminho dos quatro filhos, caso precisassem se levantar para ir ao banheiro ou beber água. O costume, portanto, nada tinha a ver com medo. Sempre fora valente.

Cerca de uma hora depois de adormecer, Isis despertou ao sentir algo pontiagudo no pescoço. Sonolenta, tentou se movimentar. Então se deu conta de que estava imobilizada. Foram poucos segundos de confusão mental até entender que a peixeira com que cortara o frango estava prestes a lhe rasgar a garganta. A poucos centímetros do rosto dela estava o de um homem estranho, com uma cicatriz em forma de risco em uma das bochechas. A luz dos postes da rua a entrar pela varanda — a mesma por onde o desconhecido invadira o apartamento, após escalar o prédio até o terceiro piso — clareou uma boca escancarada, com dois dentes solitários na arcada superior direita. A televisão havia sido desligada.

"Faz o que eu mando ou tu vai morrer de faca", ele disse, com voz pastosa. Isis sentiu um hálito forte de álcool e notou que as mãos do agressor estavam ensebadas e fediam a galinha. Antes de acordá-la, ele devorou o guisado, deu alguns goles na garrafa de vinho, abocanhou o queijo e cuspiu longe os caroços de azeitona. Usava um boné bege e uma camiseta do time de futebol Santa Cruz, que ela logo identificou como sendo de Jaime. Baixou a bermuda, determinou que a mulher tirasse a camisola e a penetrou com força. Enquanto era violentada, pensava na sorte de ter deixado a filha dormir na casa da ex-sogra. Também decidira que faria tudo, se submeteria às piores humilhações, obedeceria às ordens mais repugnantes, desde que saísse dali com vida.

Quando o homem deixou a cama, ela pôde observar o corpo dele. Media por volta de 1,65 metro. Tinha as canelas raquíticas, desproporcionais ao tronco, forte. Parecia difícil acreditar que aqueles tornozelos finos e braços grossos pudessem pertencer à mesma pessoa. Fez menção de vestir a camisola, mas ele ordenou que permanecesse nua e o acompanhasse à sala. Quis saber onde estava guardado o "revólver do otário", como definiu o marido de Isis. "Não temos arma", respondeu. Ele não acreditou. Abriu armários, revirou sacolas, gavetas, jogou tudo ao chão. Deparou com um uniforme de trabalho, amarelo, que pertencia a Jaime. Estraçalhou-o com a faca. "Corno, corno", repetia. Então, violentou-a mais uma vez, no sofá.

Após o ato, revelou que a observava havia semanas. Sabia que saía para o serviço todos os dias, de manhã cedo, e voltava perto do anoitecer. Na época, ela trabalhava em uma empresa de promoção de eventos. Dizia isso enquanto fumava os cigarros surrupiados da mesa de cabeceira da vítima, um atrás do outro, sem se preocupar em aparar as cinzas ou depositar as bitucas no cinzeiro. Comentou tê-la visto na companhia de uma amiga, por quem também se interessou, e revelou o desejo de fazer um ménage com as duas. Havia notado que Jaime — "o otário, aquele corno", insultava — tinha um trabalho noturno e usava uniforme, o que o levou a concluir tratar-se de um vigia e pensar que tivesse armas. Referiu-se à criança de onze anos e lamentou que ela não estivesse ali. "Era pra ser nós três", balbuciou.

Na sequência, continuou a revirar a casa. Guardava em um saco os itens pelos quais se interessava — o monitor de um computador, algumas bijuterias e as poucas joias de Isis. Entre elas, um anel que pertencera à avó e estava reservado para ser o presente de quinze anos da filha. Enquanto ele se distraía com os objetos, a mulher elaborou um plano de fuga. Como a porta da sala estava trancada, decidiu se atirar pela sacada, na primeira oportunidade. Calculou que sobreviveria à queda, pois não teria tempo, tampouco habilidade, para se apoiar nas muretas dos apartamentos logo abaixo, como fizera o criminoso. Mas teve os pensamentos interrompidos pelo homem; ao observá-la com o olhar fixo no exterior, deduziu suas intenções. "Tem condições de tu ficar viva não, morena." Aproximou-se, deu-lhe um tapa nas costas, empurrou-a sobre a pia da cozinha e a violentou pela terceira vez. Ao sair de dentro dela, voltou a dizer que ia matá--la. Repetia a ameaça e passava a ponta da peixeira na gaiola, na altura do passarinho.

Então a mulher ouviu o barulho do abrir e fechar de portas — a do prédio e a da garagem — que anunciava a chegada do marido. Estremeceu ao escutar o tilintar das correntes presas com cadeado: o obstáculo no portão de acesso à escada era o último a ser vencido antes da abertura da porta do apartamento. "Meu marido tá subindo, melhor tu ir", disse para o invasor, com gentileza, na esperança de fazê-lo se sentir como um amante que encontra a mulher amada na ausência do esposo. "Aquele corno", ele esbravejou. "É mesmo, ele não é de nada. Vai, depois tu volta e a gente continua", disfarçou Isis, o coração aos saltos. Agira assim para evitar um desfecho que lhe ocorrera: o agressor escondido atrás da porta, esfaqueando Jaime pelas costas, mal ele pusesse os pés em casa. O sangue manchando de vermelho o uniforme amarelo da farmácia.

Antes de fechar a sacola, o homem pegou a garrafa de vinho sobre a mesa da cozinha, ainda pela metade. "Cadê a rolha?", quis saber. "Não sei, tu que abriu", respondeu Isis. Ele passou uma vista rápida pelo chão e, como não encontrou a tampa, jogou a garrafa — aberta — dentro da sacola. Monitor, roupas, bijuterias e o antigo anel da avó, tudo seguiria com ele, em sua descida pela varanda, banhado em vinho. Antes de ir embora, ainda riscou a porta em formato de cruz, com a ponta da faca. Levou a arma consigo.

Ao entrar em casa e encontrar a mulher nua, descabelada, pálida e com os olhos arregalados em meio a um ambiente totalmente revirado, com gavetas abertas, objetos e bitucas de cigarro espalhados pelo chão, não precisou que ela dissesse uma única palavra para entender o que havia acontecido.

Uma das minhas primeiras missões como editora da revista *Claudia* foi telefonar para a assessoria de imprensa de uma fábrica de eletrodomésticos e pedir fotos de divulgação de uma batedeira. Tratava-se de um produto de luxo, assinado por um designer com pretensões artísticas, custava uma fortuna, mas ainda assim era uma batedeira.

Depois de oito anos na *Playboy*, eu assumia um cargo novo na Abril, dessa vez no núcleo de revistas femininas da editora. Entre as minhas funções, além de eventualmente escrever sobre utilidades domésticas, estava entrevistar as estrelas dos ensaios de capa — quase sempre, atrizes e apresentadoras da TV Globo. Um dos assuntos que eu gostava de abordar com as famosas era como lidavam com as múltiplas tarefas do dia a dia. Conversava sobre isso, em especial, com as mães (sintomaticamente, na *Playboy* nunca fazia tal questionamento aos pais). Elas quase sempre respondiam que, com organização e foco, podiam dar conta de tudo: levavam os filhos para a escola, faziam ginástica, trabalhavam, liam livros e viam filmes nos intervalos das gravações. De noite, com as crianças já na cama, tomavam um banho demorado, vestiam uma lingerie de grife, preparavam um jantar especial para o marido e abriam um vinho, porque era preciso manter aceso o fogo da paixão.

Mesmo sabendo que aquele mundo de fadas era mera novela, era inevitável me sentir uma incompetente ao ouvir e escrever sobre a rotina das celebridades. Minha vida diferia em tudo daquilo: macarrão instantâneo no lugar de massa italiana artesanal, moletom com mancha de água sanitária em vez de camisola rendada de seda. Estava constantemente exausta, sonolenta e mergulhada em angústias — sem a determinação que, naquelas moças perfeitas, parecia haver de sobra.

De forma geral, as revistas femininas nunca estiveram na vanguarda do feminismo — a *Claudia*, como carro-chefe do segmento e voltada para uma mulher mais madura e conservadora, menos ainda. Em diferentes medidas, as publicações reforçaram e ditaram regras de beleza e comportamento, incentivando as leitoras a buscar um padrão de feminilidade calcado na sacralização da maternidade, na heterossexualidade, na idealização do casamento e na atenção desmesurada a assuntos da vida privada, como decoração e culinária. Dos temas da agenda progressista de direitos das mulheres, privilegiavam os relacionados à realização individual, como o investimento na carreira e a independência financeira, que no limite formavam consumidoras dispostas aos maiores sacrifícios (como as triplas jornadas de trabalho) para realizar seus sonhos: entre eles, adquirir a profusão de produtos supérfluos veiculados nos periódicos. Não à toa, os grandes anunciantes das revistas femininas sempre foram as marcas de moda e beleza.

Durante décadas, as publicações voltadas para o sexo feminino prescreveram papéis para adolescentes, jovens adultas e mulheres maduras. Definiram o que era certo e errado na forma de se vestir e se maquiar, ensinaram-nas a levar um homem à loucura na cama e garantiram ser o foco nas supostas necessidades individuais o caminho para a conquista da autoestima. Ame-se, seja você mesma, desde que magra, jovem e elegante. E branca, porque raríssimas eram as negras que apareciam nas capas e nos editoriais de moda e beleza das revistas femininas.

Na época em que fui uma das editoras da *Claudia*, algumas funcionárias da redação faziam o que podiam para, por vezes, tentar alguma ousadia. E não era muito — a autonomia dos jornalistas em uma grande empresa de comunicação tem limites. Tentávamos, ao menos, ouvir a tal voz das ruas e reportar tendências de comportamento. Mas sempre de maneira tímida, esvaziadas em sua dimensão política, quase pedindo desculpas, e com atraso. Quando finalmente chegassem às páginas das publicações produzidas nos escritórios refrigerados de São Paulo, as rupturas já eram de muito conhecidas e praticadas por mulheres transgressoras país afora. Com o advento das redes sociais, esse hiato entre as reivindicações das feministas e o que se produzia na imprensa feminina se tornaria mais visível.[1] Enquanto eu escrevia sobre máquinas de fazer bolo, meninas de menos de vinte anos iam às ruas das maiores cidades do Brasil com a frase "indecente é o seu sexismo" escrita a caneta nos seios à mostra.[2]

A terceira edição brasileira da Marcha das Vadias, em 2013, teve como slogan "Quebre o silêncio". A manifestação se originou em Toronto, no Canadá, em 2011, com o nome de "SlutWalk". Durante uma palestra para estudantes da Osgoode Hall Law School sobre como evitar um ataque sexual, o policial Michael Sanguinetti sugeriu que elas não se vestissem como vadias — *sluts*, em inglês. A frase causou revolta ao reforçar a crença segundo a qual mulheres são culpadas pelos estupros sofridos e deu o mote para um evento que faria parte do calendário de protestos feministas em todo o mundo — a despeito das divisões dentro da militância. No Brasil, algumas ativistas se opunham às tais marchas por causa da predominância de mulheres brancas e de classe média, além da exposição da nudez como espetáculo, sem se associar a uma crítica marxista do capitalismo.[3]

No outono paulistano de 2013, 1500 pessoas, quase todas mulheres, protestaram contra violência sexual, assédio e feminicídio. Com cartazes e dizeres escritos na pele, as militantes incentivaram as sobreviventes a denunciar os agressores, bem como a vir a público relatar as experiências pessoais de violência. Em outras palavras, transformar a vergonha e o constrangimento em ação política. Naquele ano, 50 320 mulheres procurariam as delegacias do Brasil para registrar um caso de estupro — de um total estimado entre 330 mil e 500 mil casos, considerando a subnotificação.[4]

Um dos principais alvos das manifestações das militantes durante a Marcha das Vadias de 2013 foi o pastor evangélico e deputado federal Marco Feliciano, do Partido Social Cristão (PSC) de São Paulo, então presidente da Comissão de Direitos Humanos e Cidadania da Câmara. Feliciano defendia a aprovação do projeto de lei 478/2007, dispondo sobre o Estatuto do Nascituro. Em um dos trechos mais polêmicos, a proposta previa o pagamento de uma quantia em dinheiro para as mulheres que, grávidas em decorrência de estupro, decidissem ter o bebê. O projeto foi apelidado pelas feministas de "bolsa-estupro".[5]

A bolsa no valor de um salário mínimo e com duração de dezoito anos seria interrompida em duas hipóteses. A primeira: adoção da criança. A segunda: identificação do pai. Nesse último caso, o estuprador seria instado a pagar a pensão alimentícia à estuprada, forçando uma convivência de quase duas décadas entre algoz e vítima.[6] O projeto havia sido recentemente aprovado na Comissão de Finanças e Tributação da Câmara dos Deputados e aguardava tramitação na Comissão de Constituição e Justiça. Para os ativistas antiaborto do Congresso Nacional, a aprovação do Estatuto do Nascituro consistia em questão de honra. Um ano antes, os religiosos haviam amargado a decisão do Supremo Tribunal Federal de liberar a interrupção da gravidez de fetos anencéfalos.[7] Em reação ao tímido avanço na pauta dos direitos reprodutivos — e à pressão cada vez mais intensa das feministas para uma mudança em ritmo mais acelerado —, o deputado Eduardo Cunha chegou a denunciar a existência de uma conspiração internacional para promover o aborto.

"A legalização do aborto vem sendo imposta a todo o mundo por organizações internacionais inspiradas por uma ideologia neomalthusiana de controle populacional, e financiada por fundações norte-americanas ligadas a interesses supercapitalistas", ele escreveu, na justificativa de um projeto de lei, apresentado em 2013, para incluir no Código Penal punições aos que anunciassem meio abortivo. Segundo Cunha, o complô envolvia as fundações Ford e Rockefeller e a Universidade Johns Hopkins, entre outras instituições dos Estados Unidos.[8]

A violência sexual ganhara destaque na pauta internacional — e levara a militância a jogar luzes sobre o tema de maneira mais veemente — com o caso de uma estudante universitária de 23 anos morta em Nova Delhi, na Índia, em decorrência dos ferimentos provocados por um estupro coletivo — entre eles, agressões com uma barra de metal que atingiram os intestinos da jovem, perfurados a ponto de precisarem ser removidos pela equipe médica que tentou salvar sua vida.[9] A moça foi atacada no final de dezembro de 2012, dentro de um ônibus, ao voltar do cinema para casa. Estava acompanhada de um amigo, agredido com chutes e socos.[10]

Pouco depois, uma história com desfecho semelhante, embora menos trágico (a vítima não morreu), deu-se no Rio de Janeiro. Após embarcar em uma van no bairro de Copacabana, uma americana de 23 anos teve os pertences roubados, o nariz quebrado com um soco e, durante seis horas, o corpo violentado por três bandidos. O namorado da estrangeira, que a acompanhava no percurso, foi espancado com uma barra de ferro. A imprensa de diferentes partes do mundo comparou os dois casos.[11]

Como de costume, a comoção em torno das histórias midiáticas de violência sexual fez ressuscitar a discussão sobre punições mais severas para os criminosos. Em abril de 2013, a proposta de castrar quimicamente os estupradores voltou à tona, dessa vez motivada pela apresentação de um projeto de lei do deputado Jair Bolsonaro. Ele sugeria que a concessão de progressão de pena dos condenados por violência sexual fosse condicionada à castração química.[12]

Naquela madrugada em Paulista, município perto do Recife, o marido de Isis se dirigiu à cozinha e, na ausência da peixeira, armou-se com uma serrinha de cortar pão. Telefonou para um primo, depois para a cunhada, pediu ajuda para ir atrás do bandido. O primo ainda não tinha saído do trabalho e não pôde atender ao pedido de socorro. A cunhada chegou rápido, dirigindo, com uma camiseta por cima do pijama. Isis se sentou no banco do passageiro, o marido foi atrás; os três percorreram o bairro, as ruas escuras e ermas pela madrugada. Depois avançaram até a praia do Janga, ali perto, quem sabe o homem estivesse jogado na areia, teria resolvido tomar um banho de mar. No desespero, pensavam em tudo. Isis olhava pela janela, de prontidão para o reconhecimento, atenta e horrorizada, aliviada por estar viva, mas em completo estado de estupor.

Em sua mente passava um filme confuso, com partes soltas, sem ordem cronológica correta, flashes dos acontecimentos de minutos atrás. As mãos grossas e ensebadas, a mistura dos odores de suor, álcool e cigarro, lembranças potencializadas pela sensibilidade na região íntima. Custava a acreditar que fora estuprada. Na 13ª Delegacia de Plantão de Paulista, para onde o trio seguiu depois de desistir das buscas, não teve coragem de dar detalhes da violência para o delegado. Mesmo assim, foi encaminhada para o Instituto Médico Legal. Na sala de exames, deitada em uma maca, chorou ao ver o cotonete com o qual teria a vagina e o ânus escrutinados. O médico assegurou que seria delicado no trato. Uma funcionária do IML permaneceu ao lado de Isis. Segurou sua mão, disse que conhecia aquela dor — também já fora violentada.

Feitos os exames, Isis se dirigiu ao Instituto de Medicina Integral Professor Fernando Figueira, no bairro da Boa Vista, na área central do Recife. Ao chegar à recepção, contou do que se tratava. Àquela altura, outros familiares — como o irmão e até o ex-marido, pai da filha de onze anos — já haviam se juntado à comitiva, para lhe prestar apoio. "Ela vai ficar ali sentadinha e esperar", disse a recepcionista, dirigindo-se ao irmão. "Já ouvi falar que casos assim são prioridade", ele retrucou. "Não levou tiro, não foi esfaqueada, não é prioridade", devolveu a funcionária, impaciente.

Na companhia do ex-marido e do atual, Jaime, a vítima se sentou nos bancos da sala de espera. Permaneceu em silêncio enquanto os dois conversavam. O ex demonstrava surpresa com o fato de o estuprador ter escolhido uma vítima como Isis. Embora correspondesse ao padrão de beleza feminino — longos cabelos castanhos, corpo magro e forte, rosto corado, com olhos grandes e expressivos e boca carnuda —, sempre foi discreta ao se vestir. Ele dizia não compreender como aquilo era possível; afinal, jamais gostara de usar shorts curtos. Enquanto os três permaneciam ali, em suposta espera passiva, uma parente de Isis vasculhava os corredores do hospital, na tentativa de recorrer à direção para protestar contra a atuação da funcionária. Conseguiu atendimento na ouvidoria e, na sequência, a vítima foi chamada para um dos consultórios. Sentiu um alívio imenso ao ver, diante de si, duas mulheres de jaleco.

Pela terceira vez, contou como tinha sido estuprada. Afirmou não correr risco de gravidez, pois tomava pílula anticoncepcional. Mesmo assim, em respeito ao protocolo, foi medicada com a contracepção de emergência e informada de que seria submetida à profilaxia contra doenças sexualmente transmissíveis. Como tinha um histórico de alergias a remédios, voltou a sentir medo de morrer. Ficou tensa, com os músculos contraídos, e a enfermeira teve dificuldades em encontrar a veia para tirar sangue. O estado de nervos também complicou a inserção do acesso venoso para a administração do soro. Uma das médicas, que aparentava ainda não ter completado trinta anos, segurou a mão da paciente e disse não ter pressa. Esperariam o tempo necessário, horas a fio, se preciso fosse. A mulher se sentiu acarinhada, experimentou uma sensação breve de aconchego; conseguiu, com esforço, ingerir os primeiros comprimidos para prevenir a infecção por HIV e hepatites virais.

Mas, quando deixou o consultório, já sentia uma forte coceira nas costas. Ao ver a ex-mulher naquele estado, com a pele avermelhada, esforçando-se para lidar com a urticária, o desconforto físico, abatida e com um ar de desamparo que nunca havia notado em seu rosto, o ex-marido desatou a chorar. Jaime não resistiu e, embora viesse tentando parecer forte, também foi às lágrimas. Naquele instante, Isis se lembrou de que ele havia chegado da farmácia, com fome, e não comera nada, tampouco tomara banho. Devia estar com fome, desconfortável. Então pediu ao ex-marido que o acompanhasse até o apartamento onde ocorrera a tragédia.

Em casa, Jaime fez uma sacola com poucos pertences pessoais, pegou a gaiola com o passarinho, trancou a porta e deixou o lugar sem olhar para trás. Enquanto isso, Isis era levada pelos parentes para a casa da mãe. Com o efeito colateral dos antialérgicos, dormiu profundamente no carro. Ao chegar, decidiu contar para a mãe o que havia acontecido. Enquanto falava, a mulher não interrompia. Permaneceu calma, ouvindo tudo, sem demonstrar uma única emoção. Ao fim do relato, fez-lhe uma única pergunta: "Quer comer?". "Aceito, mainha", ela respondeu.

Logo vieram o marido, o ex, todos tomaram café e comeram sanduíches de queijo em silêncio. Depois Isis se recolheu e dormiu sem dificuldades. Ela levantou cedo e ficou surpresa ao notar que, antes de ir para a cama, a mãe trancara toda a casa como se estivesse ante a iminência da invasão de um exército inimigo. Usara correntes com mais de um cadeado, vedara portas e janelas, transformara a residência em uma fortaleza improvisada. Mais tarde, descobriu que, naquela madrugada, a mãe se deitou com a peixeira embaixo do travesseiro.

Na quarta-feira, dia 13 de março, Isis telefonou para o dono da empresa de eventos onde trabalhava, relatou o ocorrido e pediu licença de uma semana. O chefe sugeriu que a funcionária permanecesse um mês afastada, mas ela achou que se sentiria melhor voltando rapidamente à rotina — gostava do serviço, os colegas eram piadistas, passava boa parte do tempo às gargalhadas. No dia marcado para o retorno, saiu de casa cedo e se dirigiu à parada do ônibus. Mas sentiu calafrios, palpitação, e foi a uma farmácia nas proximidades. Sentou-se num banco para esperar o mal-estar passar. Como os minutos corriam e ela não conseguia se recuperar, telefonou para o patrão para justificar o atraso — infelizmente, por mais que se concentrasse, não conseguia se levantar do banco, explicou. Era como se suas pernas estivessem amarradas, os pés colados ao chão. Preocupado, ele decidiu ir ao encontro da funcionária. Ajudou-a a se erguer, a andar, acomodou-a no carro e, no caminho até a firma, aconselhou-a a comparecer à Delegacia de Polícia da 34ª Circunscrição, a delegacia de Maria Farinha. Lá, ela seria ouvida por uma delegada, uma mulher.

Isis assentiu. O chefe deu meia-volta e tomou o caminho da delegacia.

Àquela altura, a moça já nem sabia quantas vezes havia contado e recontado a mesma história. Despertava-lhe tristeza o fato de que, para alguns, a ausência de marcas físicas visíveis sugerisse ter sido sua violência menos sofrida, como se um corpo aparentemente intacto fosse uma sombra a obscurecer a empatia do interlocutor. Talvez por isso, inconscientemente, ela tivesse evitado, até aquele momento, relatar minúcias do estupro, as sensações mais escabrosas, os segundos mais lancinantes. Mas algo na forma como a delegada de Maria Farinha conduziu a conversa fez com que se sentisse mais disposta a entrar em detalhes.

"Você consegue fazer o retrato falado do homem?", perguntou a delegada. Pelas características físicas marcantes (a cicatriz no rosto, as pernas finas e o tronco largo) e o modus operandi (a invasão dos apartamentos, o uso de armas brancas, o conhecimento da rotina das vítimas), teve certeza se tratar do mesmo sujeito que havia atacado outras mulheres, poucos dias antes, todas na mesma região. Uma das vítimas foi estuprada na varanda. Outra levou um corte de faca na canela. Uma terceira também estava dormindo e despertou com o invasor assoviando, já dentro do quarto.

A vítima foi orientada a acompanhar peritos da Polícia Civil até a casa, em busca de vestígios do crime. Do hall do apartamento, acompanhou o trabalho dos investigadores. Os policiais encontraram a rolha da garrafa de vinho embaixo da mesa, recolheram as bitucas de cigarro e pincelaram um pó que revelava digitais nos móveis e nas portas. Um deles chamou a atenção da mulher para a cruz desenhada pelo bandido na porta.

Quando o serviço encerrou, ela trancou a porta e desceu as escadas. Por mais que ali estivessem seus pertences, as lembranças de um cotidiano feliz com o marido e a filha, de jantares animados regados a vinho tinto, não conseguiu entrar no lugar para resgatar um único objeto.

17. Eu não mereço ser estuprada

No começo de 2013, depois de um ano como editora da *Claudia*, desliguei-me da Abril. Decidi viver como jornalista freelancer — o que me permitiria, em tese, escrever sobre assuntos pelos quais realmente me interessava. Também poderia trabalhar de casa, mais perto das filhas, à época com quatro e nove anos incompletos. Animada com as novidades do meu recém-inaugurado estilo de vida, telefonava para mamãe quase todos os dias.

Em 18 de abril, ela atendeu, confusa. "Estou aqui falando com seu pai e ele não responde", disse. E, comigo ao telefone, continuou a chamá-lo, já quase aos gritos: "Almir, Almir".

"Não responde, está dormindo de olho aberto", reclamou. "Almir, Almir", ela não desistia.

"De olho aberto?"

"Ele não pisca, Adriana."

"Mamãe, acho que papai morreu."

Na lembrança mais remota de papai, vejo-o por uma parede de vidro do hospital Nove de Julho, em São Paulo, em 1979. Ele tem 42 anos e está deitado em uma maca, na enfermaria. Uma funcionária do hospital me pega no colo e me leva até ele. Ao me ver, ele sorri.

Na segunda lembrança mais antiga, papai está sentado no sofá da sala da casa em que morávamos, na rua Barão do Rio Branco, no centro de Fortaleza. Por causa do calor, estava sempre sem camisa. Tinha braços finos e cabeludos e mãos de dedos compridos. Estou com seis anos, tento escalá-lo, ele sorri.

Depois disso, as lembranças são quase todas de um homem sisudo, avesso ao contato físico.

Almir, meu pai, aposentou-se por invalidez com quarenta e poucos anos, acometido por uma distonia, doença rara que provoca espasmos e contrações involuntárias dos músculos. A doença o atacou logo após se formar em administração de empresas, um desejo que só pôde ser realizado ao se mudar com mamãe e meus quatro irmãos para São Paulo, no início dos anos 1970, partindo de Mossoró, no Rio Grande do Norte. Em janeiro de 1980, ele voltaria para o Nordeste — de onde saíra confiante de que prosperaria — preso a uma cadeira de rodas, endividado, com uma esposa desempregada e uma filha a mais — no caso, eu.

Papai voltou a andar, ainda que com dificuldades, após fisioterapia. Mas nunca mais pôde correr ou pular. Tampouco recuperou a firmeza do pescoço — a cabeça estava sempre caída para o lado direito — e o controle dos músculos. Tinha dificuldades para escrever, porque não conseguia segurar a caneta; os espasmos nos músculos responsáveis pela fala e pela deglutição o impediam de se expressar com clareza. Comer e beber também eram uma luta. No fim da vida, estava praticamente mudo — ninguém entendia quase nada do que tentava falar — e pesava menos de quarenta quilos. Do pouco alimento que conseguia engolir, muito ia parar nos pulmões — daí a morte por enfisema pulmonar e broncoaspiração, aos 76 anos.

Mesmo fraco e doente, papai metia um bocado de medo nos filhos — principalmente nas três filhas, sobre quem nutria a expectativa de que se casassem virgens. Isso obviamente esteve longe de acontecer; e, em diversos momentos, lidar com o fato de que não éramos garotas comportadas o fez sofrer profundamente. A todas nós, à família inteira, mas a ele, sobretudo. Pelo menos essa era a minha impressão, ao vê-lo abatido, contrariado, nervoso, impotente para fazer o que imaginava ser sua função como pai — controlar as filhas, mantê-las protegidas, longe do que pensava serem homens aproveitadores de nossa boa inocência. Por isso, quando fui estuprada, uma das primeiras coisas em que pensei foi que papai jamais poderia saber daquilo.

Durante dez anos, exceto nas situações envolvendo a Justiça, evitei ao máximo falar sobre o estupro. Nem com os amigos mais íntimos, nem com o Lira, terapeutas, familiares. Mas de vez em quando, bêbada, eu acabava por soltar uma frase ou outra sobre o assunto; pois, por mais que o tempo passasse e eu me esforçasse para não pensar naquela noite desgraçada, a lembrança estava ali, o tempo inteiro, nunca deixava de me acompanhar.

Nos dias seguintes à bebedeira, a ressaca moral me consumia; passava dias, por vezes a semana inteira, a remoer as lamentações que eu obrigara meus interlocutores a ouvir. Escrevia "nunca mais bebo" em letras maiúsculas na agenda, em post-its pregados nas bordas da tela do computador. Eu não deveria falar sobre o estupro, disso estava convicta. Porque, para além da vergonha e do constrangimento, se a história corresse, talvez chegasse aos ouvidos de papai. E, sinceramente, aquilo teria sido terrível. A doença, as limitações, as dores, a frustração de ter a trajetória profissional interrompida por uma doença degenerativa aleatória, para a qual médico nenhum tinha explicação, tudo isso fez de papai um homem duro. Mas aposto que, se soubesse do que aconteceu comigo — em outra medida doentio, limitante, dolorido, frustrante e aleatório —, ele era capaz até de chorar.

À avalanche de notícias sobre uma calamidade de ataques sexuais de toda ordem — das melhores universidades aos vagões de metrô — contrapunham-se, no Brasil, duas reações aparentemente contraditórias, mas que costumavam ter a mesma origem: de um lado, a defesa de penas mais rigorosas para os criminosos (morte, castração química, prisão perpétua e até enforcamentos em praça pública, como no Irã);[1] de outro, a atribuição da culpa, ou de parte dela, às vítimas da violência sexual.

Em março de 2014, uma análise divulgada pelo Instituto de Pesquisa Econômica Aplicada, o Ipea, pôs fogo nos debates sobre o assunto. Conforme a pesquisa "Tolerância social à violência contra as mulheres", 65,1% dos entrevistados concordavam com a frase "Mulheres que usam roupas que mostram o corpo merecem ser atacadas".[2]

A jornalista Nana Queiroz estava na redação do jornal *Metro*, em Brasília, quando ouviu o chefe comentar o resultado da pesquisa. "Olha que revoltante", o editor disse, exaltado, diante da equipe. "Um absurdo", concordou Nana, e continuou: "A minha vontade é de sair correndo pelada pela rua, gritando que não mereço ser estuprada".

Tratava-se de mera retórica — ou, pelo menos, essa era a intenção inicial da jornalista, dizer algo exagerado o bastante para demonstrar o quanto a pesquisa a indignara. Mas, horas após o desabafo, a ideia não lhe saía da cabeça. Aos 28 anos, feminista, Nana não via com bons olhos movimentos protagonizados por grupos como o ucraniano Femen, cuja célula no Brasil fora fundada pela carioca Sara Fernanda Giromini, mais conhecida como Sara Winter. Considerava que, nos protestos protagonizados pelas ativistas do Femen, a nudez carecia de amplitude política.

Contudo, numa situação como aquela, talvez comportasse um sentido de transgressão da norma, de desobediência a uma tentativa de controle do corpo feminino. Não era o caso de sair correndo pelada na rua, pensou. Mas, se um protesto no espaço físico real parecia inviável por motivos legais e logísticos, no universo virtual podia vingar. Escreveu para seis amigas com a proposta de postarem uma foto nuas, da cintura para cima, com a frase "eu não mereço ser estuprada" em um cartaz ou escrita na pele. Todas gostaram da ideia. Nana criou o evento no Facebook para o dia seguinte, às 21 horas. Enviou o convite para os amigos, autorizando-os a passar o link adiante, e dormiu. De manhã, logo após acordar, deu uma verificada nas notificações das redes sociais. Tomou um susto ao contabilizar mais de 200 mil adesões ao evento.

A proporção tomada por um protesto que ainda nem se iniciara estimulou Nana a caprichar na foto que daria início à mobilização: o combinado era que ela, como idealizadora, publicasse a primeira imagem na página do evento e na própria linha do tempo. Para facilitar os trabalhos, vestiu uma blusa sem alças. Em homenagem aos ancestrais, escolheu um bracelete e um colar indígenas. Passou um batom vermelho, penteou os longos cabelos castanhos de lado e pediu ao marido, o também jornalista João Fellet, que escrevesse as palavras "não mereço" no antebraço direito e a continuação, "ser estuprada", no esquerdo.

O casal entrou no carro, um Corsa vermelho antigo e ruidoso, e se dirigiu até as proximidades da Esplanada dos Ministérios. Estacionaram junto a um gramado de onde se podia avistar o

Congresso Nacional e o Palácio do Planalto. Caminharam até um trecho que julgavam ermo e, após enquadrar as cúpulas invertidas da Câmara e do Senado na tela do smartphone, João deu o sinal para que Nana abaixasse a blusa, mirasse a câmera e posicionasse os braços na forma de um cinco invertido, de maneira a exibir a mensagem: o antebraço direito sobre a testa, o esquerdo cobrindo os seios. No segundo clique, o casal ouviu gritos, ao fundo, de homens pronunciando obscenidades. Fizeram uma última foto e deixaram o lugar às pressas.

Em casa, Nana escolheu a mais nítida das três fotografias para postar no Facebook, às 21 horas, conforme planejado. Em questão de horas, eram mais de 40 mil imagens semelhantes, de homens, mulheres, anônimos e famosos protestando na internet contra a banalização do estupro. Campanhas semelhantes foram criadas em outras plataformas, como o Instagram e o Twitter. De maneira intuitiva, Nana criara uma mobilização com todos os predicados necessários para se tornar viral: envolvia uma ação, era customizável (qualquer pessoa com acesso às redes podia protagonizar o protesto) e altamente compartilhável.

Junto com as adesões, vieram as ameaças. Dezenas de homens enviaram mensagens para Nana, ameaçando estuprá-la — ou desejando que outros o fizessem. A página do evento foi invadida por usuários que mostravam o rosto e seguravam cartazes com frases como "já estuprei e estupro de novo". Numa das comunicações mais chocantes recebida pela jornalista, um rapaz disse "vou comer o teu rabo" até que "minhas bolas saiam pela tua boca". Afirmou ter planos de fazer isso na presença de João, a quem planejava violentar na sequência.

Além de procurar a delegacia das mulheres para denunciar as ameaças, a jornalista relatou as agressões nas inúmeras entrevistas que concedeu após o sucesso da campanha. Os relatos chegaram à presidente Dilma Rousseff, que manifestou solidariedade à ativista pelo Twitter. "A jornalista Nana Queiroz se indignou com os dados da pesquisa do Ipea sobre o machismo na nossa sociedade. Por ter se manifestado nas redes contra a cultura de violência contra a mulher, foi ameaçada de estupro. [...] Nana Queiroz merece toda a minha solidariedade e respeito", escreveu a presidente.[3]

Entre os inúmeros posts ofensivos publicados na página do evento "Não mereço ser estuprada", destacavam-se as montagens com a foto de um político: o deputado Jair Bolsonaro. Nas publicações dos usuários revoltados com o protesto — ou manifestamente favoráveis à ideia de que mulheres com pouca roupa deveriam mesmo ser agredidas —, as imagens do parlamentar reinavam absolutas. O retrato dele também foi utilizado como imagem ilustrativa de um evento criado em incentivo ao estupro coletivo. Em contraposição à frase que impulsionava as feministas — "eu não mereço ser estuprada" —, os admiradores de Bolsonaro resgatavam as palavras do parlamentar, de quase onze anos antes, dirigidas à deputada Maria do Rosário. "Jamais ia estuprar você, porque você não merece."

A onipresença do político motivou Nana Queiroz a lhe dirigir a palavra, por meio de um texto publicado no blog do jornalista Leonardo Sakamoto, hospedado no portal de notícias UOL: "Caro deputado, pense: o senhor se tornou o ídolo de pessoas que defendem o estupro. Não será a hora de pôr a mão na consciência ou no coração?".[4]

Se já atraíra ódios por reivindicar o direito de não ser violentada sexualmente, Nana Queiroz arregimentaria um exército ainda mais forte de inimigos ao criticar publicamente Jair Bolsonaro. Passou a enfrentar ameaças de morte. Recebia mensagens anônimas com o endereço da redação do *Metro*, insinuando que ela poderia ser assassinada no local de trabalho. Por recomendação do chefe, temeroso pela segurança da funcionária, passou um tempo em casa, afastada. Acometida por crises severas de ansiedade, precisou recorrer a medicação para conseguir dormir.

A situação se tornaria ainda mais complicada para Nana Queiroz a partir do dia 4 de abril, quando a direção do Ipea veio a público informar que os dados da pesquisa "Tolerância sexual e violência contra a mulher" estavam errados. Os gráficos haviam sido trocados. Na verdade, 65,1% dos entrevistados não concordavam que mulheres com pouca roupa mereciam ser estupradas — o índice correto era de 26%, um em cada quatro entrevistados. Outro dado estarrecedor, entretanto, continuava válido: para 58,5% dos consultados pelo Ipea, "se as mulheres soubessem se comportar, haveria menos estupros".[5]

Para os adversários da campanha inaugurada por Nana Queiroz, porém, nada mais importava — o importante era espalhar a versão segundo a qual ela surfara numa onda falsa, criara um estardalhaço em torno de uma ficção. Não apenas ela, como o conjunto de feministas — e celebridades, homens e mulheres — que aderiram à campanha. Inventou-se que a jornalista fizera a ação para chamar a atenção da TV Globo e, assim, conseguir uma vaga no reality show *Big Brother Brasil*. Também que agira em conluio com o PT, para desviar a atenção das denúncias de corrupção no governo.

Mas o fato era que, enquanto o Ipea não corrigiu o número, muita gente se sentiu motivada a ir a público manifestar concordância com aquilo que supunha ser o pensamento majoritário do brasileiro. No dia seguinte à publicação da pesquisa — ainda com os dados errados —, o blogueiro Rodrigo Constantino, do site da revista *Veja* e do jornal *Gazeta do Povo*, de Curitiba (PR), publicou o texto "O estupro é culpa da mulher seminua? Não! Mas...".[6]

Ao longo do texto, Constantino relacionou o aumento dos casos de estupro à revolução sexual. "Sexualidade cada vez mais precoce, funk estimulando a vulgaridade, mulheres provocativas rebolando seminuas até o chão, tudo isso atrai estupradores como moscas ao mel." Classificando-se como "realista" e se afirmando um crítico da "cultura machista" e do "ambiente de impunidade", comparou uma mulher que sai de casa de roupa curta a um homem que desfila na favela com um relógio Rolex. "Eu não faria um banquete diante de uma legião de famintos", registrou. "A mulher que vai a um canteiro de obras no final do expediente, começa a rebolar até o chão dançando 'na boquinha da garrafa' seminua, acha que exerce alguma influência no risco de descontrole sexual de algum potencial tarado no local, ou não?"

"Seria recomendável, sim, que as moças apresentassem um pouco mais de cautela, mostrassem-se um tiquinho só mais recatadas, e preservassem ligeiramente mais as partes íntimas de seus corpos siliconados", escreveu, ainda, Rodrigo Constantino. "Não tenho dúvidas de que 'garotas direitas' correm menos risco de abuso sexual."

A despeito do erro na pesquisa, a repercussão em torno do assunto provocou uma reação inesperada — vítimas de violência ocuparam espaços nas redes sociais contando suas histórias. "Eu tinha só nove anos. A primeira vez que aconteceu eu estava de saia — eu sempre estava de saia! Será que por esse motivo eu estava pedindo? Não, eu não estava pedindo. Eu confiava naquela pessoa. Era meu tio", relatou Tatiana, de trinta anos, no Facebook. "Sabe o que eu mais ouço? 'Mas você estava de roupa curta?' A resposta é não, eu estava de calça e casaco", escreveu Joana, de 22, na mesma rede social.[7] Como haviam recomendado as ativistas da

Marcha das Vadias do ano anterior, as vítimas de violência sexual começavam, pouco a pouco, a quebrar o silêncio.

No dia 26 de outubro de 2014, Dilma Rousseff foi reeleita presidente da República, derrotando o candidato do PSDB Aécio Neves no segundo turno. Jair Bolsonaro, por sua vez, reelegeu--se para o sétimo mandato na Câmara Federal. Mas não foi uma vitória trivial — naquele pleito, ele se sagrou o deputado federal campeão de votos do Rio de Janeiro. Conquistou a incrível marca de 464 572 votos, quatro vezes mais do que angariara em 2010. A popularidade alcançada desde que se consolidara como o rosto da ultradireita brasileira, com presença cada vez mais intensa na imprensa e nas redes sociais, também impulsionou a vitória nas urnas dos três filhos mais velhos: Flávio, para deputado estadual do Rio de Janeiro; Eduardo, deputado federal por São Paulo; e Carlos, vereador pela capital fluminense.[8]

Foi esse Jair Bolsonaro poderoso e cheio de si que ocupou a tribuna da Câmara dos Deputados, no dia 9 de dezembro, para relembrar um dos primeiros momentos em que agiu publicamente à maneira de "mito", como os apoiadores começavam a chamá--lo. A sessão se desenrolava tranquilamente. Durante a fase das breves comunicações, em que os parlamentares dispõem de três minutos, prorrogáveis por igual período, para tratar de assuntos ligeiros, a deputada Maria do Rosário lembrou os colegas da solenidade de apresentação do relatório final da Comissão Nacional da Verdade, marcada para a sessão seguinte, dia 10 de dezembro, data em que se comemora o Dia Internacional dos Direitos Humanos. Instalada pela presidente Dilma Rousseff em 2011, a comissão investigara as violações aos direitos humanos praticadas entre 1946 e 1988, com atenção especial ao período da ditadura militar (1964-85). "Viva a democracia! Vivam os lutadores pela paz! Vivam os que enfrentaram a ditadura", conclamou Rosário, ao fim do aviso.

Tão logo ela deixou a tribuna, Jair Bolsonaro pediu a palavra. A deputada saiu do plenário. "Não saia, não, Maria do Rosário. Fica aí!", provocou o parlamentar. "Há poucos dias você me chamou de estuprador no Salão Verde e eu falei que não a estuprava porque você não merece. Fica aqui para ouvir", disse, repetindo — dessa vez, no plenário, durante uma sessão oficial, e não em uma entrevista para a TV — a frase de onze anos antes, e não de "poucos dias", como informara. Prosseguiu criticando os trabalhos da Comissão Nacional da Verdade e definindo como "asneiras" as palavras recém-ditas por Rosário. "Os direitos humanos no Brasil só defendem bandidos, estupradores, marginais, sequestradores e até corruptos! [...] E isso está na boca do povo, nas ruas", discursou. "Preocupados com os direitos humanos! Vai catar coquinho! Mentirosa, deslavada e covarde", continuou, referindo-se a Maria do Rosário.

No mesmo dia 9 de dezembro, um vídeo com os "melhores momentos" das agressões foi postado no canal de Jair Bolsonaro no YouTube com o título "Bolsonaro escova Maria do Rosário". O vídeo recuperava ainda as imagens da discussão de 2003, no Salão Verde, e mostrava fotografias de manifestações nas ruas pedindo o impeachment da presidente Dilma Rousseff e o retorno da ditadura militar. "Bolsonaro 2018", um usuário escreveu, na caixa de comentários do vídeo. Outro anotou que ele foi o deputado mais votado do Rio de Janeiro depois de enfrentar "gayzistas" e feministas. "Ou seja: vitimismo esquerdista = votos para direita", comentou o internauta.[9]

Se, em 2003, as ofensas de Bolsonaro a Maria do Rosário tiveram repercussão modesta, em 2014 o assunto dominou as redes sociais — e a imprensa. Para o jornal *Zero Hora*, de Porto Alegre (RS), o deputado explicou o que quis dizer com "jamais ia te estuprar, porque você não merece". "Não merece porque é muito feia. Não faz meu gênero. Jamais a estupraria."[10]

Entre as inúmeras violações aos direitos humanos cometidos pelos militares idolatrados por Jair Bolsonaro durante a ditadura, algumas das mais escabrosas envolviam o uso do estupro como forma de torturar presas políticas. Apresentado em três volumes, o relatório final da Comissão Nacional da Verdade trouxe depoimentos de algumas vítimas de violência sexual. Foi o caso de Karen Keilt, detida no Departamento Estadual de Investigações Criminais de São Paulo em 19 de maio de 1976.

Começaram a me bater. Eles me colocaram no pau de arara. Eles me amarraram. Eles me deram batidas. Deram choque. Eles começaram dando choque no peito. No mamilo. [...] Eu desmaiei. Eu comecei a sangrar. Da boca. Sangrava de tudo quanto era... da vagina, sangrava. Nariz, boca... E eu estava muito, muito mal. [...] Veio um dos guardas e me levou para o fundo das celas e me violou. [...] Ele falou que eu era rica, mas eu tinha a buceta igual à de qualquer outra mulher. Ele era horrível.[11]

"A violência sexual, exercida ou permitida por agentes de Estado, constitui tortura", lia-se na abertura do capítulo 10 do tomo I do relatório final. "Por transgredir preceitos inerentes à condição humana, ao afrontar a noção de que todas as pessoas nascem livres e iguais em dignidade e direitos, a normativa e a jurisprudência internacionais consideram que a violência sexual representa grave violação de direitos humanos e integra a categoria de 'crimes contra a humanidade'", prosseguia o documento.[12] Em março de 1971, Lucia Murat foi levada ao Destacamento de Operações de Informações — Centro de Operações de Defesa Interna (DOI-Codi) do Rio de Janeiro e submetida ao que os torturadores apelidaram de "tortura sexual científica".[13] Ela contou como funcionava: "Eu ficava nua, com um capuz na cabeça, uma corda enrolada no pescoço, passando pelas costas até as mãos, que estavam amarradas atrás da cintura. Enquanto o torturador ficava mexendo nos meus seios, na minha vagina, penetrando com o dedo na vagina, eu ficava impossibilitada de me defender, pois, se eu movimentasse os meus braços para me proteger, eu me enforcava".

Um dia após a divulgação do relatório, Jair Bolsonaro participou da reunião da Comissão de Direitos Humanos e Minorias da Câmara para discutir o documento. Após a abertura dos trabalhos pelo deputado petista Assis do Couto, do Paraná, Bolsonaro foi o primeiro a se inscrever para fazer uso da palavra, na sequência aos pronunciamentos dos convidados para a sessão — entre eles, filhos de desaparecidos durante a ditadura. Estava ansioso para discursar. Quando chegou sua vez, criticou os trabalhos da Comissão da Verdade, que classificou como parciais. Dirigiu-se aos convidados: "Quero dizer aos familiares que choram: antes vocês chorarem do que o povo brasileiro chorar pelo que seus parentes desaparecidos queriam impor em nosso país. O [...] debatedor falou que o pai foi preso, torturado e desapareceu, mas não falou o que ele fez antes. [...] Todos vocês implementavam o terror em nosso país".

Jair Bolsonaro prosseguiu o discurso misturando referências a Cuba, à Petrobras, a Che Guevara, às urnas eletrônicas e à liberação do uso de armas. Incomodados, alguns convidados para a reunião deixaram a sala. A maioria, no entanto, permaneceu no recinto, relativamente atenta às palavras do deputado. "Quero agradecer a oportunidade e cumprimentar a comissão pela urbanidade", ironizou, à guisa de conclusão da fala. "Desta vez torturei alguns, mas não houve gemido de ninguém." Despediu-se do microfone com a frase "Deus salve o Brasil".[14]

Epílogo

Em meados de 2017, viajei até uma pequena cidade do interior do Nordeste para fazer pesquisas para o meu primeiro livro, a biografia da cangaceira Maria Bonita. A ideia era passar quatro dias ali e depois seguir para outro município, no estado vizinho. Escolhi um hotel três estrelas no centro da cidade. Destinaram-me um quarto no fim de um corredor mal iluminado, com paredes afofadas e indiscretas marcas de bolor.

Como o quarto possuía duas camas de solteiro, escolhi uma para servir de roupeiro e mesa de trabalho. Joguei sobre ela as mudas de roupas, o notebook e os bloquinhos de anotações. Tomei um banho morno, vesti camiseta e calça jeans, apliquei protetor solar e, de mochila nas costas, saí para o primeiro dia de apuração de campo.

Depois de cumprir a primeira parte da programação, que previa visitas a locais relacionados ao cangaço, fui ao encontro de um entrevistado. Conhecia-o apenas virtualmente, de contatos por e-mail e redes sociais. Tratava-o por senhor, pois as fotos do Facebook sugeriam que tinha perto dos setenta anos. Havíamos combinado de nos reunir em um restaurante. Cheguei primeiro e pedi uma água sem gás.

Antes que o garçom trouxesse meu pedido, ele apareceu. Fiquei surpresa ao vê-lo. O esmero que ele parecia haver dedicado à apresentação visual contrastava com meu desleixo, tênis de corrida e óculos deslizando pelo rosto oleoso. Ele tinha os cabelos brancos molhados e penteados com capricho para trás. Vestia uma camisa social de mangas compridas, vermelha, aparentemente inapropriada para os cerca de 30°C que marcavam os termômetros do município. Levantei-me para cumprimentá-lo, estendi a mão. Ele me puxou para perto de si e me tascou dois beijos molhados nas bochechas. Recendia fortemente a perfume amadeirado. "Mas tu é uma menina", comentou. "Não, já tenho 42 anos", respondi.

Minha água chegou e ele pareceu frustrado. "Não quer beber um vinho?", perguntou. "A esta hora e neste calor?", desconversei. Era fim de tarde. Ele repousou um smartphone e um molho de chaves diversas sobre a mesa, uma de carro entre elas, informou que podia me levar para algum outro restaurante mais chique, aquele não era o melhor da cidade. Respondi que gostara dali, além do mais estava com pouco tempo. Pedi licença para ir ao banheiro. Queria lavar as mãos e passar uma água no rosto, ainda podia sentir os lábios molhados do sujeito na pele.

Quando voltei, ele estava sentado em uma cadeira um pouco distante da mesa. Mantinha uma postura relaxada, com as pernas ligeiramente afastadas, a barriga proeminente à vista. Diante de si, duas tulipas cheias de chope. "Já que tu tá com calor...", gracejou, abrindo os braços. "Agradeço a gentileza, mas não bebo álcool", menti. "Vou pedir ao garçom para trocar por uma coca-cola."

Comecei a entrevista irritadíssima; mas, acima de tudo, tensa. O restaurante em que estávamos ficava em uma região afastada do centro. Também devido ao horário, éramos os únicos clientes no salão — e, por alguma razão, ele agia de modo a dar a entender ao garçom que formávamos um casal, ou estávamos prestes a nos tornar um. Pediu queijo e bolinhos de carne-seca para petiscar, recomendou ao funcionário que mandasse o pessoal da cozinha caprichar, pois eu era uma mulher caprichosa e exigente.

Em determinado momento, introduzi na entrevista o tema da violência sexual contra as cangaceiras — aquela abordagem me mobilizava porque notava o quanto era negligenciada pelos pesquisadores do cangaço, quase todos homens. Ele pareceu excitadíssimo em tratar do tema. Narrou, com detalhes pretensamente sensuais, situações sobre as quais ouvira falar. "Elas gostavam de ser comidas à força, eram safadas", afirmou. O cabelo dele ainda estava molhado, o que me fez concluir que usara gel. "Muito obrigada, já tenho o que preciso", encerrei a conversa.

O homem insistiu em me levar para onde eu quisesse, balançava o molho de chaves enquanto dizia haver um carrão à minha disposição. Consegui me safar da carona com alguma desculpa absurda, já nem me preocupava em parecer verossímil ou agradável. Voltei para o hotel de táxi. Ao abrir a porta do quarto, dei-me conta de que ele sabia onde eu estava hospedada — dissera isso numa troca de mensagens pelo Facebook, enquanto acertávamos os detalhes da entrevista. Então me desesperei.

Desci à recepção. Recomendei ao funcionário que, caso alguém me procurasse, deveria dizer que eu não estava hospedada ali. O recepcionista pareceu preocupado, mas concordou em agir assim. De volta ao quarto, certifiquei-me de que a porta estava devidamente trancada. Não me pareceu segura. Então afastei a cama extra, com o peso da mala, roupas e material de trabalho, até a entrada. Caso o sujeito arrombasse a porta do quarto, de nada adiantariam meus gritos — ninguém conseguiria me ouvir no fim daquele corredor escuro e com aparência de abandonado. A cama na porta, se não era pesada o suficiente para impedir uma invasão, ao menos faria barulho ao ser arrastada, me despertando. Telefonei para a pousada da cidade para onde viajaria dali a quatro dias e antecipei minha estada. Marquei um táxi para o dia seguinte, às 6h30 da manhã. Jantei a caixa de Polenguinho que costumava carregar na mochila, preparei a mala e custei a pegar no sono. Acordei de madrugada e vi um pontinho verde e iluminado no meio do escuro do quarto. Dei um grito. Pensei, por segundos, ser um telefone celular me gravando enquanto dormia. Era a luzinha do aparelho de TV.

Levantei-me às seis da manhã, tomei um café e, meia hora depois, fugi da cidadezinha, na esperança de nunca mais voltar. Na estrada, mais calma, pensei no exagero daquilo tudo. Claro que o homem jamais invadiria o hotel, tampouco me atacaria. A ideia era um absurdo completo, tanto quanto o dinheiro que eu iria desembolsar por fazer uma viagem interestadual de táxi. Senti-me uma completa idiota. Eu era uma mulher de 42 anos, forte, saudável, como estava com medo de um senhorzinho de quase setenta anos que, muito provavelmente, só tentara parecer charmoso? Aquilo de que as cangaceiras eram safadas e queriam ser estupradas, ora, quantas vezes eu já não ouvira aquela baboseira antes?

Pelo sim, pelo não, nunca respondi à mensagem de WhatsApp do idoso me convidando para uma carneirada. Uma mulher que um dia passou por uma experiência de estupro nunca mais baixa a guarda. Nunca mais. E é uma canseira se manter em constante estado de alerta. Confunde, embaça o raciocínio, torna-nos paranoicas, faz-nos pagar o preço de uma passagem de avião numa corrida de táxi. Uma das vítimas de violência sexual entrevistadas para este livro comentou: "Será que por algum momento, durante o estupro, o estuprador pensa que tá fodendo a vida daquela mulher pra sempre?".

Será que Cristiano, o rapaz de 25 anos que me estuprou no dia 24 de maio de 2003, pensou nisso? Caso ainda esteja vivo — não faço ideia do paradeiro dele, se cumpriu pena, fugiu da prisão ou foi assassinado —, será que sente remorso?

No dia 31 de agosto de 2016, Dilma Rousseff, primeira mulher a chegar à presidência da República, teve o mandato cassado por decisão do Senado Federal, acusada de cometer irregularidades fiscais. Michel Temer, o vice, assumiu o cargo. O principal algoz de Dilma foi o deputado Eduardo Cunha, antigo aliado da petista, então à frente da presidência da Câmara. Ele deu andamento ao pedido de abertura de processo de impeachment, levado à votação no dia 17 de abril. Na ocasião, a justificativa de voto mais chocante partiu do deputado Jair Bolsonaro: "Pela memória do coronel Carlos Alberto Brilhante Ustra, o pavor de Dilma Rousseff". Ustra foi o chefe do DOI-Codi de São Paulo, órgão de repressão à ditadura militar, onde cerca de quinhentas pessoas foram torturadas e outras cinquenta, assassinadas, no período de 1970 a 1974.[1] Entre 1970 e 1972, Dilma permaneceu presa no Rio de Janeiro, em São Paulo e em Minas Gerais, sendo submetida a torturas por meio de choques (inclusive no bico dos seios e na parte interna das coxas), socos e palmatórias.[2]

Uma das primeiras providências de Michel Temer na presidência foi o desmonte das estruturas governamentais de combate às desigualdades de gênero, com redução de autonomia e recursos.[3] A Secretaria Especial de Políticas para as Mulheres, outrora detentora de status de ministério, voltou a ser um anexo do Ministério da Justiça. Como contraponto aos retrocessos, o presidente Michel Temer sancionou, em setembro de 2018, a lei que tipifica os crimes de importunação sexual — "praticar contra alguém e sem a sua anuência ato libidinoso com o objetivo de satisfazer a própria lascívia ou a de terceiro" — e de divulgação de cena de estupro. A mesma lei também tornou mais rígidas as punições para estupros coletivo e corretivo.[4]

Enquanto esteve à frente do Palácio do Planalto, a presidente deixou de fazer avançar algumas das principais reivindicações das feministas. Pressionada por setores conservadores do movimento religioso, em especial evangélicos — os mesmos que conspirariam para apeá-la do poder —, não apoiou publicamente a descriminalização do aborto. Em 2015, mais de 400 mil brasileiras interromperam a gestação. Segundo a Pesquisa Nacional de Aborto de 2016, a grande maioria foi feita clandestinamente, "fora das condições plenas de atenção à saúde", o que coloca a prática como "um dos maiores problemas de saúde pública do Brasil".[5]

Por outro lado, no primeiro ano do segundo mandato, Dilma sancionou uma importante lei de combate à violência de gênero, incluindo no Código Penal o crime de feminicídio, o homicídio contra a mulher por razões de gênero, apontadas como "violência doméstica e familiar" e "menosprezo ou discriminação à condição de mulher".[6]

O governo feminino — mas não feminista — de Dilma Rousseff pode ter frustrado a militância, mas não a ponto de desmobilizá-la. As redes sociais impulsionaram o fortalecimento de grupos feministas os mais diversos, dando visibilidade às reivindicações de mulheres trans, negras, periféricas, sertanejas e imigrantes. Campanhas promovidas pelo ativismo virtual levaram a um reposicionamento do mercado publicitário. As marcas de cerveja, de propagandas tradicionalmente sexistas, foram obrigadas a rever a maneira de vender ao público. No Carnaval de 2015, a

Skol enfrentou forte reação negativa das feministas por causa da campanha "Esqueci o não em casa", vista como apologética ao estupro.[7]

A pressão dos movimentos feministas também provocou mudanças na indústria do entretenimento. Na TV Globo, o caso mais emblemático envolveu a figura igualmente emblemática do ator José Mayer, acusado de assédio sexual por Su Tonani, figurinista da emissora.[8] "Tenho de repetir o mantra: a culpa não foi minha. A culpa nunca é da vítima. E me sentiria eternamente culpada se não falasse. Precisamos falar. Precisamos mudar a engrenagem", escreveu Su no blog #agoraéquesãoelas, do jornal *Folha de S.Paulo*, no qual fez a denúncia. Em 2018, depois de 35 anos de parceria, a empresa não renovou o contrato com o galã.

Ao mesmo tempo que se fortaleceu, o movimento feminista viu avançar, no sentido contrário, a onda conservadora — o *backlash*. Em novembro de 2017, os inimigos da chamada "ideologia de gênero" promoveram um protesto contra a visita da filósofa Judith Butler a São Paulo para participar de um seminário sobre democracia. Os participantes exibiam faixas, cartazes e camisetas com frases como "Go to hell", "Intervenção já! Ordem e progresso" e "Menina nasce menina".[9]

Em setembro de 2018, quando os desejos por uma volta a um passado autoritário e intolerante estavam formalmente representados na figura de Jair Bolsonaro, feministas das mais diversas posições se uniram em torno da campanha #EleNão, com atos nas ruas de mais de cem cidades brasileiras e países como Estados Unidos, Portugal, França e Inglaterra.[10]

Por maiores que tenham sido as resistências, não foram fortes o bastante para conter o *backlash*. No dia 28 de outubro de 2018, Jair Bolsonaro se elegeu o 38º presidente do Brasil, derrotando o prof. Fernando Haddad, do PT, no segundo turno das eleições.

* * *

Pouco antes da vitória de Bolsonaro, eu e minha amiga Carol tomamos café da manhã juntas na padaria St. Etienne, no bairro da Vila Madalena, em São Paulo. Carol tinha lido meu livro sobre Maria Bonita com dedicação rara. Marcara alguns dos trechos que mais lhe haviam chamado a atenção. Destacara a descrição do estupro sofrido pela cangaceira Dadá. Impressionara-lhe o realismo da cena. Aquilo era curioso, disse para Carol, muita gente comenta a mesma coisa.

Permanecemos alguns instantes em silêncio, pensando sobre aquilo. Eu tinha tomado um suco de laranja com mamão, era cedinho, nenhuma gota de álcool corria em meu sangue.

"Talvez eu tenha sido tão realista porque tenho lugar de fala", brinquei.

"Como assim?"

"Eu já fui estuprada, muitos anos atrás. Quando escrevi sobre Dadá, de certa forma, também estava escrevendo sobre mim."

Pela primeira vez, em quinze anos, não me senti incomodada em tocar no assunto. Um pouco sem graça, mas não arrependida. Talvez eu devesse mesmo, quem sabe um dia, escrever sobre o meu estupro.

Este livro

Comecei a escrever este livro em julho de 2020, após receber de minha antiga advogada, Christianne Carceles, o arquivo com o processo referente ao estupro do qual fui vítima. Minha intenção inicial era contemplar o período de dez anos, entre 2003, data do crime, e 2013, ano da morte de meu pai, que coincide com o fortalecimento das campanhas feministas para que as vítimas de violência sexual quebrem o silêncio. *A vida nunca mais será a mesma* é uma resposta a esse estímulo.

Embora esta tenha sido uma narrativa bastante íntima, não tencionei, simplesmente, contar a minha própria história. Moveu-me, além da indisfarçada tentativa de elaborar um trauma, a necessidade de compreender a violência sexual não como uma experiência individual, mas coletiva — enquanto finalizo este trabalho, entre 822 e 1370 mulheres são estupradas por dia no Brasil.[1]

Ao longo do processo, o arco temporal definido no início acabou por se alargar nas duas extremidades. Retrocedi aos anos 1990, em decorrência de um marco na implantação das políticas voltadas para a violência contra a mulher — a Convenção de

Belém do Pará —, e avancei até 2014, ano da histórica campanha "Eu não mereço ser estuprada".

Com isso, procurei apontar alguns dos ingredientes do caldo de naturalização da violência sexual contra a mulher no Brasil, usualmente chamado de cultura do estupro. Foi nesse caldeirão, no qual estão misturados elementos da indústria do entretenimento, das leis e da política, que Jair Bolsonaro mergulhou e emergiu de lá presidente da República. O vídeo de 2003 no qual agride a deputada Maria do Rosário, afirmando que jamais a estupraria porque ela não merecia, foi um dos mais compartilhados por apoiadores na vitoriosa campanha eleitoral de 2018.

A primeira pessoa para quem manifestei o desejo de escrever este livro foi Daniela Duarte, minha editora na Objetiva, durante um almoço no Rio de Janeiro, em setembro de 2019. O entusiasmo com que recebeu a proposta me incentivou a assumir empreitada tão emocionalmente exaustiva. Pela sensibilidade e pelo carinho, meu muito obrigada.

A ideia era que a obra saísse na sequência de uma outra biografia, cujo contrato com a Objetiva já havia sido formalizado. A pandemia do coronavírus, no entanto, impediu-me de fazer viagens indispensáveis àquela pesquisa, de modo que resolvi inverter a ordem dos livros. Para tomar essa decisão, contei com o apoio do amigo Felipe Maciel e da agente literária Lucia Riff, que me transmitiram a tranquilidade e a segurança necessárias para acertar os ajustes com a editora e ter a chance de me dedicar a este projeto. Para Felipe e Lucia, meus sinceros agradecimentos.

Agradeço também a amizade e o apoio de Adriana Aroulho, Afonso Celso Machado, Alessandra Vieira, Alexandre Negreiros, Alexandrino Diógenes, Almir Dantas, Ana Carolina Torquato, Ana Catarina Torquato, Ana Claudia Serrano, Anna Christina Negreiros, Ana Karla Dubiela, Ana Landi, Ana Lima Cecílio,

Ana Sanchez, Anita Silva, Carlos Fuchs, Célia Hosaki, Cynara Menezes, Daniela Bento, Denise Dahdah, Eduardo Burckhardt, Elaina Daher, Geylson Paiva, Kamila Fernandes, Kiara Terra, Fábio Marques, Heitor Peixoto, Ícaro Lira, Isadora Brant, Joselia Aguiar, Juliana Las Heras, Juliana Linhares, Juliana Nogueira, Juliana Thomazo, Kelsen Bravos, Leonardo Neri, Lidiane Moura, Luciana Pinsky, Luciana Seabra, Ludmilla Daher, Maíra Costa Fernandes, Maqui Nóbrega, Marcella Franco, Marcelo Bucoff, Marcia Tiburi, Maria Laura Neves, Maria do Rosário, Mariana Becker, Mariana Pontes, Mariângela Lopes, Matheus Pontes, Nana Queiroz, Nara Lira, Neide Oliveira, Rafael Martins, Rafael Oliveira, Regina Araújo, Renan Martins, Roberta Ristow, Rodrigo Alves, Rodrigo Martins, Rogério Silva, Simone Abadia, Thaissa Lamha, Valéria Lobão e Wagner Barreira.

Também devo um agradecimento especial aos amigos, colegas e familiares citados neste livro (alguns, indiretamente): Ana Maria Moreno, Alricéa Negreiros, Beatriz Baldim, Camila Gomes, Caroline Freire, Christianne Carceles, Cristiane Felício, Daniel Motta, Danilo Dantas, Edson Aran, Fernanda Fernandes, Fernanda Guzzo, Fernanda Medeiros, Gabriel Rinaldi, Gilda Castral, Jeferson de Sousa, Kika Paulon, Marcos Emilio Gomes, Natasha Madov, Nathan Fernandes, Paula Neiva, Paulo César Fabra, Sergio Picciarelli, Thais dos Anjos e Waldirene Sperandio (in memoriam). Em especial, agradeço ao amigo Jardel Sebba pela leitura atenta dos originais, bem como pelo companheirismo e pela lealdade de sempre.

Agradeço sobretudo às mulheres que confiaram a mim a história de suas experiências de violência sexual. Todas elas tiveram nomes e alguns detalhes dos casos modificados, de maneira a não serem facilmente identificadas. Gisele (que engravidou do estuprador aos catorze anos, em São Paulo) separou-se do segundo marido, abandonou a igreja, fez faculdade e se tornou professora de literatura no Recife. Elisa, a filha, desistiu da ideia de conhecer o pai biológico. Também no Recife, com a ajuda da psicóloga e de um amigo advogado, Naima conseguiu se separar de Tiago, o marido abusador. Voltou para a faculdade e se dedicou a estudar história do cinema. Vive com o filho e ainda não criou coragem para tirar a roupa na frente de um homem. Tampouco toma banho de mar, pois tem vergonha de usar maiô.

Em 2012, Paula (a mulher de São Gonçalo submetida a uma cirurgia após ser estuprada pelo marido) encomendou um caixão especial para enterrar o agressor. Diabético, cardíaco e com elefantíase, morreu pesando 180 quilos. Quatro meses antes de falecer, pediu desculpas à mulher. Ela o perdoou. Tornou-se pastora de uma igreja evangélica e orienta as fiéis a identificarem situações de abuso nos relacionamentos.

Tatu — que foi violentada pelo pai na adolescência, em São Paulo — separou-se do marido e passou a trabalhar como autônoma. Nunca deixou as duas filhas se aproximarem do avô. Ainda é forçada a conviver com o abusador, nos encontros familiares. Esforça-se para perdoar a mãe, cuja omissão nunca compreendeu. Amanda, estuprada pelo marido da tia em Petrolina, passou a se dedicar à poesia. Pelo Facebook, conheceu uma moça de Brasília, por quem se apaixonou. Em 2017, as duas oficializaram a união, em um casamento comunitário, e passaram a viver juntas em Petrolina. De vez em quando, encontra o estuprador, que vive na mesma cidade e ainda é casado com a tia.

Isis, estuprada por um desconhecido que invadiu o apartamento dela em Paulista (PE), mudou-se para uma casa nova com o marido e a filha. Largou o emprego na empresa de eventos e montou o próprio negócio, uma lanchonete. Nunca mais conseguiu dormir no escuro.

Carolina, a garotinha abusada pelo avô no litoral paulista, mudou-se para São Paulo em 2014, para fazer faculdade. Em 2016, foi estuprada pelo amigo de um colega, enquanto dormia — um estupro corretivo, porque Carol é lésbica. Desenvolveu transtornos mentais, por diversas vezes tentou o suicídio. Ao concluir a faculdade, mudou-se para Portugal. De todas as vítimas, foi a única que consegui entrevistar presencialmente.

Em dezembro de 2018, eu, Emilia, Alice, Bela (nossa cadela) e Tom (nosso gato) nos mudamos para a cidade do Porto, em Portugal. Lira havia se transferido um pouco antes, em setembro — demoramos quase três meses para ir ao encontro dele porque eu precisava cursar os créditos finais da graduação em filosofia, para a qual consegui retornar em 2015.

Sem o Lira, eu teria sucumbido à autodestruição. Este livro é para ele, pelo amor que me salvou. Pela vida que construímos juntos, com nossos livros, nossos bichos e, principalmente, nossas meninas, Emilia e Alice.

Por fim, ofereço este livro a Alcinéa, minha mãe, na esperança de que, assim distraída, ela se mantenha afastada da dor.

Fontes

OBRAS CONSULTADAS

ALMEIDA, Cândido Mendes de. *Codigo Philippino*. Rio de Janeiro: Typographia do Instituto Philomathico, 1870. Livro IV.

ALMEIDA, Heloisa Buarque de; MARACHINI, Laís Ambiel. "De médico e de monstro: Disputas em torno das categorias de violência sexual no caso Abdelmassih". *Cadernos Pagu*, n. 50. Campinas: Núcleo de Estudos de Gênero Pagu, Universidade Estadual de Campinas, 2017.

ALVAREZ, Sônia E. "Para além da sociedade civil: Reflexões sobre o campo feminista". *Cadernos Pagu*, n. 43. Campinas: Núcleo de Estudos de Gênero Pagu, Universidade Estadual de Campinas, 2014, pp. 13-56.

ALVES, José Eustáquio Diniz; PINTO, Céli Regina Jardim; JORDÃO, Fátima. *Mulheres nas eleições 2010*. Rio de Janeiro: Associação Brasileira de Ciência Política e Secretaria de Políticas para as Mulheres, 2012.

AMARAL, Ricardo Batista. *A vida quer é coragem*. Rio de Janeiro: Sextante, 2011.

ANISTIA INTERNACIONAL. *It's in Our Hands: Stop Violence Against Women*. Londres: Anistia Internacional, 2004.

BEAUVOIR, Simone de. *O segundo sexo: A experiência vivida*. 3. ed. Rio de Janeiro: Nova Fronteira, 2016.

BIROLI, Flávia. *Gênero e desigualdades: Limites da democracia no Brasil*. São Paulo: Boitempo, 2018.

_____; MACHADO, Maria das Dores Campos; VAGGIONE, Juan Marco. *Gênero, neoconservadorismo e democracia*. São Paulo: Boitempo, 2020.

BORGES, Juliano; COPPI, Milena. "Feminismo estilo magazine: Um estudo sobre a revista *Elle* no Brasil". *Cadernos Pagu*, n. 58, edição on-line. Disponível em: <https://www.scielo.br/scielo.php?script=sci_arttext&pid=S0104-83332020000100509#B21>. Acesso em: 15 abr. 2021.

BROWNMILLER, Susan. *Against Our Will: Men, Women and Rape*. Nova York: Fawcett Columbine, 1975.

BUTLER, Judith. *Problemas de gênero: Feminismo e subversão da identidade*. Rio de Janeiro: Civilização Brasileira, 2003.

CÂMARA DOS DEPUTADOS. *Anais da Câmara dos Deputados*. Ano LXI, n. 17. Brasília: 2006.

_____. *CPI sistema carcerário*. Brasília: Edições Câmara, 2009.

CAMPOS, Javier; REIS, Cristiano Sathler; REIS, Douglas Sathler. "Caracterização espacial da migração de retorno ao Nordeste: Uma análise dos fluxos migratórios intermunicipais nos quinquênios 1995-2000 e 2005-2010". *Revista Geografias*, v. 26, n. 1, pp. 8-26. Belo Horizonte: Universidade Federal de Minas Gerais, 2018.

COLAS, Osmar R.; NETO, Jorge Andolaft; ROSAS, Cristião Fernando; KATER, José R.; PEREIRA, Irotilde G. "Aborto legal por estupro – primeiro programa público do país". *Revista Bioética*, v. 2, n. 1. Conselho Federal de Medicina: Brasília, 1994.

COMISSÃO NACIONAL DA VERDADE. *Relatório da Comissão Nacional da Verdade*, v. 1. Brasília: 2014.

CONFERÊNCIA NACIONAL DOS BISPOS DO BRASIL. "Declaração sobre exigências éticas em defesa da vida". Itaici: 2005.

CONGRESSO NACIONAL. "Relatório final da Comissão Parlamentar de Inquérito criada por meio do requerimento nº 2, de 2003-CN, com a finalidade de investigar as situações de violência e redes de exploração sexual de crianças e adolescentes no Brasil". Brasília: 2004.

CORRÊA, Mariza. "Do feminismo aos estudos de gênero no Brasil: Um exemplo pessoal". *Cadernos Pagu*, n. 16. Campinas: Núcleo de Estudos de Gênero Pagu, Universidade Estadual de Campinas, 2001, pp. 13-30.

DAVIS, Angela. *Mulheres, raça e classe*. São Paulo: Boitempo, 2016.

DINIZ, Debora; MEDEIROS, Marcelo; MADEIRO, Alberto. "Pesquisa Nacional de Aborto 2016". *Ciência & Saúde Coletiva*, v. 22, n. 2, pp. 653-60. Rio de Janeiro: Associação Brasileira de Saúde Coletiva, 2017.

FALADI, Susan. *Backlash: O contra-ataque na guerra não declarada contra as mulheres*. Rio de Janeiro: Rocco, 2001.

FERNANDES, Maria da Penha Maia. *Sobrevivi, posso contar*. Fortaleza: Armazém da Cultura, 2012.

FERREIRA-SANTOS, Eduardo. *Transtorno de estresse pós-traumático em vítimas de sequestro*. São Paulo: Summus, 2007.

FREITAS, Augusto Teixeira de. *Consolidação das Leis Civis*. Brasília: Senado Federal, 2003. v. 1.

GOMES, Carla; SORJ, Bila. "Corpo, geração e identidade: A Marcha das Vadias no Brasil". *Revista Sociedade e Estado*, v. 29, n. 2. Brasília: Universidade de Brasília, 2014.

HARAWAY, Donna. "Saberes localizados: A questão da ciência para o feminismo e o privilégio da perspectiva parcial". *Cadernos Pagu*, n. 5. Campinas: Núcleo de Estudos de Gênero Pagu, Universidade Estadual de Campinas, 1995.

HOLLANDA, Heloísa Buarque de (Org.). *Explosão feminista*. São Paulo: Companhia das Letras, 2018.

HUNGRIA, Nelson; LACERDA, Romão Cortês de; FRAGOSO, Heleno Claudio. *Comentários ao Código Penal*. 5. ed. Rio de Janeiro: Forense, 1981. v. VIII

LARA, Silvia Hunold (Org.). *Ordenações Filipinas*. São Paulo: Companhia das Letras, 1999. Livro V.

LEMINSKI, Paulo. *Toda poesia*. São Paulo: Companhia das Letras, 2013.

LOPES, Maycon Silva. *Sapatilhas acanhadas: A homossexualidade na telenovela Mulheres Apaixonadas*. Salvador: I Encontro Baiano de Estudos em Cultura, 2008.

MACHADO, Lia Zanotta. "Feminismos brasileiros nas relações com o Estado: Contextos e incertezas". *Cadernos Pagu*, n. 47. Campinas: Núcleo de Estudos de Gênero Pagu, Universidade Estadual de Campinas, 2016.

MACIEL, Eliane Cruxên Barros de Almeida. *A igualdade entre os sexos na Constituição de 1988*. Brasília: Senado Federal, 1997.

MAGALHÃES, Mário. *Sobre lutas e lágrimas: Uma biografia de 2018*. Rio de Janeiro: Record, 2019.

MANGAN, Lucy. *The Feminism Book*. Londres: DK, 2019.

MARANHÃO, Carlos. *Roberto Civita: O dono da banca*. São Paulo: Companhia das Letras, 2016.

MATTHEWS, Nancy A. *Confronting Rape: The Feminist Anti-Rape Movement and the State*. Londres; Nova York: Routledge, 1994.

MINISTÉRIO DA SAÚDE. *Prevenção e tratamento dos agravos resultantes da violência sexual contra mulheres e adolescentes*. 3. ed. Brasília, 2012.

_____. *Atenção humanizada ao abortamento*. 2. ed. Brasília, 2011.

MORAES, Cátia. *Absolvendo a Cinderela ou o direito de voltar a ser mulher*. Rio de Janeiro: Mauad, 2001.

MOTT, Maria Lúcia; BYINGTON, Maria Elisa Botelho; ALVES, Olga Sofia Fabergé. *O gesto que salva: Pérola Byington e a Cruzada Pró-Infância*. São Paulo: Grifo, 2005.

ONU. *Report of the World Conference to Review and Appraise the Achievements of the United Nations Decade for Women: Equality, Development and Peace*. Nova York, 1986.

PASINATO, Wânia; SANTOS, Cecília MacDowell. *Mapeamento das Delegacias das Mulheres no Brasil*. Campinas: Núcleo de Estudos de Gênero Pagu, Universidade Estadual de Campinas, 2008.

PIMENTEL, Silvia; PIOVESAN, Flávia (coord.). *Relatório anual brasileiro relativo aos anos de 1985, 1989, 1993, 1997 e 2001, nos termos do artigo 18 da Convenção sobre a Eliminação de Todas as Formas de Discriminação contra a Mulher*. Brasília: Ministério das Relações Exteriores, 2002.

RODRIGUES, Carla. "Para além do gênero: Anotações sobre a recepção da obra de Butler no Brasil". *Em Construção*, Rio de Janeiro: Universidade Estadual do Rio de Janeiro, n. 5, pp. 59-79, 2019.

RUNCKEL, Jason O. "Abuse It and Lose It: A Look at California's Mandatory Chemical Castration Law". *McGeorge Law Review*, v. 28, n. 3. Sacramento: University of the Pacific, McGeorge School of Law, 1997, pp. 546-93.

SAFFIOTI, Heleieth I. B. "Contribuições feministas para o estudo da violência de gênero". *Cadernos Pagu*, n. 16. Campinas: Núcleo de Estudos de Gênero Pagu, Universidade Estadual de Campinas, 2001, pp. 115-36.

SANTOS, Yumi Garcia dos. "A implementação dos órgãos governamentais de gênero no Brasil e o papel do movimento feminista: O caso do Conselho Estadual da Condição Feminina de São Paulo". *Cadernos Pagu*, n. 27. Campinas: Núcleo de Estudos de Gênero Pagu, Universidade Estadual de Campinas, jul./dez. 2006, pp. 401-426.

SARTI, Cynthia A. "Feminismo e contexto: Lições do caso brasileiro". *Cadernos Pagu*, n. 16. Campinas: Núcleo de Estudos de Gênero Pagu, Universidade Estadual de Campinas, 2001, pp. 31-48.

SECRETARIA ESPECIAL DOS DIREITOS HUMANOS. *Plano nacional de promoção da cidadania e direitos humanos de LGBT*. Brasília: 2009.

SECRETARIA ESPECIAL DE POLÍTICAS PARA AS MULHERES. *Pacto nacional pelo enfrentamento à violência contra a mulher*. Brasília: 2007.

SOUZA, Flávia Bello Costa de. *Consequências emocionais de um episódio de estupro na vida de mulheres adultas*. São Paulo: Pontifícia Universidade Católica, 2013. Dissertação (Mestrado em Psicologia Clínica).

TALESE, Gay. *A mulher do próximo*. São Paulo: Companhia das Letras, 2002.

TEIXEIRA, Raniery Parra. *Ideologia de gênero? As reações à agenda política de igualdade no Congresso Nacional.* Brasília: Universidade de Brasília, 2019.

TELES, Maria Amélia de Almeida; MELO, Mônica de. *O que é violência contra a mulher.* São Paulo: Brasiliense, 2002.

WEINBERGER, Linda E.; SREENIVASAN, Shoba; GARRICK, Thomas; OSRAN, Hadley. "The Impact of Surgical Castration on Sexual Recidivism Risk Among Sexually Violent Predatory Offenders". *The Journal of the American Academy of Psychiatry and the Law Online,* v. 33, n. 1, mar. 2005.

JORNAIS, PORTAIS E REVISTAS

Agência Patrícia Galvão
A Tarde
BBC
Caras
Consultor Jurídico
Correio Braziliense
Correio Paulistano
Diario da Noite
Diario de Pernambuco
El País Brasil
Época
Folha de S.Paulo
Gazeta do Povo
G1
IstoÉ
Jornal do Brasil
Manchete
O Estado de S. Paulo
O Globo
piauí
Playboy
R7
The New York Times
Time
UOL
Veja

ARQUIVOS ELETRÔNICOS

Assembleia Legislativa do Estado de Goiás
Biblioteca Nacional
Câmara dos Deputados
Senado Federal

Notas

1. A BALEIA É MAIS SEGURA QUE UM GRANDE NAVIO [pp. 15-28]

1. Instituto de Pesquisa Econômica Aplicada (Ipea), "Taxa de homicídios por unidade da federação". *Atlas da violência*. Disponível em: <https://www.ipea.gov.br/atlasviolencia/dados-series/20>. Acesso em: 3 dez. 2020.

2. Járvir Campos, Cristiano Sathler dos Reis e Douglas Sathler dos Reis, "Caracterização espacial da migração de retorno ao Nordeste: Uma análise dos fluxos migratórios intermunicipais nos quinquênios 1995-2000 e 2000-2010". *Revista Geografias*, v. 26, n. 1, 2018. Disponível em: <https://periodicos.ufmg.br/index.php/geografias/article/view/19212>. Acesso em: 3 dez. 2020; "Número de imigrantes cresceu 86,7% em dez anos no Brasil, diz IBGE". *G1*, 27 abr. 2012. Disponível em: <http://g1.globo.com/brasil/noticia/2012/04/numero-de-imigrantes-cresceu-867--em-dez-anos-no-brasil-diz-ibge.html>. Acesso em: 3 dez. 2020.

3. Hannah McCann et al., *The Feminism Book*. Londres: DK, 2019, p. 134. Sobre a convenção de Belém, ver Maria Amélia de Almeida Teles e Mônica de Melo, *O que é violência contra a mulher*. São Paulo: Brasiliense, p. 101.

4. "National Affairs: a dozen who made a difference". *Time*, 5 jan. 1976. Disponível em: <http://content.time.com/time/subscriber/article/0,33009,947599-4,00.html>. Acesso em: 3 dez. 2020.

5. Angela Davis trata do livro de Brownmiller — e de outras obras sobre estupro produzidas por feministas brancas americanas dos anos 1970 — no capítulo 11 ("Estupro, racismo e o mito do estuprador negro") de *Mulheres, raça e classe*. O trecho citado está na p. 182.

6. Há vasta produção acadêmica sobre o feminismo brasileiro nos anos 1970 e 1980. Para este trecho, compilei dados e interpretações dos artigos científicos publicados pelas pesquisadoras Yumi Garcia dos Santos ("A implementação dos órgãos governamentais de gênero no Brasil e o papel do movimento feminista"), Mariza Corrêa ("Do feminismo aos estudos de gênero no Brasil: Um exemplo pessoal"), Cynthia A. Sarti ("Feminismo e contexto: Lições do caso brasileiro"). Também me apoiei na obra organizada por Heloísa Buarque de Hollanda, *Explosão feminista* (São Paulo: Companhia das Letras, 2018, p. 14).

7. A socióloga Diana Russell popularizou o uso do termo "femicide", mas não foi sua criadora. Em 1974, Russel ouviu de um amigo que uma escritora americana planejava escrever um livro chamado "Femicide". Russell gostou da palavra e a usou em público dois anos depois, no evento de Bruxelas. Mais tarde, a socióloga conheceu a inventora do neologismo, Carol Orlock, que não chegou a concretizar seu plano literário. Orlock confessou não se lembrar do sentido do termo que havia criado — mas se mostrou satisfeita com a conotação que ganhou mundo afora. Essa história foi contada por Russell em <https://www.dianarussell.com/origin_of_femicide.html>. Acesso em: 20 out. 2020.

8. "Evandro não absolve mas liberta Doca". *Jornal do Brasil*, 19 out. 1979, pp. 1, 16-8.

9. "Mulheres protestam contra a violência do homem mineiro". *Jornal do Brasil*, 19 de ago. 1980, p. 16.

10. Organização das Nações Unidas, *Convenção sobre a Eliminação de Todas as Formas de Discriminação contra as Mulheres*. Disponível em: <https://plataformamulheres.org.pt/projectos/cedaw/>. Acesso em: 20 maio 2021.

11. "Doca Street afirma que mereceu ser condenado". *Folha de S.Paulo*, 1º set. 2006, p. C3.

12. Wânia Pasinato e Cecília MacDowell Santos, *Mapeamento das Delegacias da Mulher no Brasil*. Campinas: Núcleo de Estudos de Gênero Pagu, Universidade Estadual de Campinas, 2008, p. 11.

13. ONU, *Report of the World Conference to Review and Appraise the Achievements of the United Nations Decade for Women: Equality, Development and Peace*. Nova York, 1986, p. 23 (parágrafo 76).

14. ONU, *Recomendação Geral nº 19*. Disponível em: <http://www.onumulheres.org.br/wp-content/uploads/2013/03/convencao_cedaw1.pdf>. Acesso em: 4 dez. 2020.

15. Organização das Nações Unidas, *Declaração e programa de ação de Viena*. Disponível em: <http://www.onumulheres.org.br/wp-content/uploads/2013/03/declaracao_viena.pdf>. Acesso em: 4 dez. 2020.

16. A convenção foi promulgada por meio do decreto 1973, de 1º de agosto de 1996, da presidência da República. O texto está disponível em: <http://www.planalto.gov.br/ccivil_03/decreto/1996/D1973.htm>. Acesso em: 20 maio 2021.
17. "Estupros aumentam 19% em SP". *Folha de S.Paulo*, 30 set. 1995, p. C1.

2. AGORA MEXE, MAINHA [pp. 29-44]

1. O discurso de Clinton pode ser visto em <https://www.youtube.com/watch?v=xXM4E23Efvk>. Acesso em: 4 dez. 2020.
2. Silvia Pimentel e Flávia Piovesan (coord.). *Relatório anual brasileiro relativo aos anos de 1985, 1989, 1993, 1997 e 2001, nos termos do artigo 18 da Convenção sobre a Eliminação de Todas as Formas de Discriminação contra a Mulher*. Brasília: Ministério das Relações Exteriores, 2002, p. 54.
3. O vídeo da apresentação está em: <https://www.youtube.com/watch?v=a9ygJ48IxPY>. Acesso em: 4 dez. 2020.
4. Vídeo disponível em: <https://www.youtube.com/watch?v=-6jQLOeq2Ss>. Acesso em: 4 dez. 2020.
5. Osmar R. Colas, Jorge Andolaft Neto, Cristião Fernando Rosas, José R. Kater e Irotilde G. Pereira. "Aborto legal por estupro: Primeiro programa público do país". *Revista Bioética*. Disponível em: <https://revistabioetica.cfm.org.br/index.php/revista_bioetica/article/viewFile/447/330>. Acesso em: 7 dez. 2020.
6. Conforme artigo 108, inciso VIII, do decreto-lei 2848, de 7 dez. 1940. Disponível em: <https://legis.senado.leg.br/norma/527942/publicacao/15636360>. Acesso em: 7 dez. 2020.
7. Instituto de Pesquisa Econômica Aplicada (Ipea), "Taxa de homicídios por unidade da federação e por capital". *Atlas da violência*. Disponível em: <https://www.ipea.gov.br/atlasviolencia/dados-series/20>. Acesso em: 3 dez. 2020.
8. "Estuprada em ônibus no Recife, mulher espera indenização há mais de 20 anos". *Diario de Pernambuco*, 3 mar. 2020. Disponível em: <https://www.diariodepernambuco.com.br/noticia/vidaurbana/2020/03/estuprada-em-onibus-no-recife-mulher-espera-indenizacao-ha-mais-de-20.html>. Acesso em: 7 dez. 2020; "Dupla é presa por crime em pátio". *Folha de S.Paulo*, 4 set. 1998, Caderno 3, p. 10.

3. SE ELE MORRESSE, EU FICAVA LIVRE [pp. 45-58]

1. "Frase foi dita em Belo Horizonte". *Folha de S.Paulo*, 19 set. 2000. Disponível em: <https://www1.folha.uol.com.br/fsp/brasil/fc1909200016.htm>. Acesso em: 7 dez. 2020.
2. Vídeo disponível em: <https://www.youtube.com/watch?v=Pp5_OdCWWsw>. Acesso em: 21 set. 2020.
3. "Defesa do motoboy vai alegar insanidade mental". *O Estado de S. Paulo*, 9 ago. 1998, p. 44.
4. "Maníaco arrancava pedaços de vítimas mortas". *O Estado de S. Paulo*, 10 ago. 1998, p. 17.
5. "Menos histeria, mais ação". *Folha de S.Paulo*, 11 ago. 1998, p. 2.
6. "Tentativa de reforma é a sétima". *Folha de S.Paulo*, 31 out. 1998, Caderno 3, p. 2; "Reforma do Código Penal (relatório e anteprojeto de lei)". Disponível em: <https://www.mpdft.mp.br/portal/pdf/unidades/procuradoria_geral/nicceap/legis_armas/Legislacao_completa/Anteprojeto_Codigo_Penal.pdf>. Acesso em: 25 maio 2021.
7. Embora tenha sido formada com oito juristas, a comissão chegou ao final com apenas cinco. Três deles — Juarez Tavares, Miguel Reale Júnior e Renê Ariel Dotti — pediram desligamento no dia 2 de março, descontentes com o curto prazo para a conclusão dos trabalhos. Permaneceram até o final, além de Ela Wiecko Volkmer de Castilho, os juristas Ney Moura Teles, Licínio Leal Barbosa, Evandro Lins e Silva, Damásio Evangelista de Jesus e o presidente da comissão, Luís Vicente Cernicchiaro.
8. O documento pode ser visto em: <https://www.camara.leg.br/proposicoesWeb/prop_mostrarintegra;jsessionid=715222AC411F1CBC4AE010B6C20408AD.proposicoesWebExterno2?codteor=1242697&filename=Dossie+--PEC+545/1997>. Acesso em: 7 dez. 2020. O projeto foi arquivado em 1999: <https://www.camara.leg.br/proposicoesWeb/fichadetramitacao?idProposicao=25004>. Acesso em: 7 dez. 2020.
9. Sandra Sato, "Projeto sobre Código Penal mantém penas para estupro". *O Estado de S. Paulo*, 25 mar. 1998, p. A9.
10. Organização das Nações Unidas, "Declaration on the Elimination of Violence Against Women", artigo 2. Disponível em: <https://www.un.org/en/genocideprevention/documents/atrocity-crimes/Doc.21_declaration%20elimination%20vaw.pdf>. Acesso em: 8 dez. 2020.
11. "O ciúme é um mal que deve ser cortado pela raiz?". *Jornal do Brasil*, Caderno Domingo, 17 nov. 1996, p. 31.
12. Ruy Castro, "Inveja do pênis". *Manchete*, 16 nov. 1996, p. 95.

13. "É um mal que deve ser cortado pela raiz?", op. cit.
14. Silvia Hunold Lara (Org.). *Ordenações Filipinas*. São Paulo: Companhia das Letras, 1999, p. 39. Livro v.
15. *Quarto livro das ordenações*, pp. 832-3. Disponível em: <https://www2.senado.leg.br/bdsf/handle/id/242733>. Acesso em: 8 dez. 2020.
16. Ibid., p. 949.
17. Augusto Teixeira de Freitas, *Consolidação das Leis Civis*. Brasília: Senado Federal, 2003, p. 126. v. 1.
18. Decreto 181, 24 jan. 1890. Disponível em: <http://www.planalto.gov.br/ccivil_03/decreto/1851-1899/D181.htm>. Acesso em: 8 dez. 2020.
19. Supremo Tribunal Federal. Texto disponível em: <http://www.stf.jus.br/portal/ministro/verMinistro.asp?periodo=stf&id=133>; Rui Cavallin Pinto, Ministério Público do Paraná. Disponível em: <https://memorial.mppr.mp.br/pagina-31.html>. Ver também Crismara Lucena Santos e Cárita Chatas Gomes, "Criminologia crítica e o pensamento feminista: O crime de estupro por Nélson Hungria". Disponível em: <http://editorarealize.com.br/editora/anais/conages/2015/TRABALHO_EV046_MD1_SA8_ID798_04052015230534.pdf>. Acesso em: 8 dez. 2020.
20. Nelson Hungria, Romão Côrtes de Lacerda e Heleno Cláudio Fragoso, *Comentários ao Código Penal*. 5. ed. Rio de Janeiro: Forense, 1981, pp. 114-5. v. VIII.
21. Luiz Flávio Borges D'Urso, "Prof. Damásio de Jesus, um símbolo". Disponível em: <https://www.migalhas.com.br/depeso/320676/prof-damasio-de-jesus-um-simbolo>. Acesso em: 8 dez. 2020.
22. "Marido que força ato sexual comete crime de estupro". *Consultor Jurídico*, 14 jul. 2003. Disponível em: <https://www.conjur.com.br/2003-jul-14/marido_forca_ato_sexual_comete_crime_estupro>. Acesso em: 8 dez. 2020.
23. "Residências estão mais vulneráveis", *Jornal do Brasil*, 4 de jul. 1999, p. 21.

4. ACONTECEU UMA COISA RUIM [pp. 59-73]

1. Otávio Cabral, "Um morador de SP é vítima de sequestro relâmpago a cada 5h". *Folha de S.Paulo*, 24 nov. 1999, p. 8.
2. "Casal é sequestrado em Ribeirão". *Folha de S.Paulo*, 30 dez. 2002, p. C3.
3. "As faces do crime". *Correio Braziliense*, 6 out. 2002, p. 3.
4. "Ação de quadrilha especializada em sequestro relâmpago é investigada". *Folha de S.Paulo*, 12 abr. 2001, p. C5.
5. Otávio Cabral, "Um morador de SP é vítima de sequestro relâmpago a cada 5h", op. cit.

6. Ministério da Saúde, *Prevenção e tratamento dos agravos resultantes da violência sexual contra mulheres e adolescentes*. 3. ed. Brasília, 2012, p. 17.
7. Iolanda Nascimento, "Uma marca que fica para sempre". *Manchete*, 31 out. 1998, p. 22.
8. "Cruzada pró-infância". *Correio Paulistano*, 8 mar. 1940, p. 6. Sobre a vida de Pérola Byington, ver Maria Lucia Mott, Maria Elisa Botelho Byington e Olga Sofia Fabergé Alves, *O gesto que salva: Pérola Byington e a Cruzada Pró-Infância*. São Paulo: Grifo, 2005.
9. *Diario da Noite* (SP), 5 nov. 1963, p. 6.
10. Fundação Margarida Alves, "É melhor morrer na luta que morrer de fome". Disponível em: <http://www.fundacaomargaridaalves.org.br/homenagens/>. Acesso em: 8 dez. 2020; "Saiba quem foi Margarida Alves, sindicalista que dá nome à marcha camponesa". *Folha de S.Paulo*, 14 ago. 2000. Disponível em: <https://www1.folha.uol.com.br/poder/2019/08/saiba-quem-foi-margarida-alves-sindicalista-que-da-nome-a-marcha-camponesa.shtml>. Acesso em: 8 dez. 2020.
11. Marcha Mundial das Mulheres, "Mulheres em marcha". Disponível em: <http://www.marchamundialdasmulheres.org.br/a-marcha/nossa-historia/>. Acesso em: 8 dez. 2020.
12. "Marcha das Margaridas: 200 razões para marchar contra a fome, pobreza e violência sexista". Disponível em: <http://transformatoriomargaridas.org.br/sistema/wp-content/uploads/2015/02/1406227923wpdm_Texto-Base-Marcha-2000.pdf>. Acesso em: 8 dez. 2020.

5. VOCÊ GOSTA, NÃO É? [pp. 74-88]

1. Artigo 217 do decreto-lei 2848, 7 dez. 1940. Disponível em: <https://legis.senado.leg.br/norma/527942/publicacao/15636360>. Acesso em: 9 dez. 2020.
2. Ari Cipola, "Violência sexual atinge 50 mil por ano". *Folha de S.Paulo*, 14 jul. 2000, p. C7.
3. Lei 9970, 17 maio 2000. Disponível em: <http://www.planalto.gov.br/ccivil_03/leis/L9970.htm>. Acesso em: 19 jan. 2021.
4. "O caso Araceli, cinco anos e meio depois". *Folha de S.Paulo*, 21 nov. 1978, p. 18.
5. "Caso Araceli, cinco anos e meio depois". *Folha de S.Paulo*, 19 nov. 1978, p. 46.
6. "Assim morreu Araceli". *Folha de S.Paulo*, 21 jan. 1979, Caderno Folhetim, pp. 3-5.

7. "Caso Araceli completa 44 anos e mistério sobre a morte permanece no ES". G1, 18 maio 2017. Disponível em: <https://g1.globo.com/espirito-santo/noticia/caso-araceli-completa-44-anos-e-misterio-sobre-a-morte-permanece-no-es.ghtml>. Acesso em: 19 jan. 2021.

8. "Caso Araceli, cinco anos e meio depois", op. cit., pp. 46-8.

9. Comissão Interamericana de Direitos Humanos, relatório n. 54/01. Disponível em: <https://www.cidh.oas.org/annualrep/2000port/12051.htm>. Acesso em: 9 dez. 2020.

10. Toda a história é contada pela própria Maria da Penha Maia Fernandes no livro Sobrevivi... posso contar (Fortaleza: Armazém da Cultura, 2012).

11. Marco Antonio Heredia Viveros deu sua versão dos fatos na entrevista "A Maria da Penha me transformou num monstro". IstoÉ, 21 jan. 2011. Disponível em: <https://istoe.com.br/121068_A+MARIA+DA+PENHA+ME+TRANSFORMOU+NUM+MONSTRO+/>. Acesso em: 9 dez. 2020.

12. Lei n. 9970, op. cit., parágrafo 47.

13. Susan Faludi, Backlash: O contra-ataque na guerra não declarada contra as mulheres. Rio de Janeiro: Rocco, 2001, p. 10.

14. Ibid., pp. 17-8.

15. Cátia Moraes, Absolvendo a Cinderela ou o direito de voltar a ser mulher. Rio de Janeiro: Mauad, 2001, p. 12.

16. Ibid., p. 21.

17. Ibid., p. 13.

18. Ibid., p. 33.

6. UM ROSTO QUE QUEIMA [pp. 89-102]

1. Paulo Leminski, Toda poesia. São Paulo: Companhia das Letras, 2013, p. 79.

2. A íntegra do projeto está em <https://www.camara.leg.br/proposicoesWeb/fichadetramitacao?idProposicao=58512>. Acesso em: 20 jan. 2021.

3. Dora Kramer, "FAT pode ter novas auditorias". O Estado de S. Paulo, 8 set. 2002, p. A6.

4. Conforme artigo 5º, inciso XLVIII, da Constituição Federal de 1988. Disponível em: <https://www.senado.leg.br/atividade/const/con1988/con1988_15.12.2016/art_5_.asp>. Acesso em: 20 jan. 2021.

5. PEC n. 580, de 1998. Disponível em: <https://www.camara.leg.br/proposicoesWeb/fichadetramitacao?idProposicao=169721>. Acesso em: 20 jan. 2021.

6. Renato Essenfelder, "Maníaco do Parque é condenado a 24 anos". Folha de S.Paulo, 22 fev. 2002, p. C5.

7. Vincent J. Schodolski, "California Passes Chemical Castration Law". *The Washington Post*, 31 ago. 1996. Disponível em: <https://www.washingtonpost.com/archive/politics/1996/08/31/california-passes-chemical-castration-law/f87e5174-8cb1-49da-b183-f105d6738432/>. Acesso em: 21 jan. 2021.

8. Jason O. Runckel, "Abuse It and Lose It: A Look at California's Mandatory Chemical Castration Law". *McGeorge Law Review*, Sacramento, v. 28, n. 3, 1997, pp. 558-9.

9. Linda E. Weinberger, Shoba Sreenivasan, Thomas Garrick e Hadley Osran, "The Impact of Surgical Castration on Sexual Recidivism Risk Amount Sexually Violent Predatory Offenders". *Journal of the American Academy of Psychiatry and the Law Online*, v. 33, n. 1, mar. 2005, pp. 34-5. Ver também Michelle Tsai, "Castration Anxiety". *Slate*, 6 dez. 2007. Disponível em: <https://slate.com/news-and-politics/2007/12/can-a-sex-offender-still-have-sex-after-he-s-been-castrated.html>. Acesso em: 21 jan. 2021.

10. Luiza Nagib Eluf, "A pedofilia e as falhas da lei". *Folha de S.Paulo*, 5 abr. 2002; súmula 608 do Supremo Tribunal Federal. Disponível em: <http://www.stf.jus.br/portal/jurisprudencia/menuSumarioSumulas.asp?sumula=2694>. Acesso em: 21 jan. 2021.

7. QUANTOS HOMENS FIZERAM ISSO COM VOCÊ? [pp. 103-16]

1. Lei 3071, 1º jan. 1916. Disponível em: <http://www.planalto.gov.br/ccivil_03/leis/l3071.htm>. Acesso em: 20 maio 2021.

2. Lei 10406, 10 jan. 2002. Disponível em: <http://www.planalto.gov.br/ccivil_03/leis/2002/L10406.htm#art2045>. Acesso em: 20 maio 2021.

3. Constituição da República Federativa do Brasil de 1988. Artigo 5º, inciso I e artigo 226, parágrafo 5º. Disponível em: <http://www.planalto.gov.br/ccivil_03/constituicao/constituicao.htm>. Acesso em: 20 maio 2021. Ver também Eliane Cruxên Barros de Almeida Maciel, "A igualdade entre os sexos na Constituição de 1988". Disponível em: <https://www2.senado.leg.br/bdsf/bitstream/handle/id/159/10.pdf?sequence=4&isAllowed=y>. Acesso em: 20 maio 2021.

4. Lei 3071, artigo 178, parágrafo 1º.

5. Ibid., artigo 1744, inciso III.

6. Lei 10406, artigo 1565, parágrafo 1º; artigo 1702.

7. Ibid., capítulo V ("Do poder familiar").

8. Tomei a análise emprestada de Maycon Silva Lopes em seu artigo "Sapatilhas acanhadas: A homossexualidade na telenovela *Mulheres Apaixonadas*". Disponível

em: <https://www.academia.edu/419037/Sapatilhas_acanhadas_a_homossexualidade_na_telenovela_Mulheres_Apaixonadas>. Acesso em: 21 maio 2021.
9. Judith Butler, *Problemas de gênero: Feminismo e subversão da identidade*. Rio de Janeiro: Civilização Brasileira, 2003.
10. Simone de Beauvoir, *O segundo sexo: A experiência vivida*. 3. ed. Rio de Janeiro: Nova Fronteira, 2016. v. 2, p. 11.
11. "La ideología de género: Sus peligros y alcances". Disponível em: <https://www.aciprensa.com/controversias/genero.htm>. Acesso em: 21 maio 2021.
12. Flávia Biroli, Maria das Dores Campos Machado e Juan Marco Vaggione. *Gênero, neoconservadorismo e democracia*. São Paulo: Boitempo, 2020.
13. Raniery Parra Teixeira fez o levantamento do uso do termo "ideologia de gênero" na Câmara dos Deputados para sua dissertação de mestrado *"Ideologia de gênero"? As reações à agenda política de igualdade de gênero no Congresso Nacional*. A pesquisa pode ser feita no banco de discursos e debates da Câmara, disponível em: <https://www2.camara.leg.br/atividade-legislativa/discursos-e-notas-taquigraficas>. Acesso em: 11 fev. 2021.
14. Luiz Carlos Merten, "Gaspar Noé testa limites da violência". *O Estado de S. Paulo*, 26 set. 2003, p. D8.

8. RESISTÊNCIA [pp. 117-29]

1. "Mulheres são atacadas na saída de shopping". *O Estado de S. Paulo*, 31 maio 2003, p. 44.
2. Gilmar Penteado, "50,7% dos estupros nem são investigados". *Folha de S.Paulo*, 24 nov. 2003, p. C1.
3. "Preso o sequestrador do Shopping Eldorado". *O Estado de S. Paulo*, 3 jul. 2003, p. C7; e "Suspeito de ataques em shopping é preso". *Folha de S.Paulo*, 3 jul. 2003, p. C6.
4. Decreto-lei 2848, 7 dez. 1940. "Dos crimes contra a liberdade sexual", artigos 213 e 214. Disponível em: <https://www2.camara.leg.br/legin/fed/declei/1940-1949/decreto-lei-2848-7-dezembro-1940-412868-publicacaooriginal-1-pe.html>. Acesso em: 5 fev. 2021.
5. Nelson Hungria, Romão Côrtes de Lacerda e Heleno Cláudio Fragoso, op. cit., p. 107.
6. Ibid., pp. 111-2.
7. Ibid., pp. 112-3.
8. Ibid., p. 113 (nota de rodapé).
9. Ibid., p. 116.

9. VOCÊ NÃO MERECE SER ESTUPRADA [pp. 130-43]

1. Fábio Guibu, "Preso mais um acusado de matar estudantes". *Folha de S.Paulo*, 14 nov. 2003, p. C5; Luiz Henrique Ligabue, "Os que morrem, os que vivem". *piauí*, maio 2011. Disponível em: <https://piaui.folha.uol.com.br/materia/os-que--morrem-os-que-vivem/>. Acesso em: 11 fev. 2021.
2. "Polícia evita que moradores ataquem menor". *Folha de S.Paulo*, 12 nov. 2003, p. C4.
3. PEC n. 179/2003. Disponível em: <https://www.camara.leg.br/proposicoesWeb/fichadetramitacao?idProposicao=136870>. Acesso em: 11 fev. 2020.
4. PEC n. 137/2003. Disponível em: <https://www.camara.leg.br/proposicoesWeb/fichadetramitacao?idProposicao=128630>. Acesso em: 11 fev. 2020.
5. O vídeo pode ser visto em <https://www.youtube.com/watch?v=LD8--b4wvIjc>. Acesso em: 11 fev. 2020.
6. *Diário da Câmara dos Deputados* (ano LVIII, n. 191), 12 nov. 2003, p. 60878. A pesquisa pode ser feita no banco de discursos e debates da Câmara, disponível em: <https://www2.camara.leg.br/atividade-legislativa/discursos-e--notas-taquigraficas>. Acesso em: 11 fev. 2021.
7. "Câmara tem dia de bate-boca e choradeira". *O Estado de S. Paulo*, 12 nov. 2003, p. C5.
8. *Diário da Câmara dos Deputados* (ano LVIII, n. 192), 13 nov. 2003, p. 61344. A pesquisa pode ser feita no banco de discursos e debates da Câmara, disponível em: <https://www2.camara.leg.br/atividade-legislativa/discursos-e-notas-taquigraficas>. Acesso em: 11 fev. 2021.
9. Lei 10 886, 17 jun. 2004. Disponível em: <http://www.planalto.gov.br/ccivil_03/_ato2004-2006/2004/lei/l10.886.htm>. Acesso em: 15 fev. 2021.
10. Disponível em: <https://www.institutomariadapenha.org.br/quem-e-maria--da-penha.html>. Acesso em: 31 maio 2021.
11. Anistia Internacional, *It's in Our Hands: Stop Violence Against Women*. Londres: Anistia Internacional, 2004, p. 7.
12. Ibid., p. 17.

10. NERVOSA, MAS NEM TANTO [pp. 144-57]

1. Gay Talese, *A mulher do próximo*. São Paulo: Companhia das Letras, 2002, p. 400.
2. Ibid., p. 410.

3. O vídeo pode ser visto em <https://www.youtube.com/watch?v=vpbgWGlCom8>. Acesso em: 21 fev. 2021.
4. Susan Brownmiller, "Hugh Hefner was my enemy". *The New York Times*, 29 set. 2017. Disponível em: <https://www.nytimes.com/2017/09/29/opinion/sunday/hugh-hefner.html>. Acesso em: 19 fev. 2021.
5. Carlos Maranhão, *Roberto Civita: o dono da banca*. São Paulo: Companhia das Letras, pp. 251-3.
6. *Playboy*, maio 1980. As demais entrevistadas foram Elisabeth Serra, Maria Teresa Lopes Teixeira, Leonor Nunes de Paiva e Maria Christina de Paula Chaves dos Santos.
7. Em 2017, quando a *Playboy* não era mais editada pela Abril, a modelo *plus size* Flúvia Lacerda estampou uma intitulada "edição de verão" da revista.
8. Vaticano, *Carta aos bispos da Igreja católica sobre a colaboração do homem e da mulher na Igreja e no mundo*. O documento pode ser consultado em: <http://www.vatican.va/roman_curia//congregations/cfaith/documents/rc_con_cfaith_doc_20040731_collaboration_po.html>. Acesso em: 19 fev. 2021.
9. Tânia Monteiro e Lígia Formenti, "Ministra quer rever lei do aborto". *O Estado de S. Paulo*, 10 dez. 2004, p. A14.
10. Gilse Guedes, "CNBB critica debate sobre aborto". *O Estado de S. Paulo*, 17 dez. 2004, p. A16.
11. Ibid.
12. Josias de Souza, "'Católico roxo', eleito personifica baixo clero". *Folha de S.Paulo*, 16 fev. 2005, p. A6. A declaração sobre as "virgens" e "puras" e a declaração a respeito do estupro constam da edição de 3 de maio de 2005, p. A10.
13. Ministério da Saúde, *Norma técnica de Atenção humanizada ao abortamento*. 2. ed. Brasília, 2011, p. 13. Sobre a reação de grupos conservadores, ver "Pressionado, ministério divulga nota em que nega estímulo a aborto". *Folha de S.Paulo*, 24 fev. 2005, p. C6.
14. Luísa Brito, "Só 10% das mulheres vítimas vão à polícia". *Folha de S.Paulo*, 15 jun. 2005, p. C5.
15. Ministério da Saúde, op. cit., p. 18.
16. Silvana de Freitas e Cláudia Collucci, "Para Jobim, nova regra sobre aborto não livra médico de ação criminal". *Folha de S.Paulo*, 11 mar. 2005. Na mesma edição, o médico Jefferson Drezett, do serviço de aborto legal do hospital Pérola Byington, definiu a questão como um "falso dilema": "É um absurdo acharem que vão ser formadas filas nos hospitais para fazer o aborto ou pensarem que, sem o BO, a mulher vai enganar o médico. Parte-se de um preconceito lamentável de que a mulher seja mentirosa" (em Cláudia Collucci, "BO ainda deve ser cobrado, dizem médicos", p. C3).

11. A VIDA NUNCA MAIS SERÁ A MESMA [pp. 158-72]

1. João Domingos, "Gritos de Fora Lula tomam a Esplanada". *O Estado de S. Paulo*, 18 ago. 2005, p. 10; Eduardo Scolese e Luiz Francisco, "12 mil protestam pelo impeachment de Lula". *Folha de S.Paulo*, 18 ago. 2005, p. A6.
2. Renata Lo Prete, "Jefferson denuncia mesada paga pelo tesoureiro do PT". *Folha de S.Paulo*, 6 jun. 2005, pp. A4-6.
3. Leila Suwwan, "Governo quer evitar debate moral sobre aborto". *Folha de S.Paulo*, 11 fev. 2005, p. C4.
4. "Crise me entristece, mas não abate meu ânimo". *Folha de S.Paulo*, 10 ago. 2005, p. A5.
5. CNBB, "Declaração sobre exigências éticas em defesa da vida". Disponível em: <https://www.cnbb.org.br/declaracao-sobre-exigencias-eticas-em-defesa-da-vida/>. Acesso em: 9 mar. 2021.
6. Cláudia Collucci, "Ministro nega apoio a projeto sobre aborto". *Folha de S.Paulo*, 28 jul. 2005, p. C5.
7. A respeito do recuo do governo no apoio ao projeto para a descriminalização do aborto, recomendo a leitura de: Lia Zanotta Machado, "Feminismos brasileiros nas relações com o Estado: Contextos e incertezas". *Cadernos Pagu*, Campinas, n. 47, 2016.
8. As informações relativas a Boadyr Veloso estão em "Relatório final da Comissão Parlamentar Mista de Inquérito criada por meio do requerimento nº 2, de 2003-CN, com a finalidade de investigar as situações de violência e redes de exploração sexual de crianças e adolescentes no Brasil", pp. 150-2. Para a recomendação para a mudança na lei, ver ibid., p. 152. A declaração sobre o pagamento de mil reais pelo casamento está em: Eliane Brum e Maurilo Clareto, "Drible na Justiça". *Época*, 26 abr. 2004. Disponível em: <http://revistaepoca.globo.com/Revista/Epoca/0,,EDR63940-6014,00.html>. Acesso em: 9 mar. 2021. Sobre o assassinato de Boadyr Veloso, ver: "Boadyr é assassinado em Goiânia". Assembleia Legislativa do Estado de Goiás, disponível em: <https://portal.al.go.leg.br/noticias/14932/boadyr-e-assassinado-em-goiania>. Acesso em: 9 mar. 2021.
9. Conforme artigo 217 do decreto-lei 2848, 7 dez. 1940. Disponível em: <https://legis.senado.leg.br/norma/527942/publicacao/15636360>. Acesso em: 9 mar. 2021. As mudanças constam da lei 11106, 28 mar. 2005. Disponível em: <http://www.planalto.gov.br/ccivil_03/_Ato2004-2006/2005/Lei/L11106.htm#art5>. Acesso em: 9 mar. 2021.
10. Ata da 14ª sessão conjunta (solene), 30 nov. 2006. Anais da Câmara dos Deputados, ano LXI, n. 17, 1º dez. 2006.

11. *Veja*, 15 mar. 2006.
12. Clarissa Monteagudo, "Acabou na polícia". *IstoÉ Gente*, 13 mar. 2006. Disponível em: <https://www.terra.com.br/istoegente/342/reportagens/ingrid_saldanha.htm>. Acesso em: 31 maio 2021.
   Carlos Lima Costa, "Kadu Moliterno e Ingrid voltam a se encontrar após agressão". *Caras*, 4 out. 2006. Disponível em: <https://caras.uol.com.br/arquivo/kadu-moliterno-e-ingrid-voltam-a-se-encontrar--apos-agressao.phtml>. Acesso em: 12 mar. 2021.
13. Conforme Lei n. 9000, 26 set. 1995. Disponível em: <http://www.planalto.gov.br/ccivil_03/LEIS/L9099.htm>. Acesso em: 12 mar. 2021.
14. A Lei Maria da Penha pode ser consultada em: <http://www.planalto.gov.br/ccivil_03/_Ato2004-2006/2006/Lei/L11340.htm>. Acesso em: 12 mar. 2021.
15. Ruth de Aquino, "O mundo é masculino e assim deve permanecer". *Época*, 25 fev. 2011. Disponível em: <http://revistaepoca.globo.com/Revista/Epoca/0,,EMI214409-15230,00-O+MUNDO+E+MASCULINO+E+ASSIM+DEVE+PERMANECER.html>. Acesso em: 31 maio 2021.

12. É CRÉU NELAS [pp. 173-86]

1. A reportagem "O inferno de Lidiany", exibida pelo programa *Câmera Record*, ouve a jovem e narra os fatos de Abaetetuba. Disponível em: <https://recordtv.r7.com/camera-record/o-inferno-de-lidiany-ganha-mencao-honrosa-do-premio--vladimir-herzog-13092018>. Acesso em: 31 maio 2021.
2. O depoimento da juíza Clarice Maria de Andrade, em que reconhece que "entre os presos pelo menos dois eram acusados pelo artigo 213 (estupro)", consta do relatório final da *CPI do sistema carcerário* (p. 132).
3. O cálculo foi feito com base em informação reportada pela revista *Veja*: "Ministro inocenta a juíza que prendeu a garota no Pará". 19 de jan. 2017. Disponível em: <https://veja.abril.com.br/blog/augusto-nunes/ministro-inocenta-a-juiza-que--prendeu-a-garota-no-para/>. Acesso em: 17 mar. 2021. Na mesma matéria constam os dados relativos à altura e ao peso da adolescente, o nome de Adylson Pires de Lima e a informação sobre o chute desferido nas costas na chegada à delegacia.
4. "Quando não fazia o que queriam, me castigavam, diz jovem". *Folha de S.Paulo*, 25 nov. 2007, p. C26.
5. Segundo informou a delegada Flávia Verônica Monteiro Pereira à CPI do sistema carcerário, "o Estado não fornece alimentação aos presos, sendo levada pelos familiares e aqueles que não têm família não comem" (*CPI do sistema carcerário*, p. 128).

6. Câmara dos Deputados, *CPI do sistema carcerário*, p. 127.
7. "Justiça do Pará sabia que mulher estava presa com outros homens". *Folha de S.Paulo*, 22 nov. 2007. Disponível em: <https://www1.folha.uol.com.br/cotidiano/2007/11/347856-justica-do-para-sabia-que-mulher-estava-presa-com-homens.shtml>. Acesso em: 17 mar. 2021.
8. Câmara dos Deputados, *CPI do sistema carcerário*, p. 131.
9. Organização dos Estados Americanos, *Relatório sobre mulheres encarceradas no Brasil*, p. 24.
10. Câmara dos Deputados, *CPI do sistema carcerário*, pp. 127-8.
11. Ibid., pp. 128-9.
12. Ibid., p. 130.
13. Ibid., p. 285.
14. Ibid., p. 283.
15. Organização dos Estados Americanos, *Relatório sobre mulheres encarceradas no Brasil*, p. 25.
16. Câmara dos Deputados, *CPI do sistema carcerário*, p. 285.
17. Organização dos Estados Americanos, *Relatório sobre mulheres encarceradas no Brasil*, p. 26.
18. Secretaria Especial de Políticas para as Mulheres, *Pacto nacional pelo enfrentamento à violência contra a mulher*, pp. 10-1.
19. Antônio Gois, "Debate sobre aborto ainda é muito precário no Brasil". *Folha de S.Paulo*, 9 abril. 2007, p. A14.
20. Daniel Castro, "Corrupção é perdoável com arrependimento, diz bispo". *Folha de S.Paulo*, 13 out. 2007, p. A12.
21. "8 fatos que chocaram no caso da juíza que manteve menina em cela masculina". *O Estado de S. Paulo*, 13 out. 2012. Disponível em: <https://brasil.estadao.com.br/noticias/geral,8-fatos-que-chocaram-no-caso-da-juiza-que-manteve-garota-de-15-anos-em-cela-masculina,10000081882>. Acesso em: 17 mar. 2012.
22. "Desaparecida, professora uruguaia é encontrada morta". *Folha de S.Paulo*, 26 nov. 2007, p. C5.
23. Retrospectiva *Pânico na TV!*, 2007. Disponível em: <https://www.youtube.com/watch?v=PTObT-kbWdA>. Acesso em: 19 mar. 2021.
24. Soninha Francine, "Mau humor". *Folha de S.Paulo*, 25 fev. 2008, p. D5.
25. Ricardo Gonzalez, "Créu nunca mais". *Jornal do Brasil*, 3 abr. 2008, p. D3.

13. SILÊNCIO E DOR [pp. 187-201]

1. Gilmar Penteado e Fábio Takahashi, "Estudante é estuprada no campus da USP". *Folha de S.Paulo*, 14 mar. 2006, p. C3.
2. "Polícia divulga retrato-falado de estuprador que assusta USP". *O Estado de S. Paulo*, 2 dez. 2002. Disponível em: <https://brasil.estadao.com.br/noticias/geral,policia-divulga-retrato-falado-de-estuprador-que-assusta-usp,20021202p21555>. Acesso em: 24 mar. 2021.
3. Gilmar Penteado e Fábio Takahashi, "Estudante é estuprada no campus da USP", op. cit.
4. O voto (com as referências aos autores dos trabalhos científicos) está disponível em: <https://www.editorajc.com.br/estupro-e-atentado-violento-ao-pudor-voto-da-ministra-ellen-gracie-no-habeas-corpus-81-288-1-de-santa-catarina/>. Acesso em: 25 mar. 2021.
5. Roberto Madureira, "TJ decide que estupro sem morte não é crime hediondo". *Folha de S.Paulo*, 11 nov. 2008, p. C9.
6. Renata Baptista, "Após aborto, Igreja excomunga mãe de menina e médicos". *Folha de S.Paulo*, 6 mar. 2009, p. C6.
7. Renata Baptista e Fernanda Odilla, "Arcebispo afirma que aborto é mais grave que estupro". *Folha de S.Paulo*, 7 mar. 2009, p. C1.
8. Renata Baptista, "Após aborto, garota de 9 anos recebe apoio psicológico". *Folha de S.Paulo*, 22 mar. 2009, p. C6.
9. "CNBB pede punição a padrasto e volta a condenar aborto em PE". *O Estado de S. Paulo*, 7 mar. 2009. Disponível em: <https://ciencia.estadao.com.br/noticias/geral,cnbb-pede-punicao-a-padrasto-e-volta-a-condenar-aborto-em-pe,335063>. Acesso em: 26 mar. 2021.
10. Comissão de Constituição, Justiça e Cidadania, Relatório ao projeto de lei 1135, 1991 (apensado: PL n. 176 de 1995), p. 6.
11. Johanna Nublat, "Igreja recua sobre a excomunhão da mãe". *Folha de S.Paulo*, 13 mar. 2009, p. C14; "'Médico não merecia a excomunhão', diz Vaticano". *Folha de S.Paulo*, 16 mar. 2009, p. C6.

14. SEGUREM AS CABRAS, POIS OS BODES ESTÃO SOLTOS [pp. 202-14]

1. "Responsabilidade educacional" (informe publicitário da Uniban). *Folha de S.Paulo*, 8 nov. 2009, p. C11.

2. Uma compilação das notícias internacionais sobre o caso de Geisy Arruda está disponível em: <https://administradores.com.br/noticias/veja-repercussao-do-caso-geisy-na-imprensa-internacional>. Acesso em: 30 mar. 2021. Ver também coluna "Toda mídia", *Folha de S.Paulo*, 10 nov. 2009, p. A8.
3. Paulo Ricardo Moreira, "Coluna Canal B", *Jornal do Brasil*, 15 nov. 2009, p. B15; Laura Capriglione e Marlene Bergamo, "Taleban na faculdade", *Folha de S.Paulo*, 30 out. 2009, p. C6.
4. "Na PUC-Rio, críticas ao radicalismo e à roupa", *Jornal do Brasil*, 10 nov. 2009, p. A4.
5. "UNE divulga nota em que repudia expulsão de estudante da Uniban", *G1*, 8 nov. 2009. Disponível em: <https://g1.globo.com/Noticias/SaoPaulo/0,,MUL1371081-5605,00-UNE+DIVULGA+NOTA+EM+QUE+REPUDIA+EXPULSAO+DE+ESTUDANTE+DA+UNIBAN.html>. Acesso em: 30 mar. 2021.
6. Felipe Abílio, "Primeira audiência de Geisy Arruda contra faculdade é nesta quinta-feira", *O Fuxico*, 1º jul. 2010. Disponível em: <https://www.ofuxico.com.br/noticias-sobre-famosos/primeira-audiencia-de-geisy-arruda-contra-faculdade-e-nesta-quinta-feira/2010/07/01-67844.html>. Acesso em: 30 mar. 2021.
7. Rogério Pagnan, "Roger Abdelmassih é condenado a 278 anos", *Folha de S.Paulo*, 24 nov. 2009, p. C7.
8. Heloísa Buarque de Almeida e Laís Ambiel Marachini examinaram o caso no artigo: "De médico e de monstro: Disputas em torno das categorias de violência sexual no caso Abdelmassih" (*Cadernos Pagu*, Campinas, n. 50, 2017).

15. TEMPO DE TREVAS [pp. 215-28]

1. A cena pode ser vista em: <https://www.youtube.com/watch?v=HyaqwdYOzQk>. Acesso em: 31 maio 2021.
2. Vídeo disponível em: <https://www.youtube.com/watch?v=XTOcmEMECyY>. Acesso em: 31 maio 2021.
3. Câmara dos Deputados, ata da 54ª sessão, 29 mar. 2011, pp. 13, 18, 44, 161 e 289.
4. 30 mar. 2011, p. 16.
5. A matéria está na p. 8.
6. O vídeo pode ser visto em: <https://www.youtube.com/watch?v=-DBEGrNVy4i4>. Acesso em: 31 maio 2021.
7. Secretaria Especial dos Direitos Humanos da Presidência da República, *Plano Nacional de Promoção da Cidadania e Direitos Humanos de LGBT*, p. 28.

8. É possível fazer o download do caderno "Escola Sem Homofobia" em: <https://novaescola.org.br/conteudo/1579/uma-analise-do-caderno-escola-sem-homofobia>. Acesso em: 31 maio 2021.
9. Rodrigo Rötzsch, "Bolsonaro leva panfleto antigay a escolas". *Folha de S.Paulo*, 11 maio. 2011, p. C5.
10. Disponível em: <http://g1.globo.com/tecnologia/noticia/2012/01/numero-de-usuarios-brasileiros-no-facebook-cresce-298-em-2011.html>. Acesso em: 31 maio 2021.
11. 12 maio 2011, p. A3.
12. 31 mar. 2011, p. 8.
13. Sobre os rendimentos dos integrantes do *CQC*, ver Morris Kachani e Samia Mazzucco, "As duas faces do CQC". *Folha de S.Paulo*, 27 maio 2011, p. C4.
14. A repercussão do caso pode ser lida em: <https://istoe.com.br/147627_POLICIA+OUVIRA+RAFINHA+BASTOS+APOS+PIADA+SOBRE+ESTUPRO/>. Acesso em: 31 maio 2021.
15. "Humorista é chamado para dar explicações à polícia sobre piada". *Folha de S.Paulo*, 21 jul. 2011, p. C3.
16. "Protesto na web faz marca de camisinha retirar anúncio". *Folha de S.Paulo*, 31 jul. 2012, p. B6.
17. José Eustáquio Diniz Alves, Céli Regina Jardim Pinto e Fátima Jordão (Org.), *Mulheres nas eleições 2010*. Rio de Janeiro: Associação Brasileira de Ciência Política e Secretaria de Políticas para as Mulheres, 2012, p. 225.
18. Vivian Whiteman e Valdo Cruz, "Orientada por Lula, Dilma troca blusas de babado por terninhos mais sóbrios". *Folha de S.Paulo*, 13 maio 2010, p. A8.
19. Disponível em: <http://g1.globo.com/especiais/eleicoes-2010/noticia/2010/10/pp-reafirma-apoio-politico-informal-para-dilma-no-segundo-turno.html>. Acesso em: 31 maio 2021.
20. Coluna "Painel". *Folha de S.Paulo*, 17 out. 2010, p. A4.
21. Pedro Soares e Anna Carolina Cardoso, "Eduardo Cunha vai a templos defender Dilma contra boatos". *Folha de S.Paulo*, 11 out. 2010, p. A8.
22. "PT estuda tirar aborto de programa para estancar queda de Dilma entre religiosos". *Folha de S.Paulo*, 5 out. 2010, Especial 1.
23. Patrícia Veiga, "Dilma acerta na escolha da cor da roupa, mas peca ao usar vestido e casaco na posse". *O Globo*, 1 jan. 2011, p. 4.
24. "Dentro da festa da posse". *Veja*, 5 jan. 2011, p. 64.
25. Ibid., p. 66.
26. 1 jan. 2011, p. 4.
27. *Veja*, 5 jan. 2011, p. 80.
28. *Folha de S.Paulo*, 26 maio 2011.

16. MINHA ROUPA NÃO É UM CONVITE [pp. 229-43]

1. Além da minha experiência pessoal, um artigo me ajudou na reflexão sobre a imprensa feminina: Juliano Borges e Milena Coppi, "Feminismo estilo magazine: Um estudo sobre a revista *Elle* no Brasil". *Cadernos Pagu*, Campinas, n. 58, 2020. Disponível em: <https://www.scielo.br/scielo.php?script=sci_arttext&pid=S0104-83332020000100509#B21>. Acesso em: 15 abr. 2021.
2. As fotos da marcha de 2012 podem ser vistas em: <https://noticias.uol.com.br/album/2012/05/26/marcha-das-vadias-pelo-brasil.htm?foto=54>. Acesso em: 31 maio 2021.
3. Sobre a Marcha das Vadias, considerei a análise de Carla Gomes e Bila Sorj no artigo "Corpo, geração e identidade: a Marcha das Vadias no Brasil". *Revista Sociedade e Estado*, Brasília, v. 29, n. 2, pp. 433-47, 2014.
4. "Violência contra as mulheres em dados". *Agência Patrícia Galvão*. Disponível em: <https://dossies.agenciapatriciagalvao.org.br/violencia-em-dados/estupros-no-brasil/>. Acesso em: 15 abr. 2021. O dado relativo ao número de mulheres que registraram o crime de estupro em delegacias foi recolhido do anuário brasileiro de segurança pública de 2014, p. 27.
5. "Feliciano quer que 'bolsa-estupro' tramite na comissão que preside". *O Globo*, 18 jun. 2013, p. 10.
6. Câmara dos Deputados: Projeto de lei 487/2007, artigos 13 e 14. Disponível em: <https://www.camara.leg.br/proposicoesWeb/fichadetramitacao?idProposicao=345103>. Acesso em: 15 abr. 2021.
7. O teor inteiro do acórdão do STF, de 12 abr. 2013, pode ser lido em: <http://redir.stf.jus.br/paginadorpub/paginador.jsp?docTP=TP&docID=3707334>. Acesso em: 15 abr. 2021.
8. Projeto de lei 5069-A (p. 3). Disponível em: <https://www.camara.leg.br/proposicoesWeb/prop_mostrarintegra?codteor=1404026>. Acesso em: 16 abr. 2021.
9. Heather Timmons e Sruthi Gottipati, "Woman Dies After a Gang Rape that Galvanized India". *The New York Times*, 28 dez. 2012. Disponível em: <https://www.nytimes.com/2012/12/29/world/asia/condition-worsens-for-victim-of-gang-rape-in-india.html>. Acesso em: 16 abr. 2021.
10. "Índia discute lei de castração química para estupradores". *Folha de S.Paulo*, 11 dez. 2012, p. A10.
11. Carla Rocha et al., "Imagem atropelada". *O Globo*, 2 abr. 2013, p. 7.
12. Projeto de lei 5398/2013, disponível em: <https://www.camara.leg.br/proposicoesWeb/fichadetramitacao?idProposicao=572800>. Acesso em: 31 maio 2021.

17. EU NÃO MEREÇO SER ESTUPRADA [pp. 244-57]

1. Painel do leitor (Irã). *Folha de S.Paulo*, 2 jul. 2012, p. A3.
2. "Para 65%, mulher que 'se mostra' merece abuso; maioria das vítimas é menor de 13". *O Estado de S. Paulo*, 28 mar. 2014, p. A12.
3. Luana Lourenço e Paulo Victor Chagas, "Dilma se solidariza com criadora da campanha 'não mereço ser estuprada'". *Agência Brasil*, 31 mar. 2014. Disponível em: <https://agenciabrasil.ebc.com.br/politica/noticia/2014-03/dilma-se-solidariza-com-criadora-da-campanha-nao-mereco-ser-estuprada>. Acesso em: 20 abr. 2021.
4. "Organizadora do 'eu não mereço ser estuprada' recebe ameaças de estupro". *Blog do Sakamoto*, UOL, 29 mar. 2014. Disponível em: <https://blogdosakamoto.blogosfera.uol.com.br/2014/03/29/organizadora-do-eu-nao-mereco-ser-estuprada-recebe-ameacas-de-estupro/>. Acesso em: 20 abr. 2021.
5. Bruno Ribeiro et al., "Diretor pede demissão, e Dilma se cala". *O Estado de S. Paulo*, 5 abr. 2014, p. E3.
6. A coluna pode ser lida em: <https://www.brasil247.com/midia/constantino-mulher-direita-corre-menos-risco-de-estupro>. Acesso em: 20 abril. 2021.
7. Os relatos foram reproduzidos em: "#eunãomereçoserestuprada". *Folha de S.Paulo*, 2 abr. 2021, p. C4.
8. "'Não tento agradar', diz Bolsonaro, o deputado federal mais votado do RJ". G1, 6 out. 2014. Disponível em: <http://g1.globo.com/rio-de-janeiro/eleicoes/2014/noticia/2014/10/nao-tento-agradar-diz-bolsonaro-o-deputado-federal-mais-votado-no-rj.html>; Franco Barón, "O inquietante 'fenômeno Bolsonaro'". *El País*, 7 out. 2014. Disponível em: <https://brasil.elpais.com/brasil/2014/10/07/politica/1412684374_628594.html>. Acesso em: 21 abr. 2021.
9. O vídeo está disponível em: <https://www.youtube.com/watch?v=oFUsd1e-6zE>. Acesso em: 21 abr. 2021.
10. A entrevista pode ser lida em: <https://gauchazh.clicrbs.com.br/politica/noticia/2014/12/bolsonaro-diz-que-nao-teme-processos-e-faz-nova-ofensa-nao-merece-ser-estuprada-porque-e-muito-feia-cjkf8rj3x00cc01pi3kz6nu2e.html>. Acesso em: 21 abr. 2021.
11. Comissão Nacional da Verdade, *Relatório da Comissão Nacional da Verdade*, p. 405. v. 1.
12. Ibid., p. 400.
13. Ibid., p. 406; "Depoimento de Lúcia Murat à Comissão da Verdade do Rio". *A Tarde*, 28 maio 2013. Disponível em: <https://atarde.uol.com.br/politica/noticias/1506981-depoimento-de-lucia-murat-a-comissao-da-verdade-do-rio>. Acesso em: 21 abr. 2021.

14. A transcrição dos depoimentos da comissão pode ser lida em: <https://www.camara.leg.br/internet/sitaqweb/TextoHTML.asp?etapa=11&nuSessao=1356/14>. Acesso em: 21 abr. 2021.

EPÍLOGO [pp. 259-66]

1. Mariana Della Barba e Marina Wentzel, "Discurso de Bolsonaro deixa ativistas 'estarrecidos' e leva OAB a pedir sua cassação". *BBC*, 19 abr. 2016. Disponível em: <https://www.bbc.com/portuguese/noticias/2016/04/160415_bolsonaro_ongs_oab_mdb>. Acesso em: 26 abr. 2021.
2. Ricardo Batista Amaral, *A vida quer é coragem*. Rio de Janeiro: Sextante, 2011; <http://memoriasdaditadura.org.br/biografias-da-resistencia/dilma-rousseff/>. Acesso em: 26 abr. 2021.
3. Flávia Biroli, Maria das Dores Campos Machado e Juan Marco Vaggione, op. cit.
4. Lei 13 718, 24 set. 2018. Disponível em: <http://www.planalto.gov.br/ccivil_03/_ato2015-2018/2018/lei/L13718.htm>. Acesso em: 26 abr. 2021.
5. Debora Diniz, Marcelo Medeiros e Alberto Madeiro, "Pesquisa Nacional de Aborto 2016". *Ciência & Saúde Coletiva*, Rio de Janeiro, v. 22, n. 2, 2017, pp. 653-60. Disponível em: <https://www.scielo.br/scielo.php?script=sci_arttext&pid=S1413-81232017000200653&lng=pt&nrm=iso>. Acesso em: 23 abr. 2021.
6. Lei 13 104, 4 mar. 2015. Disponível em: <http://www.planalto.gov.br/ccivil_03/_ato2015-2018/2015/lei/l13104.htm>. Acesso em: 26 abr. 2021.
7. Mariana Barbosa, "'Esqueci o Não' da Skol sai de cena, mas cai na mira do Conar". *Folha de S.Paulo*, 14 fev. 2015, p. C1.
8. "José Mayer me assediou". *Blog #agoraéquesãoelas*, 31 de mar. 2017. Disponível em: <https://agoraequesaoelas.blogfolha.uol.com.br/2017/03/31/jose--mayer-me-assediou/>. Acesso em: 26 abr. 2021.
9. "Manifestantes pró e contra Judith Butler protestam no Sesc Pompeia". *Folha de S.Paulo*, 7 nov. 2017. Disponível em: <https://www1.folha.uol.com.br/ilustrada/2017/11/1933437-manifestantes-pro-e-contra-judith-butler-protestam--no-sesc-pompeia.shtml>. Acesso em: 31 maio 2021.
10. Amanda Rossi, Julia Dias Carneiro e Juliana Gragnani, "#EleNão: A manifestação histórica liderada por mulheres no Brasil vista por quatro ângulos". *BBC*, 30 set. 2018. Disponível em: <https://www.bbc.com/portuguese/brasil-45700013>. Acesso em: 26 abr. 2021.

ESTE LIVRO [pp. 267-71]

1. "Estupros no Brasil: Dados disponíveis podem representar apenas 10% do total". *Agência Patrícia Galvão*. Disponível em: <https://dossies.agenciapatriciagalvao.org.br/violencia-em-dados/estupros-no-brasil/>. Acesso em: 26 abr. 2021.

ESTA OBRA FOI COMPOSTA PELA ABREU'S SYSTEM EM INES LIGHT
E IMPRESSA EM OFSETE PELA LIS GRÁFICA SOBRE PAPEL PÓLEN SOFT
DA SUZANO S.A. PARA A EDITORA SCHWARCZ EM SETEMBRO DE 2021

A marca FSC® é a garantia de que a madeira utilizada na fabricação do papel deste livro provém de florestas que foram gerenciadas de maneira ambientalmente correta, socialmente justa e economicamente viável, além de outras fontes de origem controlada.